Hartmut Burde · Volker Kaiser · Wolfgang Zachrau

Kaufmann/Kauffrau für Spedition und Logistikdienstleistung

Leistungserstellung in Spedition und Logistik

Erläuterte Stichworte zum Nachschlagen
Zur Vorbereitung auf die
Zwischen- und Abschlussprüfung
sowie auf Klausuren

Bestell-Nr. 401

U-Form-Verlag Hermann Ullrich (GmbH & Co) KG

Ihre Meinung ist uns wichtig!

Bei Fragen, Anregungen oder Kritik zu diesem Produkt senden Sie bitte eine E-Mail an:

feedback@u-form.de

Wir freuen uns auf Ihre Rückmeldung.

COPYRIGHT

U-Form-Verlag, Hermann Ullrich (GmbH & Co) KG
Cronenberger Straße 58 · 42651 Solingen
Telefon 0212 22207-0 · Telefax 0212 208963
Internet: www.u-form.de · E-Mail: uform@u-form.de

4. Auflage 2010 · ISBN 978-3-88234-401-1

Die Leistungsangebote und Vorschriften im Verkehrswesen werden ständig differenzierter und damit das notwendige Know-how im Grund- und Spezialwissen für die Mitarbeiter umfangreicher, aber unverzichtbar. Aus diesem Grunde haben die Autoren die zunehmend komplexen Stoffgebiete des Transportwesens auf das Wesentliche konzentriert, um dem Lernenden dabei zu helfen, die einzelnen Inhalte seiner Ausbildung in Betrieb und Schule leichter zu verstehen.

Im Sinne eines Repetitoriums kann es für die gezielte Vorbereitung auf Klausuren sowie die Zwischen- und Abschlussprüfung genutzt werden. Die gewählte Darstellungsform bietet Möglichkeiten für unterschiedliche methodische Vorgehensweisen, um einen individuellen Lernerfolg zu sichern.

Einfaches Auswendiglernen erscheint bei der immensen Stofffülle als wenig sinnvoll. Vielmehr ist die ökonomische Methode der kleinen Schritte angeraten. Teilbereiche sind kritisch zu hinterfragen und mithilfe praktischer Beispiele sowie Gesetzestexten und Verordnungen zu problematisieren, und zwar autodidaktisch und/oder gruppendynamisch. Die jeweiligen Schlussfolgerungen sollten überdacht und funktionelle Zusammenhänge hergestellt werden. Auf diese Weise wird sich eine spezifische Fähigkeit herausbilden, die erforderlichen Kenntnisse und geeigneten Arbeitstechniken zu erwerben, sich veränderten Situationen im Beruf zu stellen und sie aktiv zu gestalten.

Diesen Ansprüchen zu genügen, d. h. selbst schwierige kausale und logische Zusammenhänge innerhalb der einzelnen Wissensgebiete verständlich sowie erlernbar zu machen, ohne auf einen gewissen Anpruch an die rekonstruierende Denkleistung des Lernenden zu verzichten, machte es notwendig, knapp und übersichtlich zu strukturieren, Wesentliches zu markieren und durch Erläuterungen, Gegenüberstellungen sowie Vergleiche zu verdeutlichen.

Selbstverständlich ist versucht worden alle veränderten Vorschriften verkehrsrechtlicher sowie technischer Art zu berücksichtigen, um die neue Auflage auf den aktuellen Wissensstand zu bringen.

Den Verfassern ist bewusst, dass durch die Beschränkung auf das Wesentliche nicht alle Facetten des Verkehrswesens angesprochen oder gar ausgeleuchtet werden konnten. Sie sind zudem offen für Hinweise und Anregungen, die möglicherweise zu einer Ergänzung in weiteren Auflagen führen können.

Die Verfasser

Inhalt

Inhalt

1

Rechtliche Grundlagen

1.1 Transportrechtsreform 1998

1.1.1 Ziele der Transportrechtsreform 1998

- Beseitigung des Normendickichts
- Anpassung an die tatsächlichen Gegebenheiten (z. B. multimodaler Verkehr)
- Deregulierung und Liberalisierung
- Zeitgleiche Umsetzung mit der Freigabe der Kabotage

1.1.2 Kernstück der Gesetzesreform

- Allgemeingültige Regelungen für Straße, Schiene, Binnenschifffahrt und Luftfracht
- Leitbild ist die CMR (Übereinkommen für Beförderungsvertrag im internationalen Straßengüterverkehr)
- Das bedeutet:
  - Wegfall von KVO, AGNB, GüKUMB; BinSchG, EVO und LVG zum Teil aufgehoben
  - dafür: einheitliche Regelung im HGB
  - **Ergebnis:** Reduzierung der bisherigen Rechtsvorschriften auf ca. 1/4

1.1.3 Systematik des Transportrechts im HGB

4. Abschnitt: Frachtgeschäft

1. Unterabschnitt: Allg. Vorschriften	§§ 407 – 450 HGB
2. Unterabschnitt: Beförderung von Umzugsgut	§§ 451 – 451h HGB
3. Unterabschnitt: Multimodaler Verkehr	§ 452 – 452d HGB

5. Abschnitt: Speditionsgeschäft	§§ 453 – 466 HGB

6. Abschnitt: Lagergeschäft	§§ 467 – 475h HGB

1.2 Speditionsvertrag (HGB § 453 – § 466)

- zwei- oder mehrseitige Rechtsgeschäfte
- mindestens zwei Personen
- auf Gegenseitigkeit
- formlos (mündlich, schriftlich oder schlüssiges – konkludentes – Handeln)
- Zustandekommen durch Antrag und Annahme

1.2.1 Rechtsquellen

Dienstvertrag (BGB §§ 611 – 630)

→ Spediteur schuldet **Tätigkeit**

Werkvertrag (BGB §§ 631 – 651)

→ Spediteur schuldet **Erfolg**

Beispiel: Transportdurchführung, Verzollung, Ausstellen von Dokumenten

Kommissionsvertrag (HGB §§ 383 – 406)

→ Kommissionär **vermittelt** den Kauf – Spediteur **vermittelt** den Gütertransport

Speditionsvertrag (HGB § 453)

→ Klassischer Speditionsvertrag: **„Besorgen"** des Transports
Durch den Speditionsvertrag wird der Spediteur verpflichtet, die Versendung des Gutes zu besorgen.

Merkmale:

- gewerbsmäßig
- in eigenem Namen

1.2.2 Ergänzende Verträge

Frachtvertrag (HGB §§ 407 – 452)

→ Ausführung der Beförderung (Grundlage bildet der Werkvertrag)

Lagervertrag (HGB §§ 467 – 475)

→ Lagerung gemäß Vertrag, die über verkehrsbedingte Vor-, Zwischen- und Nachlagerung hinausgeht

1.2.3 Vertragsbeziehungen des „klassischen Spediteurs"

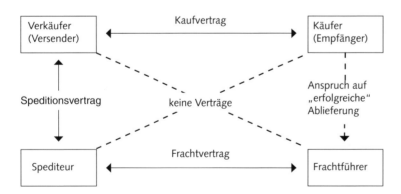

1.2.4   Rangfolge der Rechtsebenen

Individuelle Vereinbarungen

– Einzelvertrag

Allgemeine Geschäftsbedingungen

– ADSp ⎱
– VBGL ⎰   nur soweit HGB nicht zwingend

Gesetzliche Vorschriften

– HGB ⎱
– BGB ⎰   soweit nachgiebiges Recht; sonst vorrangig

1.2.5   Definition des Speditionsvertrags (HGB § 454)

Besorgung der Versendung = Organisation der Beförderung

<u>Hauptpflichten</u>

– Planung:
  - Bestimmung des Beförderungsmittels und Beförderungsweges
  - Auswahl des/r ausführenden Unternehmer/s

– Ausführung:
  - Abschluss der erforderlichen Fracht-, Lager und Speditionsverträge
  - Erteilung von Informationen und Weisungen an die ausführenden Unternehmer

– Kontrolle:
  - Sicherung von Schadenersatzansprüchen des Versenders
  - Wahrung der Interessen des Versenders und Befolgen seiner Weisungen

<u>Nebenpflichten</u>

Auf die **Beförderung bezogene Leistungen** wie
  - Versicherung
  - Verpackung
  - Kennzeichnung
  - Zollbehandlung

falls sie **vereinbart** wurden

<u>Speditionsfremde Pflichten</u>

Logistische, weitergehende Leistungen, z. B. Qualitätskontrollen, Preisauszeichnungen u. ä., fallen nicht unter das gesetzliche Speditionsrecht; es gelten die BGB-Vertragstypen.

1.2.6 Informations- und Auskunftspflichten des Absenders/Versenders; Begleitpapiere (HGB § 410, 413, 455)

Der Absender/Versender hat dem Frachtführer/Spediteur

- bei der Übergabe **normaler Güter**
  - das Gut zu verpacken (soweit erforderlich)
  - zu kennzeichnen
  - notwendige Begleitpapiere/Urkunden zur Verfügung zu stellen
  - alle notwendigen Auskünfte zu erteilen, die zur Erledigung des Auftrags (im Frachtrecht: die zur amtlichen Behandlung) notwendig sind.

- bei der Übergabe von **gefährlichem Gut** auch
  - rechtzeitig
  - schriftlich oder in sonst lesbarer Form
  - die genaue Art der Gefahr und, soweit erforderlich
  - die zu ergreifenden Vorsichtsmaßnahmen mitzuteilen.

1.2.7 Haftung des Absenders/Versenders §§ 414, 431, 455, 468 HGB

Haftungsgrundsatz	verschuldensunabhängig
Schadensarten	– ungenügende Verpackung und Kennzeichnung
	– unrichtige oder fehlende Frachtbriefangaben
	– Unterlassen der Mitteilung über die Gefährlichkeit des Gutes
	– fehlende, unvollständige oder unrichtige Urkunden/Auskünfte
Haftungshöchstbetrag	8,33 SZR*/kg
abweichende Haftungshöhe	Regelungen im Rahmen eines Korridors von 2 bis 40 SZR/kg in Geschäftsbedingungen ist möglich

* **SZR (Sonderziehungsrecht)** = künstliche Währungseinheit des Internationalen Währungsfonds (IWF)

Der Wechselkurs eines SZR ist durch einen Währungskorb wichtiger Weltwährungen definiert und schwankt täglich. Den tagesaktuellen Wert erfahren Sie unter: *http://www.imf.org/external/np/fin/data/rms_five.aspx*

1 SZR ≙ 1 RE (Recheneinheit)

1.2.8 Fälligkeit der Vergütung (HGB § 456)

nach Übergabe des Gutes an Frachtführer/Verfrachter
(bevor der Transport durchgeführt wird)

1.2.9 Der Spediteur mit Rechten und Pflichten des Frachtführers (§§ 458, 459, 460 HGB)

1.2.9.1 Selbsteintritt (HGB § 458)

– Der Spediteur schließt einen Vertrag über Besorgung (Spedition).

– Er hat das Recht, eine in diesem Rahmen anfallende Güterbeförderung selbst durchzuführen.

– Der Spediteur hat **hinsichtlich der Beförderung zusätzlich** die Rechte und Pflichten eines Frachtführers. Es gilt jeweils das Recht, das der betreffenden Tätigkeit entspricht.

1.2.9.2 Spedition zu festen Kosten/Fixkostenspedition (HGB § 459)

– Transportübernahme zu einem festen Satz: **€ je Gewichtseinheit,** z. B. kg, t

– ca. **99 %** aller Speditionsverträge sind Fixkostenspedition

– Der Spediteur hat **hinsichtlich (= während) der Beförderung** die Rechte und Pflichten eines **Frachtführers/Verfrachters**

- **gesetzliche Auslegung:**
  Preisabsprache umfasst den Bereich vom Haus des Versenders bis zum Haus des Empfängers; folglich ist für den gesamten Leistungsbereich Frachtrecht anzuwenden – also auch für alle Tätigkeiten des Spediteurs

- **ADSp:**
  (Korridorregelung: 2 – 40 SZR/kg) folgt einem anderen Verständnis: Lokalisierung des Schadensortes ist entscheidend

  – Schäden auf der Umschlagsanlage des Spediteurs: 5,00 €/kg

  – Schäden während des Transports: 8,33 SZR/kg

Bei Einsatz eines fremden Frachtführers soll danach den Spediteur die höhere HGB-Haftung immer dann treffen, wenn er seinerseits diese höhere Haftung im Regresswege bei dem eingesetzten Subunternehmer geltend machen kann.

Unterschiedliche Systematik wird auch in der Formulierung deutlich:

– HGB: „hinsichtlich der **Beförderung**"

– ADSp: „der Schaden an dem Gut während des **Transportes mit einem Beförderungsmittel** (keine Arbeitsmaschinen/Arbeitsgeräte) eingetreten ist" (Ziff. 23.1.2)

– Provisionsanspruch nur falls vereinbart; Ersatz seiner Aufwendungen nur soweit üblich

1.2.9.3 Sammelladungsspedition (HGB § 460)

– Spediteur ist berechtigt Güter verschiedener Versender in Sammelladung zusammenzustellen, wenn keine entgegenstehende Weisung besteht

– Spediteur hat wie bei Selbsteintritt **hinsichtlich der Beförderung zusätzlich** die Rechte und Pflichten eines **Frachtführers.** Es gilt jeweils das Recht, das der betreffenden Tätigkeit entspricht:

  • **Frachtrecht** nur im Hinblick auf die **Beförderung in Sammelladung** (= Hauptlauf), d. h. vom „Bewirken der Sammelladung" (Abschluss der Beladung zum Hauptlauf) bis zum „Entwirken der Sammelladung" (Bereitstellung zur Verteilung)

  • **Abholen des Gutes** beim Versender (Vorlauf), **Umschlag beim Versandspediteur** und **Zustellung der Sendung** nach Ankunft beim Empfangsspediteur (Nachlauf) sind speditionelle Tätigkeiten und unterliegen dem **Speditionsrecht**

– Anspruch auf angemessene Vergütung, höchstens jedoch die gewöhnliche Fracht für das einzelne Gut

1.2.10 Haftung des Spediteurs (HGB § 461, 462)

starke Anlehnung an die Frachtführerhaftung

Haftungsgrundsatz § 461 Abs. 1 HGB § 462 Abs. 2 HGB	**Obhutshaftung** (Gefährdungshaftung) **Verschuldenshaftung mit umgekehrter Beweislast**
Schadensarten § 461 Abs. 1 HGB § 461 Abs. 2 HGB	Güterschäden **Vermögensschäden** bei Verletzung der Spediteurpflichten gem. § 454 HGB
Haftung für andere § 462 HGB	Spediteur haftet für Handlungen und Unterlassungen seiner Leute in gleichem Umfang wie für eigene Handlungen/Unterlassungen
Haftungsausschluss § 426 HGB § 461 Abs. 2 HGB	**Güterschäden,** wenn der Verlust, die Beschädigung auf Umständen beruht, **die auch bei größter Sorgfalt nicht vermieden werden konnten** **Vermögensschäden,** wenn der Schaden durch die Sorgfalt eines ordentlichen Kaufmanns nicht abgewendet werden konnte
Besondere Haftungsausschlussgründe § 427 HGB	bei Fehlern des Absenders (ungenügende Verpackung und Kennzeichnung u. a.); natürliche Beschaffenheit des Gutes
Wertersatz § 429 HGB	Wert am Ort und zur Zeit der Übernahme zur Beförderung: Marktpreis, gemeiner Wert
Schadensfeststellungskosten § 430 HGB	sind zu erstatten, aber nicht mehr als der Haftungshöchstbetrag nach § 431 HGB beträgt
Haftungshöchstbetrag § 431 HGB	**Güterschaden: 8,33 SZR/kg Rohgewicht**
Ersatz sonstiger Kosten § 432 HGB	bei Güterschäden sind zusätzliche Frachten, öffentliche Abgaben, sonstige Kosten aus Anlass der Beförderung zu erstatten
Außenvertragliche Ansprüche § 434 HGB	Haftungsbefreiungen und -begrenzungen im HGB gelten auch für einen außervertraglichen Anspruch des Absenders, Empfängers und Dritter
Wegfall der Haftungsbefreiungen und -begrenzungen § 435 HGB	die Haftungsbefreiungen und -begrenzungen gelten nicht, wenn der Schaden auf eine Handlung oder Unterlassung zurückzuführen ist, die vom Spediteur oder seinen Leuten **vorsätzlich** oder **leichtfertig** und in dem Bewusstsein, dass ein Schaden mit Wahrscheinlichkeit eintreten werde, begangen wurde

1.2.11 Verjährung (HGB § 463)

- 1 Jahr (gem. HGB § 439) Ansprüche aus einem Speditionsvertrag
- 3 Jahre bei **Vorsatz** und **grober Fahrlässigkeit**
- Beginn mit Ablauf des Tages, an dem das Gut abgeliefert wurde

1.2.12 Pfandrecht (HGB § 464), Zurückbehalterecht (HGB § 369)

- **konnexes** (guter Glaube an das Eigentum und die Verfügungsbefugnis des Absenders sind geschützt – HGB § 366, Abs. 3) **und**

- **inkonnexes Pfandrecht** (guter Glaube an das Eigentum des Absenders ist geschützt) für vertragliche und **unbestrittene** Forderungen aus anderen Speditions-, Fracht-, Lagerverträgen
  (Eine Forderung ist unbestritten, wenn sich der Versender mit einem unkonkreten Bestreiten der Forderung begnügt bzw. evident abwegige Einwendungen geltend macht.);
  gerichtliche Geltendmachung noch innerhalb von 3 Tagen nach Ablieferung

- **kaufmännisches Zurückbehalterecht** für konnexe und inkonnexe Forderungen

1.2.13 Abweichende Vereinbarungen (HGB § 466)

Das Frachtrecht des HGB ist teildispositives Recht

- von den Haftungsgrundsätzen (HGB § 461, Abs. 1, § 462) und der Verjährungsregelung (HGB § 463) kann **nicht**
  - zum Nachteil von Verbrauchern
  - bei der Versendung von Briefen oder briefähnlichen Sendungen abgewichen werden
- ansonsten Abweichung nur
  - durch **einzeln ausgehandelte** Vereinbarung (Besprechungsprotokoll beidseitig unterzeichnet, kaufmännisches Bestätigungsschreiben), auch in Form eines Rahmenvertrages, also
  - durch **vorformulierte Vertragsbedingungen** in Bezug auf die **Höchsthaftung** (8,33 SZR gem. HGB § 431), wenn der Betrag
    - **zwischen zwei und vierzig Rechnungseinheiten** liegt
    - besondere **drucktechnische** Gestaltung (z. B. Fett- oder Kursivschrift) aufweist
    - **oder** wenn der vorformulierte Haftungsbetrag über **8,33 SZR** liegt
    - erfolgt keine Klarstellung, gelten abweichende Haftungssummen für **Absender- und Spediteurhaftung**

1.2.14 VBGL (Vertragsbedingungen für den Güterkraftverkehrs-, Speditions- und Logistikunternehmer)

– VBGL behandeln detailliert den Leistungsbereich des Güterkraftverkehrs:

- Be-/Entladen
- Be-/Entladezeiten
- Vergütungsansprüche
- Palettentausch und -rückführung
- Haftung
- Versicherung
- Logistische Leistungen (speditionsüblich und speditionsfern)

– **Haftung:** maximal 8,33 SZR/kg brutto während Beförderung und Zwischenlagerung

Haftungshöchstgrenze: 2,0 Mio. € je Schadensereignis

In Verbindung mit der Anwendung von Geschäftsbedingungen, z. B. der ADSp ist ein Haftungskorridor von 2 bis 40 SZR/kg ausschließlich für die Beförderungsleistung zulässig.

1.3 Allgemeine Deutsche Spediteur-Bedingungen (ADSp)

1.3.1 Vertragspartner

– Bundesverband Spedition und Logistik e.V. (BSL)
– Bundesverband der Deutschen Industrie e.V. (BDI)
– Bundesverband des Deutschen Groß- und Außenhandels e.V. (BGA)
– Deutscher Industrie- und Handelskammertag e.V. (DIHT)
– Hauptgemeinschaft des Deutschen Einzelhandels (HDE)
– Gesamtverband der Deutschen Versicherungswirtschaft e.V. (GDV)

1.3.2 Anwendungsbereich ADSp

ADSp gelten für Verkehrsverträge über alle Arten von Tätigkeiten, gleichgültig ob

– Speditions-
– Fracht-
– Lagergeschäfte
– sonstige üblicherweise zum Speditionsgewerbe gehörenden Geschäfte, z. B. Verzollung; auch speditionsübliche logistische Leistungen im Zusammenhang mit Beförderung oder verkehrsbedingter Lagerung

Keine Gültigkeit in nachstehenden Fällen:

- Beförderung von Umzugsgut oder dessen Lagerung
- selbstständige Verpackungsarbeiten
- Kran- oder Montagegeschäfte
- selbstständige Schwer- oder Großraumtransporte
- keine Vertragsbeziehung (Empf.-Sped./Empfänger)
- Ausschluss der ADSp gemäß Vertrag
- bei Verkehrsverträgen mit **Verbrauchern** (= natürliche Personen, die den Vertrag weder zu gewerblichen noch zu Zwecken ihrer selbstständigen beruflichen Tätigkeit abschließen)
- speditionsfremde Zusatzleistungen; dort gilt Werkvertrag nach BGB

1.3.3 Haupt-/Zwischenspediteur

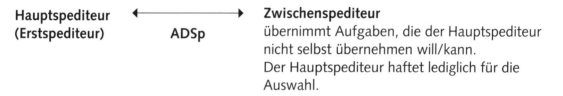

**Hauptspediteur
(Erstspediteur)** ←——— ADSp ———→ **Zwischenspediteur**
übernimmt Aufgaben, die der Hauptspediteur nicht selbst übernehmen will/kann.
Der Hauptspediteur haftet lediglich für die Auswahl.

1.3.4 ADSp werden Vertragsbestandteil

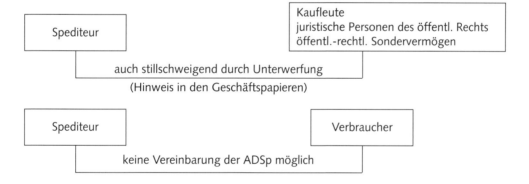

Spediteur ——— auch stillschweigend durch Unterwerfung ——— Kaufleute / juristische Personen des öffentl. Rechts / öffentl.-rechtl. Sondervermögen
(Hinweis in den Geschäftspapieren)

Spediteur ——— keine Vereinbarung der ADSp möglich ——— Verbraucher

Voraussetzungen (BGH-Rechtsprechung aus dem Jahr 2003)

- keine Einbeziehung der ADSp per Automatismus!
- **qualifizierte Information**, dass gem. Ziffer 23 ADSp die HGB-Haftung zugunsten des Spediteurs verringert ist.

Diese kann alternativ in folgender Weise geschehen:

- Drucktechnische Hervorhebung, z. B. durch Fettdruck unter Schriftstücken
- Aushändigung bzw. Aushang der ADSp in den Geschäftsräumen
- Übersendung an den Kunden und Bestätigung der Kenntnisnahme
- Auf elektronischem Wege, z. B. durch Hinweis auf Download-Möglichkeit

1.3.5 Auftrag, Übermittlungsfehler, Inhalt, gefährliches Gut

– Aufträge, Weisungen, Erklärungen und Mitteilungen sind **formlos** gültig, nachträgliche Änderungen deutlich als solche kenntlich zu machen

– Die **Beweislast** für den Inhalt sowie die richtige und vollständige Übermittlung trägt, **wer sich darauf beruft**.

Mitteilungspflicht bei

– gefährlichen Gütern – Angabe der Klassifizierung nach dem einschlägigen Gefahrgutrecht (die genaue Art der Gefahr)

– lebenden Tieren und Pflanzen

– leicht verderblichen Gütern

– besonders wertvollen und diebstahlgefährdeten Gütern (grundsätzlich bei Gütern mit einem Wert ab 50,00 € je kg)

– Geld, Wertpapieren oder Urkunden

im Auftrag

– Adressen, Zeichen, Nummern, Anzahl, Art und Inhalt der Packstücke, alle sonstigen erheblichen Umstände

– keine Verpflichtung Echtheit von Unterschriften oder die Befugnis der Unterzeichner zu prüfen außer bei begründeten Zweifeln

1.3.6 Verpackung, Gestellung von Ladehilfs- und Packmitteln, Verwiegung und Untersuchung des Gutes

Mangels Vereinbarung **keine**

– Verpackung

– Verwiegung, Untersuchung, Erhaltung oder Besserung des Gutes und seiner Verpackung außer soweit geschäftsüblich

– Gestellung und Tausch von Paletten oder sonstigen Ladehilfs- und Packmitteln

1.3.7 Zollamtliche Abwicklung

– bei Versendung ins Ausland schließt der Auftrag die zollamtliche Abfertigung mit ein

– neben den tatsächlichen Kosten besondere Vergütung

– bei unter Zollverschluss eingehenden Sendungen und zuzuführenden Sendungen (u. a. „frei Haus") ist der Spediteur zur Erledigung der Zollformalitäten und zur Vorlage der festgesetzten Abgaben ermächtigt

1.3.8 Verpackungs- und Kennzeichnungspflicht des Auftraggebers

- deutlich, haltbare Kennzeichnung – Adressen, Zeichen, Nummern, Symbole
- zu *einer* Sendung gehörige Packstücke leicht erkennbar
- Zugriff auf Inhalt muss äußerlich erkennbare Spuren hinterlassen (Klebeband, Umreifung, verschweißte Folie)
- Zusammenfassung kleinerer Stücke einer Sendung im Sammelgutverkehr (größter Umfang zuzüglich längste Kante weniger als 1 m)
- Zusammenfassung mehrerer Stücke einer Sendung im Hängeversand zu Griffeinheiten in geschlossenen Hüllen
- Packstücke (z. B. Kisten, Gitterboxen, Paletten, Griffeinheiten, geschlossene Ladegefäße wie gedeckte gebaute oder mit Planen versehene Wagons, Auflieger oder Wechselbrücken, Container, Iglus) von mind. 1.000 kg Rohgewicht müssen Gewichtsbezeichnung tragen

1.3.9 Schnittstellen (Kontrollpflicht des Spediteurs)

- Übergang der Packstücke von **einer Rechtsperson auf eine andere**
  - geboren = natürliche Schnittstellen:
    (Ein-/Ausgangskontrolle beim Güterumschlag) = 2 Schnittstellen
  - gewillkürte = verlegte Schnittstellen
- am **Ende jeder Beförderungsstrecke** Prüfung auf
  - **Vollzähligkeit und Identität**
  - **äußerlich erkennbare Schäden**
  - **Unversehrtheit von Plomben und Verschlüssen**
- Unregelmäßigkeiten sind zu dokumentieren
- bei wiederholter Verletzung der Prüfpflicht
  - Versicherer kann Leistung verweigern (grobes Organisationsverschulden)
  - Spediteur kann sich nicht mehr auf die Haftungsgrenzen ADSp berufen
    Haftung nach HGB

1.3.10 Quittung

- Spediteur bestätigt nur Anzahl und Art der Packstücke, **nicht** Inhalt, Wert oder Gewicht
- Empfänger hat eine Empfangsbescheinigung auszustellen – verweigert er diese, liegt ein Ablieferungshindernis vor

1.3.11 Fristen

– mangels Vereinbarung keine Gewährleistung von Verlade- und Lieferfristen, jedoch gesetzliche Haftung bei Lieferfristüberschreitung

Lieferfristgarantie

– speditions**un**übliche Vereinbarung, die nur durch ausdrückliche Erklärung **beider** Parteien zustande kommt

1.3.12 Hindernisse

– keine Haftung des Spediteurs für Leistungshindernisse, die nicht in den Risikobereich des Spediteurs fallen (z. B. gesetzliche oder behördliche Hindernisse)

1.3.13 Ablieferung

Ablieferung mit befreiender Wirkung:

– an jede im Geschäft oder Haushalt des Empfängers anwesende Person (außer bei begründeten Zweifeln an deren Empfangsberechtigung)

1.3.14 Angebote und Vergütung

– Angebote des Spediteurs setzen in jeder Beziehung **„normale"** Bedingungen (normaler Umfang des Gutes, normales Gewicht, normale Beschaffenheit, normale Beförderungsverhältnisse, ungehinderte Verbindungswege etc.) voraus;
Sondergebühren und Sonderauslagen können **zusätzlich** berechnet werden (Vermerk: „zuzüglich der üblichen Nebenspesen") <u>Außer bei Fixkostenspedition!</u>

– unverzügliche Annahme zur sofortigen Ausführung

– bei Kündigung des Speditionsvertrags hat der Spediteur zwei Möglichkeiten:

  • spezifizierte Rechnung über vereinbarte Fracht, etwaiges Standgeld und zu ersetzende Aufwendungen, abzüglich ersparter Aufwendungen **oder**

  • pauschalierte Fracht in Höhe von **einem Drittel** der vereinbarten Fracht

– bei Kündigung **nach** Verladung muss Absender wieder entladen; Selbsthilferecht des Frachtführers – wie bei Beförderungs- oder Ablieferungshindernissen – falls der Absender nicht entlädt

– bei Rückbeförderung wegen verweigerter Annahme einer zugerollten Sendung → Rollgeld in gleicher Höhe wie für die Hinbeförderung

1.3.15 Rechnungen, Verzug

– zahlbar sofort nach Erhalt

– Verzug: 30 Tage nach Zugang der Rechnung – tritt ohne Mahnung ein – BGB

– Spediteur darf automatisch Verzugszinsen berechnen (8 % über Basiszinssatz* bei Kaufleuten, 5 % bei Verbrauchern)

*(Der Basiszinssatz wird halbjährlich neu von der Deutschen Bundesbank festgelegt. Zum aktuellen Stand siehe: *www.basiszinssatz.de*)

1.3.16 Pfandrecht

- **inkonnex**
  - auch an Gütern, aus denen heraus die Forderung nicht entstanden ist
  - Güter, auf die der Spediteur jedoch noch Zugriff hat (bis 3 Tage nach Ablieferung durch gerichtliche Geltendmachung)

1.3.17 Versicherung in der Spedition

1.3.17.1 Güterversicherung = Nebenpflicht

Der Spediteur hat nach ADSp das Recht zu vermuten, dass eine Güterversicherung abgeschlossen werden soll, wenn

- er bei früheren Transporten für diesen Kunden eine Güterversicherung besorgt hat

- im Speditionsauftrag ein Warenwert angegeben wurde. (Anmerkung: Die Angabe des Warenwertes im Speditionsauftrag verpflichtet den Spediteur jedoch nicht, eine Güterversicherung abzuschließen!)

Der Spediteur darf speziell nicht vermuten, dass eine Güterversicherung abgeschlossen werden soll, wenn

- der Kunde die Eindeckung einer Versicherung schriftlich untersagt hat
- der Auftraggeber ein Spediteur, Frachtführer oder Lagerhalter ist.

1.3.18 Ausnahmen von der Obhutshaftung nach HGB

(**Obhutshaftung** bei Fixkostenspedition, Sammelladung, Selbsteintritt)

- soweit der Spediteur nur den Abschluss zur Erbringung der vertraglichen Leistungen erforderlichen Verträge schuldet, haftet er nur für die **sorgfältige Auswahl** der von ihm beauftragten Dritten (Auswahlverschulden)
- Haftung für
  - ungenügende Verpackung oder Kennzeichnung durch den Auftraggeber
  - vereinbarter oder der Übung entsprechender Aufbewahrung im Freien
  - schweren Diebstahl oder Raub
  - höhere Gewalt, Witterungseinflüsse, Schadhaftwerden von Geräten oder Leitungen, Einwirkung anderer Güter, Beschädigung durch Tiere, natürliche Veränderung des Gutes

  nur, wenn dem Spediteur eine **schuldhafte Verursachung** nachgewiesen wird

1.3.18.1 Verzichtskunden

Auftraggeber des Spediteurs, die auf die Eindeckung einer Güterversicherung **ausdrücklich schriftlich** verzichten.

Der Spediteur darf insbesondere **nicht vermuten**, dass eine Güterversicherung abgeschlossen werden soll, wenn

– die Eindeckung einer Versicherung vom Auftraggeber schriftlich untersagt wurde

– es sich bei dem Auftraggeber um einen Spediteur, Frachtführer oder Lagerhalter handelt.

Der Auftraggeber wird auf eine Eindeckung verzichten, wenn die Haftung nach ADSp und HGB ausreicht bzw. er für das darüber hinausgehende Risiko eine Transportversicherung abgeschlossen hat.

1.3.19 Haftungsbegrenzungen

Güterschäden (ADSp 23.1)	**5,00 € je kg Rohgewicht** (Ausnahme: Verfügte Lagerung)
	bei Schäden **während des Transports** – es greift der für diese Beförderung gesetzlich festgelegte Haftungshöchstbetrag (i. d. R. **8,33 SZR/kg brutto**)
	bei Verkehrsvertrag über Beförderung mit **verschiedenartigen Beförderungsmitteln** unter Einschluss einer Seebeförderung – **2 SZR/kg**
	max. 1 Mio. € oder 2 SZR je kg je Schadensfall, je nachdem, welcher Betrag höher ist
bei **anderen als Güterschäden**	**max. den dreifachen Verlustersatz – höchstens jedoch 100.000 € je Schadensfall**
generelle Haftungsbegrenzung je Schadensereignis	**max. 2 Mio. € oder 2 SZR je kg** (je nachdem, welcher Betrag höher ist) unabhängig davon, wie viele Ansprüche aus einem Schadensereignis erhoben werden
bei verfügter Lagerung	**5,00 € je kg Rohgewicht**
	max. 5.000 € je Schadensfall
	bei Lagerdifferenzen (Soll-/Ist-Bestand) max. **25.000 €**
	max. 5.000 € je Schadensfall bei anderen als Güterschäden
	max. 2 Mio. € oder 2 SZR je kg unabhängig davon, wie viele Ansprüche aus einem Schadensereignis erhoben werden
keine Haftungsbegrenzung (ADSp 27.)	bei **Vorsatz** oder **grober Fahrlässigkeit** des Spediteurs oder seiner leitenden Angestellten
Diese Haftungsbegrenzungen gelten **auch** für außervertragliche Ansprüche.	

1.3.20.1 Begriff „Schadensfall"

Wenn das Handeln und/oder Unterlassen des Spediteurs einen Schaden an den Gütern seines Auftraggebers und/oder Empfängers verursacht, liegt ein Schadensfall vor. Liegen mehrere Ursachen vor, so sind auch mehrere Schadensfälle gegeben.

1.3.20.2 Begriff „Schadensereignis"

Wenn **ein und dasselbe** Handeln und/oder Unterlassen des Spediteurs den Schaden **ein und desselben** Auftraggebers und/oder Empfängers **an mehreren Sendungen** verursacht, liegt ein Schadensereignis vor. Ein Schadensereignis kann mehrere Schadensfälle nach sich ziehen. Die Haftungsgrenze ist demnach mehrfach anwendbar.

1.3.21 Beweislast

- Auftraggeber trägt Beweislast für die ordnungsgemäße Übergabe der Güter (bestimmte Menge und Beschaffenheit ohne äußerlich erkennbare Schäden) an den Spediteur

- Spediteur muss die ordnungsgemäße Ablieferung (in dem Zustand, in dem er die Güter erhalten hat) beweisen

- Güterschäden während des Transports muss derjenige, der sie behauptet, beweisen

- bei unbekanntem Schadensort muss der Spediteur den Ablauf der Beförderung anhand einer Schnittstellendokumentation darlegen – Vermutung, dass der Schaden auf der Teilstrecke eingetreten ist, für die der Spediteur eine vorbehaltlose Quittung nicht vorlegen kann

1.3.22 Haftungsversicherung

HGB und ADSp **verpflichten** den Spediteur zur Haftung. Ohne diese Haftungsversicherung darf sich der Spediteur **nicht auf die ADSp berufen**.

Die Haftungsversicherung garantiert, dass der Spediteur seinen Haftungsverpflichtungen nachkommen kann. Die Haftungsversicherung ist daher für den Spediteur eine **Haftpflicht**versicherung. Die Prämie geht zu seinen Lasten.

1.3.22.1 Beteiligte am Versicherungsvertrag

Versicherungsnehmer:	i. d. Regel der Spediteur
Versicherter – Güterversicherung:	Auftraggeber des Spediteurs
Versicherter – Haftungsversicherung:	Spediteur
Versicherer:	Versicherungsgesellschaft, z. B. Oskar Schunck KG

1.3.22.2 Betriebsbeschreibung

ist zu Beginn eines jeden Versicherungsjahres innerhalb eines Monats nach Aufforderung durch die Versicherung **vom Spediteur** zu erstellen

- Dokumentation der Art der Verkehrsverträge

- hieraus ergibt sich das Tätigkeitsprofil

- anhand des Tätigkeitsprofils Einschätzung der Versicherungsrisiken

- Einschätzung der Versicherungsrisiken beeinflusst die Prämienhöhe

1.3.22.3 Vorsorgeversicherung

Das aufgrund der Betriebsbeschreibung eingeschätzte Risiko kann sich schnell ändern, z. B. durch Aufnahme neuer Tätigkeiten. Damit auch diese bis zur Aufnahme in die Betriebsbeschreibung unter den Versicherungsschutz fallen, gibt es eine sogenannte Vorsorgeversicherung. Der Versicherungsschutz besteht lediglich aufschiebend.

Er entfällt:

– bei Nichtanzeige des neuen Risikos innerhalb einer bestimmten Frist; i. d. R. 1 Monat.

– sofern nicht innerhalb eines weiteren Monats zwischen Versicherer und Versicherungsnehmer (Spediteur) eine Einigung über die für das neu hinzugekommene Risiko zu zahlende Versicherungsprämie zustande kommt.

1.3.23 Erfüllungsort, Gerichtsstand

– Erfüllungsort ist für alle Beteiligten der Ort derjenigen Niederlassung des Spediteurs, an die der Auftrag gerichtet ist

– Gerichtsstand bei Verträgen mit Kaufleuten wie oben

1.4 Haftungsversicherung des Spediteurs

1.4.1 Funktion und Inhalt der Versicherung

– versichert ist die **Haftung des Spediteurs** nach ADSp oder HGB

– Umfang:

• Befriedigung begründeter und Abwehr unbegründeter Schadensersatzansprüche (Ersatz von Aufwendung des Spediteurs in diesem Zusammenhang)

• Beitrag zur großen Haverei (nach Gesetz oder York-Antwerpener-Regeln oder Rhein-Regeln IVR 1979)

• Fehlleitungskosten bis zu 50 % des Wertes des Gutes, höchstens 5.000 € je Sendung

1.4.2 Räumlicher Geltungsbereich

– Verkehrsverträge im Europäischen Wirtschaftsraum (EWR)

– Bei verfügten Lagerungen jedoch nur in den europäischen Gebieten der Länderliste

Diese Regelungen sind individuell in Absprache mit den Versicherern abänderbar.

1.4.3 Anwendungsausschlüsse

– Selbsteintritt des Spediteurs in der See- und Binnenschifffahrt, Luftfracht und Eisenbahn

– Beförderung und Lagerung von Schwergut

– Beförderung und Lagerung von Umzugsgut

- Kran- und Montagearbeiten
- Großraumtransporte
- Beförderung und Lagerung besonders schadensanfälliger Güter aufgrund individueller Verträge
- speditions**un**übliche (speditionsferne) Leistungen

1.4.4 Haftungsausschlüsse

- Schäden durch Krieg, kriegsähnliche Ereignisse, Bürgerkrieg, Aufruhr, Streik oder Kernenergie
- Schäden, die üblicherweise Gegenstand einer Umwelt-, Produkt-, Kraftfahrzeug oder allgemeinen Haftpflichtversicherung sind
- Schäden auf Grund vertraglicher, im Speditionsgewerbe nicht üblicher Vereinbarungen
- Vertragsstrafen, Lieferfristgarantien u. Ä. – soweit sie über die Haftung nach ADSp oder die gesetzliche Haftung hinausgeht – Wert- oder Interessenvereinbarungen nach Art. 24, 26 CMR
- Schäden, die strafähnlichen Charakter haben – Geldstrafen, Verwaltungsstrafen, Bußgelder
- Schäden, die dadurch entstehen, dass Vorschüsse, Erstattungsbeträge o. Ä. nicht zweckentsprechend verwendet, weitergeleitet oder zurückgezahlt werden
- Schäden, wegen vorsätzlicher Herbeiführung des Versicherungsfalls durch den Spediteur oder einen seiner Repräsentanten, Schäden durch Haftungsansprüche aus Verkehrsverträgen über rechtswidrige Leistungen und Haftungsansprüche im Zusammenhang mit der Durchführung rechtswidriger Leistungen durch den Spediteur oder einen seiner Repräsentanten
- Personenschäden

1.4.5 Obliegenheiten vor/im Schadenfall

- des Spediteurs **vor** Eintritt des Versicherungsfalls
  - eigene Fahrzeuge im grenzüberschreitenden Verkehr mit zwei voneinander unabhängigen Diebstahlsicherungen auszustatten (keine Türschlösser)
  - Sicherung beladener Fahrzeuge, Container, Wechselbrücken und sonstiger Behälter gegen Diebstahl/Raub, insbesondere beim Abstellen in der Nachtzeit, an Wochenenden oder Feiertagen und während Ruhezeiten
  - Schnittstellenkontrolle im eigenen Betrieb durchzuführen und zu dokumentieren
- des Spediteurs **nach** Eintritt des Versicherungsfalls
  - **unverzügliche Meldung** jedes Schadens, spätestens innerhalb eines Monats
  - für die Abwendung und Minderung des Schadens zu sorgen
  - Benachrichtigung der Versicherer bei gerichtlichen Maßnahmen gegen den Spediteur
  - ohne Einwilligung der Versicherer keinen Anspruch anerkennen oder befriedigen
  - auf Verlangen und Kosten der Versicherer einen Prozess mit dem Anspruchsteller zu führen

- jeden Diebstahl, Raub, Verkehrsunfall mit möglichen Schäden an der Ladung der Polizei und den Versicherern unverzüglich mitzuteilen, bei Schäden über 5.000 € und solchen, deren Umfang/Höhe zweifelhaft sind, den nächstzuständigen Havariekommissar zu benachrichtigen und dessen Weisungen zu befolgen

- mögliche Regressansprüche gegen den Schadenstifter – insbesondere Subunternehmer, andere Verkehrsträger – zu wahren

- bei **vorsätzlicher** oder **grobfahrlässiger** Verletzung dieser Pflichten sind die Versicherer von der Verpflichtung zur Leistung befreit

1.4.6 Begrenzung der Versicherungsleistung

– Güterschaden/Güterfolgeschaden	1 Mio. € oder 2 SZR/kg brutto (je nachdem, welcher Betrag höher ist) **je Schadenfall**
– reiner Vermögensschaden	100.000 €
– Lager-/Inventurdifferenzen	25.000 €
– Schaden**ereignis**	2 Mio. € oder 2 SZR/kg brutto (je nachdem, welcher Betrag höher ist)

1.4.7 Schadenbeteiligung

Individuelle Regelung mit der Versicherung – hängt von der Risikoeinschätzung ab, z. B.:

- Vereinbarung einer Schadenbeteiligung des Spediteurs ist zulässig

- SLVS: 15% der Versicherungsleistung je Schadenfall, mindestens 150 €, höchstens 2.500 €

1.5 Frachtrecht (HGB)

– starke Anlehnung an das internationale Frachtrecht gem. CMR

1.5.1 Frachtvertrag

- **Geltungsbereich**

  Beförderung von Gütern

  - zu **Lande** (Güterkraftverkehr, Eisenbahngüterverkehr)

  - auf **Binnengewässern**

  - mit **Luftfahrzeugen** (innerhalb Deutschlands)

  - im Rahmen eines **gewerblichen** Beförderungsunternehmens

- **Konsensualvertrag** (zwei übereinstimmende Willenserklärungen)
- **Frachtführer** verpflichtet sich

  - das Gut zum Bestimmungsort zu befördern

  - dort dem Empfänger auszuliefern

- **Absender** verpflichtet sich die vereinbarte Fracht zu zahlen

1.5.2 Frachtbrief

- Frachtführer kann die Ausstellung eines Frachtbriefs verlangen

  Inhalt:

  - Ort und Tag der Ausstellung
  - Name und Anschrift des Absenders
  - Name und Anschrift des Frachtführers
  - Stelle und Tag der Übernahme des Gutes sowie die für die Ablieferung vorgesehene Stelle
  - Name und Anschrift des Empfängers und eine etwaige Meldeadresse
  - übliche Bezeichnung der Art des Gutes und die Art der Verpackung, bei gefährlichen Gütern ihre nach den Gefahrgutvorschriften vorgesehene, sonst ihre allgemein anerkannte Bezeichnung
  - Anzahl, Zeichen und Nummern der Frachtstücke
  - das Rohgewicht oder die anders angegebene Menge des Gutes
  - die vereinbarte Fracht und die bis zur Ablieferung anfallenden Kosten sowie ein Vermerk über die Frachtzahlung
  - den Betrag einer bei der Ablieferung des Gutes einzuziehenden Nachnahme
  - Weisungen für die Zoll- und sonstige amtliche Behandlung des Gutes
  - eine Vereinbarung über die Beförderung in offenem, nicht mit Planen gedecktem Fahrzeug oder auf Deck
  - weitere zweckmäßige Angaben möglich
- **drei Originalausfertigungen**, vom Absender unterzeichnet (für Absender, als Begleitpapier, für Frachtführer)
- Absender kann auch die Unterschrift des Frachtführers verlangen (Faksimile mgl.)
- Beweis für Abschluss und Inhalt des Frachtvertrags:
  - Gut und Verpackung in äußerlich gutem Zustand
  - Anzahl der Frachtstücke, Zeichen und Nummern stimmen mit Frachtbrief überein (nicht bei eingetragenem Vorbehalt)
- Beweisvermutung der Frachtbriefangaben für Rohgewicht, Menge oder Inhalt nur wenn diese auf Verlangen des Absenders überprüft wurden – Frachtführer hat Anspruch auf Aufwendungsersatz

1.5.3 Gefährliches Gut

- rechtzeitige Informationen über die genaue Art der Gefahr und zu ergreifende Vorsichtsmaßnahmen „schriftlich oder in sonst lesbarer Form"
- Frachtführer kann sich auf Kosten des Absenders des gefährlichen Gutes „entledigen" (ausladen, einlagern, zurückbefördern, vernichten, unschädlich machen), wenn ihm die Art der Gefahr bei Übergabe nicht bekannt war bzw. mitgeteilt wurde

1.5.4 Verpackung, Kennzeichnung

- Absender hat das Gut zu verpacken und zu kennzeichnen

1.5.5 Verladen und Entladen

- Absender hat die Verladung vorzunehmen, das Gut zu befestigen und ist für die **beförderungssichere** Verladung verantwortlich
- Unternehmer hat für die **betriebssichere** Verladung zu sorgen
- Entladung auch Pflicht des Absenders, da Empfänger nicht Vertragspartner; er ist, wenn Empfänger entlädt, Erfüllungsgehilfe des Absenders
- Be-/Entladezeit ist vertraglich zu vereinbaren – sonst „eine den Umständen des Falles angemessene Frist" (siehe die jeweiligen Geschäftsbedingungen); lediglich für Binnenschifffahrt ist die Ermächtigung des Justizministeriums/Verkehrsministeriums für die Festlegung des Beginns, der Dauer der Lade-/Entladezeit sowie Höhe des Standgeldes vorgesehen

1.5.6 Begleitpapiere

- Begleitpapiere und erforderliche Auskünfte muss der Absender erteilen (insbesondere auch für Zollabfertigung)
- Haftung des Frachtführers für Schäden durch Verlust, Beschädigung oder unrichtige Verwendung der **Unterlagen** ist **verschuldensunabhängig** (Haftung für Güterschäden gleichgestellt) – „quasi zwingend", d. h. nicht durch Allg. Geschäftsbedingungen, sondern nur durch Einzelvertrag änderbar

1.5.7 Verschuldensunabhängige Haftung des Absenders in besonderen Fällen

- „quasi zwingende" Haftung des Absenders in 4 Fällen:
  - ungenügende Verpackung oder Kennzeichnung
  - Unrichtigkeit oder Unvollständigkeit der in den Frachtbrief aufgenommenen Angaben
  - Unterlassen der Mitteilung über die Gefährlichkeit des Gutes
  - Fehlen, Unvollständigkeit oder Unrichtigkeit der in § 413 Abs. 1 genannten Urkunden oder Auskünfte
- Haftungshöchstbetrag: **8,33 SZR** je kg Rohgewicht
- ist der Absender „Verbraucher", haftet er nur bei Verschulden („Verbraucher" sind natürliche Personen, für die der Vertrag weder ihrer gewerblichen noch selbstständigen beruflichen Tätigkeit zugerechnet werden kann)

1.5.8 Kündigung durch den Absender

- Absender kann den Frachtvertrag jederzeit kündigen
- Frachtführer hat dann zwei Möglichkeiten:
  - spezifizierte Rechnung über vereinbarte Fracht, etwaiges Standgeld und zu ersetzende Aufwendungen, abzüglich ersparter Aufwendungen **oder**
  - pauschalierte Fracht in Höhe von **einem Drittel** der vereinbarten Fracht
- bei Kündigung nach Verladung muss Absender wieder entladen; Selbsthilferecht des Frachtführers (wie bei Beförderungs- oder Ablieferungshindernissen) falls der Absender nicht entlädt

1.5.9 Anspruch auf Teilbeförderung

- Absender kann Beförderung auch bei unvollständiger Ladung verlangen
- Frachtführer hat Anspruch auf volle Fracht, etwaiges Standgeld, Ersatz von Aufwendungen abzüglich Fracht für die Beförderung von Ersatzgut (Regelung vornehmlich für Binnenschifffahrt, z. B. zusätzlicher Ballast)

1.5.10 Recht des Frachtführers bei Nichteinhaltung der Ladezeit

- verlädt der Absender das Gut nicht innerhalb der angemessenen/vereinbarten Ladezeit, kann der Frachtführer nach **Ablauf einer angemessenen Nachfrist** den Frachtvertrag kündigen und Ansprüche nach § 415 Abs. 2 HGB geltend machen (siehe 1.5.8)
- wurde nur ein Teil verladen, kann der Frachtführer nach § 416 HGB verfahren (siehe 1.5.9)

1.5.11 Nachträgliche Weisungen

- Absender hat das Recht einseitiger nachträglicher Vertragsänderung insbesondere
  - nicht weiterbefördern
  - an einen anderen Bestimmungsort
  - an eine andere Ablieferungsstelle
  - an einen anderen Empfänger
- Ausführung nur, wenn weder Nachteile für den Betrieb des Unternehmers noch Schäden für die Absender oder Empfänger anderer Sendungen eintreten würden
- Aufwandsersatz und angemessene Vergütung (evtl. Vorschuss)
- nach Ankunft an der Anlieferungsstelle erlischt das Verfügungsrecht des Absenders, es geht auf den Empfänger über
- durch **Sperrvermerk** im Frachtbrief (von beiden unterzeichnet) kann nur unter Vorlage der Absenderausfertigung nachträglich verfügt werden – Sperrpapier
- volle, unbeschränkte Haftung des Frachtführers, bei Nichtbeachtung des Sperrvermerks

1.5.12 Beförderungs- und Ablieferungshindernisse

- bei Vorliegen von Hindernissen hat der Frachtführer Weisungen beim Verfügungsberechtigten (siehe 1.5.11) einzuholen
- Selbsthilferecht des Frachtführers mit Maßnahmen, die im Interesse des Verfügungsberechtigten die besten zu sein scheinen, wenn er Weisungen nicht in angemessener Zeit erlangen kann (entladen, verwahren, anderen zur Verwahrung anvertrauen, zurückbefördern)
- Aufwandsersatz des Frachtführers

1.5.13 Zahlung, Frachtberechnung

– Zahlung der Fracht bei Ablieferung

– anteilige Fracht für zurückgelegte Teilstrecke bei Beförderungs- und Ablieferungshindernissen

– bei Berechnung der Fracht nach Zahl, Gewicht oder anderweitig angegebener Menge werden die Frachtbriefangaben als richtig vermutet, auch bei Angabe eines diesbezüglichen Vorbehalts (Gegenbeweis möglich)

1.5.14 Rechte des Empfängers, Zahlungspflicht

– Empfänger hat Auslieferungsanspruch nach Ankunft an der Anlieferungsstelle gegen Erfüllung der Verpflichtungen aus dem Frachtvertrag

– bei Beschädigungen, Verspätungen oder Verlusten hat der Empfänger ein eigenes Recht zur Verfolgung von Ansprüchen gegen den Frachtführer

– Empfänger ist zur Zahlung der Fracht gemäß Frachtbrief verpflichtet; wurde keiner ausgestellt oder ergibt sich die Höhe der Fracht nicht aus dem Frachtbrief, so hat der Empfänger die mit dem Absender vereinbarte Fracht zu zahlen (auch Pflicht zur Zahlung von Standgeld bei Überschreitung der Beladezeit)

– Absender bleibt zur Zahlung der nach Vertrag geschuldeten Beträge verpflichtet

1.5.15 Frachtüberweisung

– Frankaturvermerk: unfrei

– die Transportkosten sind vom Empfänger zu zahlen

– der Betrag kann mit einem Geldersatzmittel gezahlt werden

– auch bei Zahlungsverweigerung kann die Ware dem Empfänger ausgehändigt werden, falls keine gegenteilige Weisung besteht.

Nachnahme/Warenwertnachnahme

– Auslieferung nur gegen Zahlung des Kaufpreises

– in bar oder in Form eines gleichwertigen Zahlungsmittels (bankbestätigter Scheck)

– bei Zahlungsverweigerung Rückführung des Gutes

– **Frachtführer haftet** auch ohne Verschulden bei Ablieferung ohne Einziehung der Nachnahme maximal **bis zur Höhe des Nachnahmebetrages**

1.5.16 Lieferfrist

– innerhalb der vereinbarten Frist, mangels Vereinbarung innerhalb der Frist, „die einem sorgfältigen Frachtführer unter Berücksichtigung der Umstände vernünftigerweise zuzubilligen ist" (§ 423 HGB)

1.5.17 Verlustvermutung

– nach Ablauf der 2-fachen Lieferfrist, mind. 20 Tage; bei grenzüberschreitenden Beförderungen 30 Tage

1.5.18 Haftung

Haftungsgrundsatz § 425 HGB	Obhutshaftung (Gefährdungshaftung) von der Übernahme zur Beförderung bis zur Ablieferung
Schadensarten § 425 HGB	Güterschäden Überschreitung der Lieferfrist
Haftungsausschluss § 426 HGB	Befreiung, wenn der Verlust, die Beschädigung, die Lieferfrist-überschreitung „auf Umständen beruht, die der Frachtführer auch **bei größter Sorgfalt nicht vermeiden und deren Folgen nicht abwenden konnte"** (§ 426 HGB) – **unabwendbares Ereignis**
Besondere Haftungsausschlussgründe § 427 HGB	– vereinbarte Verwendung offener Fahrzeuge oder Verladung an Deck – ungenügende Verpackung durch den Absender – Behandeln, Verladen, Entladen durch den Absender/Empfänger – natürliche Beschaffenheit des Gutes (Bruch, Rost, innerer Verderb, Austrocknen, Auslaufen, normaler Schwund) – ungenügende Kennzeichnung durch den Absender – Beförderung lebender Tiere
Haftung für andere § 428 HGB	– Frachtführer haftet für Erfüllungs-/Verrichtungsgehilfen Wer ist **Erfüllungsgehilfe**? – sein gesamtes Personal (soziale Abhängigkeit) – alle, auf die Aufgaben delegiert werden, die der Spediteur lt. Vertrag hätte selbst erledigen müssen – sog. unechte Dritte: Für ihre Fehler haftet der Spediteur wie für sein eigenes Verschulden Wer ist **Verrichtungsgehilfe**? Unternehmer, die lt. Speditionsvertrag selbstständige Funktionen übernommen haben, die der Hauptspediteur selbst nicht verrichten will oder kann (z. B. Zwischenspediteure). Der Frachtführer tritt dem Auftraggeber auf dessen Verlangen seine Ansprüche gegen diese Dritten ab. Er haftet nur bei Auswahlverschulden.
Wertersatz § 429, 430 HGB	bei gänzlichem oder teilweisem Verlust – Ersatz des Marktpreises oder – gemeinen Wertes von Gütern gleicher Art und Beschaffenheit – am Ort und zur Zeit der Übernahme zur Beförderung + Kosten der Schadensfeststellung
Haftungshöchstbetrag § 431, 432, 433, 434 HGB	– **8,33 Rechnungseinheiten je Kilogramm des Rohgewichts** bei **Güterschäden** + Fracht + öffentliche Abgaben und sonstige Kosten – **dreifache Fracht bei Überschreitung der Lieferfrist** – bei Verletzung **sonstiger vertraglicher Pflichten (nicht** Güterschäden, Lieferfristüberschreitung, Personen- oder Sachschäden) **im Sinne von positiver Vertragsverletzung** (falsche Information, Verwendung nicht geeigneter Beförderungsmittel) – das **Dreifache** dessen, was bei Verlust zu zahlen wäre

Außervertragliche Ansprüche § 434 HGB	Haftungsbefreiungen und -begrenzungen im HGB gelten auch für einen außervertraglichen Anspruch des Absenders, Empfängers und Dritter
Wegfall der Haftungsbefreiungen und -begrenzungen § 435 HGB	die Haftungsbefreiungen und -begrenzungen gelten nicht, wenn der Schaden auf eine Handlung oder Unterlassung zurückzuführen ist, die vom Frachtführer oder seinen Leuten **vorsätzlich oder leichtfertig** und **in dem Bewusstsein, dass ein Schaden mit Wahrscheinlichkeit eintreten wird**, begangen wurde
Haftung der Leute § 436 HGB	auch die Angestellten des Frachtführers können sich auf die Haftungsbefreiungen und -begrenzungen berufen, wenn gegen sie **außervertragliche** Ansprüche geltend gemacht werden
AGB-Festigkeit	– Haftungsrecht ist weitgehend AGB-fest – abweichende Regelungen nur individualvertraglich ausgehandelt, nicht in Allg. Geschäftsbedingungen (Ausnahmen: § 449 HGB)
Schadensanzeige (HGB § 438)	**offene Mängel:** **sofort** bei Ablieferung
	verdeckte Mängel: **unverzüglich nach Entdeckung**, spätestens innerhalb von 7 Tagen nach Ablieferung
	Lieferfristüberschreitung: innerhalb von **21 Tagen nach Ablieferung geltend zu machen** bei Überschreitung der Frist geht der Anspruch verloren (Ausschlussfrist)

1.5.19 Verjährung

- 1 Jahr (gem. HGB § 439)
- 3 Jahre bei **Vorsatz**
- Beginn mit Ablauf des Tages, an dem das Gut abgeliefert wurde/hätte abgeliefert werden müssen

1.5.20 Gerichtsstand

- Ort der Übernahme oder der für die Ablieferung vorgesehene Ort (HGB § 440)

1.5.21 Pfandrecht

- **inkonnexes Pfandrecht** wegen aller vertraglichen und unbestrittenen Forderungen auch aus anderen Speditions-, Fracht-, Lagerverträgen (HGB § 441)
- bis 3 Tage nach Ablieferung bei gerichtlicher Geltendmachung gegen Empfänger (Gut befindet sich noch in seinem Besitz)
- der letzte von mehreren Frachtführern hat die Rechte der vorhergehenden Frachtführer

1.5.22 Ladeschein (Binnenschiff)

- Frachtführer kann einen Ladeschein ausstellen (Unterschrift auch durch Nachbildung der eigenhändigen Unterschrift durch Druck oder Stempel)
- Orderladeschein soll den Namen desjenigen enthalten, an dessen Order das Gut abgeliefert werden soll, ansonsten ist der Ladeschein an die Order des Absenders ausgestellt (HGB § 444)
- Ladeschein ist für das Rechtsverhältnis **Frachtführer – Empfänger** maßgeblich: widerlegbare Vermutung, dass die Güter wie im Ladeschein beschrieben, übernommen wurden
- **Rechtsverhältnis Frachtführer – Absender** → Frachtvertrag
- Ablieferung nur gegen Rückgabe des Ladescheins (Quittung) (HGB § 445)
- Legitimation/Verfügungsrecht durch Ladeschein/Indossament (HGB § 446)
- mit Übergabe des Ladescheins werden die Rechte an dem Gut übertragen, u. a. Eigentumsrechte → **Traditionspapier** (HGB § 448)

1.5.23 Abweichende Vereinbarungen

- ist der Absender ein **Verbraucher**, kann nicht zu dessen Nachteil abgewichen werden (HGB § 449) von der
  - Verantwortung des Frachtführers für Urkundenverlust/-beschädigung/-Falschverwendung
  - Haftungsbegrenzung für verschuldensunabhängige Haftung des Absenders in besonderen Fällen auf 8,33 SZR
  - Haftung des Frachtführers für Ausführung von Weisungen ohne Vorlage der Absenderausfertigung
  - Haftung des Frachtführers bei Nichteinziehung einer Nachnahme
  - Haftung für Güter- und Verspätungsschäden HGB §§ 425 – 438
  - Haftung des Frachtführers bei Ablieferung/Weisungsbefolgung ohne Ladeschein

  Ausnahme: Beförderung von Briefen oder briefähnlichen Sendungen

  Abweichung ist nur
  - durch **Vereinbarung** möglich, die **im Einzelnen** ausgehandelt wird
  - Entschädigung wegen Verlust oder Beschädigung kann auch durch **vorformulierte Vertragsbedingungen** auf einen anderen als 8,33 SZR je kg vorgesehenen Betrag begrenzt werden, wenn
    - dieser Betrag **zwischen 2 und 40 SZR** liegt und in drucktechnisch deutlicher Gestaltung besonders hervorgehoben ist oder
    - für den Verwender – i. d. R. Frachtführer – die vorformulierten Vertragsbedingungen ungünstiger als 8,33 SZR sind

1.5.24 Anwendung von Seefrachtrecht

- Seefrachtrecht ist bei Beförderung auf Binnen-/Seegewässern ohne Umladung anzuwenden, wenn
  - ein Konnossement ausgestellt ist oder
  - die auf Seegewässern zurückgelegte Strecke die größere ist (HGB § 450)

1.5.25 Beförderung von Umzugsgut

- die vorgenannten Vorschriften (HGB §§ 407 – 450) sind auch auf Frachtverträge über die Beförderung von Umzugsgut anzuwenden mit folgenden Abweichungen:
  - Pflichten umfassen auch das Ab- und Aufbauen der Möbel sowie das Ver- und Entladen des Umzugsgutes
  - ist der Absender ein **Verbraucher**, hat der Frachtführer auch die Ausführung sonstiger auf den Umzug bezogener Leistungen – Verpackung und Kennzeichnung – zu erledigen
  - keine Pflicht Frachtbrief auszustellen
- Informieren des Absenders über zu beachtende Zoll- und Verwaltungsvorschriften – keine Verpflichtung zur Prüfung auf Richtigkeit und Vollständigkeit
- Haftung nur bis zu **620 € je Kubikmeter** Laderaum (nicht 8,33 SZR je kg)
- Haftungsausschlüsse (abweichend von § 427):
  - Beförderung von Edelmetallen, Juwelen, Edelsteinen, Geld, Briefmarken, Münzen, Wertpapieren oder Urkunden
  - ungenügende Verpackung oder Kennzeichnung durch Absender
  - Behandeln, Verladen, Entladen des Gutes durch den Absender
  - Beförderung von nicht vom Frachtführer verpacktem Gut in Behältern
  - Ver-/Entladen von Gut, dessen Größe/Gewicht den Raumverhältnissen an der Be-/Entladestelle nicht entspricht, nach Hinweis durch Frachtführer
  - Beförderung lebender Tiere und Pflanzen
  - natürliche mangelhafte Beschaffenheit des Gutes – insbesondere Bruch, Funktionsstörungen, Rost, innerer Verderb, Auslaufen
- **Haftungshöchstgrenze** wegen Verlust oder Beschädigung: **620 € je Kubikmeter Laderaum, der zur Vertragserfüllung benötigt wird**
- **Schadensanzeige:**
  - bei offenen Mängeln spätestens **einen Tag nach Ablieferung**
  - bei äußerlich nicht erkennbaren Schäden **spätestens 14 Tage nach Ablieferung**
- **Wegfall der Haftungsbefreiungen**, wenn es der Frachtführer unterlässt,
  - den Absender bei Vertragsabschluss über die Haftungsbestimmungen zu unterrichten und auf die Möglichkeit einer weitergehenden Haftungsvereinbarung hinzuweisen (Haftungsgrenze und -ausschlüsse entfallen)
  - den Empfänger spätestens bei Ablieferung über Form und Frist der Schadensanzeige sowie Rechtsfolgen bei Unterlassung zu unterrichten (Fristen entfallen)

- **Abweichende Vereinbarungen:**

  - ist der Absender ein **Verbraucher**, kann nicht zu dessen Nachteil von den Haftungsbestimmungen abgewichen werden

  - **Abweichung** ist nur

    - durch **Vereinbarung** möglich, die **im Einzelnen** ausgehandelt wird

    - Entschädigung wegen Verlust oder Beschädigung kann auch durch **vorformulierte Vertragsbedingungen** auf einen anderen als 620 € je Kubikmeter vorgesehenen Betrag begrenzt werden → drucktechnisch deutliche Hervorhebung erforderlich

1.5.26 Beförderung mit verschiedenartigen Beförderungsmitteln (Multimodaler Verkehr)

Voraussetzungen:

- Transport mit verschiedenartigen Beförderungsmitteln

- Unterschiedliche Rechtsordnungen

- ein durchgehender Beförderungsvertrag

- Lkw
- Eisenbahn
- Binnenschiff national
- Luftverkehr national

sind **ein** Rechtsbereich nach HGB

- Seeschiff (HGB 5.Buch)
- Grenzüberschreitender Güterkraftverkehr (CMR)

sind weitere **separate** Rechtsbereiche

Abweichende Vorschriften:

- **Schadensort:**

  - Ist Schadensort für Verlust, Beschädigung, Lieferfristüberschreitung bekannt, so haftet der Frachtführer nach den Vorschriften der Teilstrecke (Beweislast liegt bei demjenigen, der dies behauptet)

  - Ist der Schadensort unbekannt, dann Grundhaftung → 2 SZR je kg brutto

- **Schadensanzeige**

• **offene** Mängel	**sofort** bei Ablieferung
• **verdeckte** Mängel	**unverzüglich** nach Entdeckung, spätestens innerhalb von **7 Tagen nach Ablieferung**
• Lieferfristüberschreitung	innerhalb von **21 Tagen nach Ablieferung**
	bei Überschreitung der Frist geht der Anspruch verloren (Ausschlussfrist)
oder	
• gemäß den Vorschriften des Vertrags über die letzte Teilstrecke	

– **Verjährung**

unabhängig davon, ob der Schadensort bekannt/unbekannt ist

- 1 Jahr (gem. HGB § 439)

- 3 Jahre bei **Vorsatz**

- Beginn mit Ablauf des Tages, an dem das Gut abgeliefert wurde/hätte abgeliefert werden müssen

– **Abweichende Vereinbarungen** nur

- durch **Vereinbarung** möglich, die **im Einzelnen** ausgehandelt wird

- durch **vorformulierte Vertragsbedingungen** über die Haftung bei bekanntem Schadensort

    – unabhängig davon, auf welcher Teilstrecke der Schaden eingetreten ist

    – für den Fall des Schadeneintritts auf einer in der Vereinbarung genannten Teilstrecke

1.6 Logistikrecht & Riskmanagement

1.6.1 Zuordnung

Nicht-Fachleute gebrauchen i.d.R. die Begriffe: Spediteur, Frachtführer, Logistiker synonym, weil sie mit den begrifflichen Inhalten nicht hinreichend vertraut sind und es auch nicht sein müssen.

Von Fachleuten und jedem, der in entspechender Funktion tätig wird, muss hingegen die Fähigkeit zu einer qualifizierten sachlichen Abgrenzung unterstellt werden können.

Ein klarer Vertragsinhalt ist unabdingbar, damit keine haftungsrechtlichen Irritationen über objektive Faktoren oder Darbietungen (unklarer Speditionsvertrag oder „nackter" Fracht-brief) bestehen, die im Schadensfall zu Fehleinschätzung, -bewertung führen können.

Z.B. gehen auch die „Logistik-AGB" lt. 1.4 den ADSp vor, „wenn sich einzelne Klauseln wi-dersprechen oder ein Sachverhalt nicht einer Vertragsordnung zugeordnet werden kann".

Darum als Wiederholung folgende differenzierte Klarstellung:

Dienstleistungen als

„Spediteur"	„Frachtführer"	„Logistiker"
reiner Spediteur („Sofa-Spediteur")	*reiner* Frachtführer	*reiner* Logistiker
→ **speditionsübliche Leistungen**	→ **Beförderung**	→ **speditionsferne Leistungen**
		(Warenbehandlung, -prüfung, -aufbereitung, Montage, Reparatur, Entsorgung, Regalservice, Verwertung etc.)
im Sinne	im Sinne	im Sinne
ADSp/HGB	**VBGL/HGB/CMR**	**„Logistik-AGB"**
Speditionsvertrag	**Fracht**vertrag	
im „Selbsteintritt"		
Kraftwagenspedition	+	Logistik

1.6.2 Logistik-AGB

1. Anwendungsbereich

1.1 Diese Logistik-AGB gelten für alle logistischen (Zusatz-) Leistungen, die nicht von einem Verkehrsvertrag nach Ziffer 2.1 der Allgemeinen Deutschen Spediteurbedingungen (ADSp) – soweit vereinbart – oder von einem Fracht-, Speditions- oder Lagervertrag erfasst werden, jedoch vom Auftragnehmer im wirtschaftlichen Zusammenhang mit einem solchen Vertrag erbracht werden.

Die logistischen Leistungen können Tätigkeiten für den Auftraggeber oder von ihm benannte Dritte sein, wie z. B. die Auftragsannahme (Call-Center), Warenbehandlung, Warenprüfung, Warenaufbereitung, länder- und kundenspezifische Warenanpassung, Montage, Reparatur, Qualitätskontrolle, Preisauszeichnung, Regalservice, Installation oder die Inbetriebnahme von Waren und Güter oder Tätigkeiten in Bezug auf die Planung, Realisierung, Steuerung oder Kontrolle des Bestell-, Prozess-, Vertriebs-, Retouren-, Entsorgungs-, Verwertungs- und Informationsmanagements.

1.2 Auftraggeber ist die Vertragspartei, die ihren Vertragspartner mit der Durchführung logistischer Leistungen im eigenen oder fremden Interesse beauftragt.

1.3 Auftragnehmer ist die Vertragspartei, die mit der Durchführung logistischer Leistungen beauftragt wird.

1.4 Soweit die ADSp vereinbart sind, gehen die Logistik-AGB vor, wenn sich einzelne Klauseln widersprechen sollten oder ein Sachverhalt nicht einer Vertragsordnung zugeordnet werden kann.

1.5 Die Logistik-AGB finden keine Anwendung auf Verträge mit Verbrauchern.

2. Elektronischer Datenaustausch

2.1 Jede Partei ist berechtigt, Erklärungen und Mitteilungen auch auf elektronischem Wege zu erstellen, zu übermitteln und auszutauschen (elektronischer Datenaustausch), sofern die übermittelnde Partei erkennbar ist. Die übermittelnde Partei trägt die Gefahr für den Verlust und die Richtigkeit der übermittelten Daten.

2.2 Sofern zur Verbindung beider Datensysteme eine gemeinsame EDV-Schnittstelle durch den Auftragnehmer einzurichten ist, erhält dieser die hierfür notwendigen Aufwendungen vom Auftraggeber erstattet. Jede Partei ist zudem verpflichtet, die üblichen Sicherheits- und Kontrollmaßnahmen durchzuführen, um den elektronischen Datenaustausch vor dem Zugriff Dritter zu schützen sowie der Veränderung, dem Verlust oder der Zerstörung elektronisch übermittelter Daten vorzubeugen.

2.3 Für den Empfang von Informationen, Erklärungen und Anfragen für die Vertragsabwicklung bestimmt jede Partei eine oder mehrere Kontaktpersonen und teilt Namen und Kontaktadressen der anderen Partei mit. Bestimmt eine Partei keine Kontaktperson, gilt diejenige Person als Kontaktperson, die den Vertrag für die Partei abgeschlossen hat.

2.4 Elektronisch oder digital erstellte Urkunden stehen schriftlichen Urkunden gleich.

3. Vertraulichkeit

3.1 Jede Partei ist verpflichtet, alle nicht öffentlich zugänglichen Daten und Informationen vertraulich zu behandeln und ausschließlich für den vorgesehenen Zweck zu verwenden. Daten und Informationen dürfen nur an Dritte (z. B. Versicherer, Subunternehmer) weitergeleitet werden, die sie im Zusammenhang mit der Erfüllung des Vertrages benötigen. Für die Vertraulichkeit elektronischer Daten und Informationen gelten die gleichen Grundsätze.

3.2 Die Verpflichtung zur Vertraulichkeit gilt nicht für Daten und Informationen, die Dritten, insbesondere Behörden aufgrund gesetzlicher Verpflichtungen bekannt zu machen sind. Hierüber ist die andere Partei unverzüglich zu informieren.

4. Pflichten des Auftraggebers, Schutz des geistigen Eigentums

4.1 Der Auftraggeber, insbesondere wenn er als „Systemführer" das Verfahren bestimmt, in dem der Auftragnehmer eingesetzt wird, ist verpflichtet, die für die Ausführung der logistischen Leistungen notwendigen Gegenstände, Informationen und Rechte zur Verfügung zu stellen und etwaige Mitwirkungshandlungen zu leisten, insbesondere

> (Vor-) Produkte und Materialien zu gestellen,

> den Auftragnehmer über spezifische Besonderheiten der Güter und Verfahren und damit verbundene gesetzliche, behördliche oder berufsgenossenschaftliche Auflagen zu informieren und – soweit erforderlich – dessen Mitarbeiter zu schulen und

> Vorgaben, Verfahrens- und Materialbeschreibungen (Fertigungsanleitungen, Konstruktionen und Pläne) zu entwickeln, zu aktualisieren und deren Einhaltung durch den Auftragnehmer zu überprüfen.

Diese Vorleistungen und die Mitwirkungshandlungen sind rechtzeitig und vollständig zu erbringen. Hierzu zählen auch alle notwendigen Informationen, die für eine optimale Kapazitätsplanung notwendig sind.

4.2 Die nach Ziffer 4.1 übergebenen Unterlagen bleiben das geistige Eigentum des Auftraggebers. Ein Pfand- und Zurückbehaltungsrecht hieran kann vom Auftragnehmer nicht ausgeübt werden.

5. Pflichten des Auftragnehmers

5.1 Der Auftragnehmer ist verpflichtet, seine Leistungen entsprechend den Vorgaben des Auftraggebers nach Ziffer

4 zu erbringen. Er ist berechtigt, aber nicht verpflichtet, diese Vorgaben zu überprüfen.

5.2 Der Auftragnehmer, der logistische Leistungen innerhalb der betrieblichen Organisation des Auftraggebers oder auf dessen Weisung bei einem Dritten ausführt (z. B. Regalservice), erbringt diese Leistungen nach Weisung und auf Gefahr des Auftraggebers.

5.3 Der Auftragsnehmer ist verpflichtet, dem Auftraggeber Einwände oder Unregelmäßigkeiten, die bei der Vertragsausführung entstanden sind, unverzüglich anzuzeigen und diese zu dokumentieren.

6. Leistungshindernisse, höhere Gewalt

6.1 Leistungshindernisse, die nicht dem Risikobereich einer Vertragspartei zuzurechnen sind, befreien die Vertragsparteien für die Dauer der Störung und den Umfang ihrer Wirkung von den Leistungspflichten.

Als Leistungshindernisse gelten Streiks und Aussperrungen, höhere Gewalt, Unruhen, kriegerische oder terroristische Akte, behördliche Maßnahmen sowie sonstige unvorhersehbare, unabwendbare und schwerwiegende Ereignisse.

6.2 Im Falle einer Befreiung nach Ziffer 6.1 ist jede Vertragspartei verpflichtet,

> die andere Partei unverzüglich zu unterrichten und

> die Auswirkungen für die andere Vertragspartei im Rahmen des Zumutbaren so gering wie möglich zu halten.

7. Vertragsanpassung

7.1 Vereinbarungen über Preise und Leistungen beziehen sich stets nur auf die namentlich aufgeführten Leistungen und auf ein im Wesentlichen unverändertes Güter-, Auftragsaufkommen oder Mengengerüst. Sie setzen zum einen unveränderte Datenverarbeitungsanforderungen, Qualitätsvereinbarungen und Verfahrensanweisungen und zum anderen unveränderte Energie- und Personalkosten sowie öffentliche Abgaben voraus.

7.2 Ändern sich die in Ziffer 7.1 beschriebenen Bedingungen, können beide Vertragsparteien Verhandlungen über eine Vertragsanpassung mit Wirkung ab dem Ersten des auf das Anpassungsbegehren folgenden Monats verlangen, es sei denn, die Veränderungen waren der Vertragspartei, die die Vertragsanpassung fordert, bei Vertragsabschluss bekannt. Die Vertragsanpassung hat sich an den nachzuweisenden Veränderungen einschließlich den Rationalisierungseffekten zu orientieren.

7.3 Sofern die Vertragsparteien innerhalb eines Zeitraums von einem Monat, nachdem Vertragsanpassung gefordert wurde, keine Einigung erzielen, kann der Vertrag von beiden Parteien unter Einhaltung einer Frist von einem Monat bei einer Laufzeit des Vertrages bis zu einem Jahr bzw. einer Frist von drei Monaten bei einer längeren Laufzeit gekündigt werden. Diese Kündigung kann nur innerhalb eines Monats nach Scheitern der Vertragsanpassung erklärt werden.

8. Betriebsübergang

Sofern mit dem Vertrag oder seiner Ausführung ein Betriebsübergang nach § 613a BGB verbunden ist, verpflichten sich die Parteien, die wirtschaftlichen Folgen unter Berücksichtigung der Laufzeit des Vertrages zu regeln.

9. Aufrechnung, Zurückbehaltung

Gegenüber Ansprüchen aus einem Vertrag über logistische Leistungen nach Ziffer 1.1 und damit zusammenhängenden außervertraglichen Ansprüchen ist eine Aufrechnung oder Zurückbehaltung nur mit fälligen Gegenansprüchen zulässig, denen ein begründeter Einwand nicht entgegensteht.

10. Pfand- und Zurückbehaltungsrecht, Eigentumsvorbehalt

10.1 Der Auftragnehmer hat wegen aller fälligen und nicht fälligen Forderungen, die ihm aus den in Ziffer 1.1 genannten Tätigkeiten gegenüber dem Auftraggeber zustehen, ein Pfandrecht und ein Zurückbehaltungsrecht an den in seiner Verfügungsgewalt befindlichen Gütern oder sonstigen Werten.

Das Pfand- und Zurückbehaltungsrecht geht nicht über das gesetzliche Pfand- und Zurückbehaltungsrecht hinaus.

10.2 Der Auftragnehmer darf ein Pfand- oder Zurückbehaltungsrecht wegen Forderungen aus anderen mit dem Auftraggeber abgeschlossenen Verträgen über logistische Leistungen i. S. v. Ziffer 1.1 nur ausüben, soweit sie unbestritten sind oder wenn die Vermögenslage des Auftraggebers die Forderung des Auftragnehmers gefährdet.

10.3 Der Auftraggeber ist berechtigt, die Ausübung des Pfandrechts zu untersagen, wenn er dem Auftragnehmer ein gleichwertiges Sicherungsmittel (z.B. selbstschuldnerische Bankbürgschaft) einräumt.

10.4 Ziffer 4.2 bleibt unberührt.

10.5 Sofern der Auftragnehmer bei der Erbringung logistischer Leistungen nach Ziffer 1.1 auch das Eigentum auf den Auftraggeber zu übertragen hat, so verbleibt das Eigentum beim Auftragnehmer bis zur vollständigen Zahlung.

11. Abnahme, Mängel- und Verzugsanzeige

11.1 Soweit eine Abnahme der logistischen Leistung durch den Auftraggeber zu erfolgen hat, kann diese wegen des kooperativen Charakters der logistischen Leistungen durch Ingebrauchnahme, Weiterveräußerung oder Weiterbehandlung des Werkes, Ab- und Auslieferung an den Auftraggeber oder an von ihm benannte Dritte erfolgen. Soweit logistische Leistungen nicht abnahmefähig sind, tritt an die Stelle der Abnahme die Vollendung.

11.2 Der Auftraggeber ist verpflichtet, offensichtliche Mängel dem Auftragnehmer bei Abnahme anzuzeigen. Die Anzeige ist schriftlich oder elektronisch (Ziffer 2) zu erstatten. Zur Wahrung der Frist genügt die rechtzeitige Absendung, sofern die Anzeige den Auftragnehmer erreicht.

11.3 Unterlässt der Auftraggeber die Anzeige, gilt die logistische Leistung als vertragsgemäß, es sei denn der Auftragnehmer hat den Mangel arglistig verschwiegen.

11.4 Ansprüche wegen der Überschreitung von Leistungsfristen erlöschen, wenn der Auftraggeber gegenüber dem Auftragnehmer diese nicht innerhalb von einundzwanzig Tagen nach Leistungserbringung anzeigt.

12. Mängelansprüche des Auftraggebers

12.1 Die Mangelhaftigkeit einer logistischen Leistung bestimmt sich nach dem Inhalt des Vertrages und den gesetzlichen Bestimmungen. Beschaffenheits- oder Haltbarkeitsgarantien werden vom Auftragnehmer nur übernommen, wenn diese im Vertrag im Einzelnen als solche bezeichnet werden.

12.2 Ist die logistische Leistung mangelhaft, hat der Auftraggeber Anspruch auf Nacherfüllung. Das Wahlrecht zwischen Mängelbeseitigung und Neulieferung/Neuleistung steht in jedem Fall dem Auftragnehmer zu. Führt die Nacherfüllung nicht zu dem vertraglich geschuldeten Erfolg, hat der Auftraggeber Anspruch auf eine zweite Nacherfüllung. Weitere Ansprüche auf Nacherfüllung bestehen nicht.

12.3 Schlägt die Nacherfüllung zweimal fehl oder ist eine Nacherfüllung wegen der Art der Leistung nicht möglich, kann der Auftraggeber die ihm zustehenden Minderungs-, Rücktritts- und Schadensersatzrechte sowie Selbstvornahme wie folgt ausüben.

12.3.1 Macht der Auftraggeber Minderung geltend, ist diese auf den Wegfall der vereinbarten Vergütung für die einzelne, mängelbehaftete logistische Leistung begrenzt.

12.3.2 Macht der Auftraggeber das Rücktrittsrecht geltend, gilt dieses nur in Bezug auf die einzelne, mängelbehaftete logistische Leistung. Im Übrigen steht dem Auftraggeber unter den Voraussetzungen der Ziffer 13 anstelle des Rücktrittsrechts das Sonderkündigungsrecht zu.

12.3.3 Schadensersatz statt der Leistung kann der Auftraggeber unter den Voraussetzungen von Ziffer 14 verlangen.

12.3.4 Bei Selbstvornahme ist der Anspruch des Auftraggebers auf Aufwendungsersatz auf einen Betrag bis zu 20.000 Euro begrenzt.

13. Sonderkündigungsrecht

13.1 Wenn eine der Parteien zweimal gegen vertragswesentliche Pflichten verstößt und dies zu einer wesentlichen Betriebsstörung führt, hat die andere Partei das Recht, diesen Vertrag mit angemessener Frist zu kündigen, nachdem sie der vertragsverletzenden Partei schriftlich eine

angemessene Frist zur Beseitigung der Pflichtverletzung eingeräumt hat und diese Frist abgelaufen ist, ohne dass die Partei ihren Verpflichtungen nachgekommen ist.

13.2 Das Recht zur außerordentlichen Kündigung aus wichtigem Grund bleibt unberührt.

14. Haftung des Auftragnehmers

14.1 Der Auftragnehmer haftet nur, wenn ihn ein Verschulden an dem von ihm verursachten Schaden trifft. Die hieraus folgende gesetzliche und vertragliche Haftung des Auftragnehmers ist auf den vorhersehbaren, typischen Schaden begrenzt sowie der Höhe nach

14.1.1 auf 20.000 Euro je Schadenfall.

14.1.2 bei mehr als vier Schadenfällen, die die gleiche Ursache (z. B. Montagefehler) haben oder die Herstellung/Lieferung mit dem gleichen Mangel behafteter Güter betreffen (Serienschaden), auf 100.000 Euro, unabhängig von der Zahl der hierfür ursächlichen Schadenfälle.

Diese Haftungsbegrenzung gilt auch bei Differenzen zwischen Soll- und Ist-Bestand der dem Auftragnehmer übergebenen Güter; diese Differenz ist bei gleichzeitigen Mehr- und Fehlbeständen durch wertmäßige Saldierung zu ermitteln.

14.1.3 für alle Schadenfälle innerhalb eines Jahres auf 500.000 Euro.

14.2 Die vorstehenden Haftungsbefreiungen und Haftungsbeschränkungen gelten auch für außervertragliche Ansprüche gegen den Auftragnehmer, seine Mitarbeiter und sonstigen Erfüllungsgehilfen.

14.3 Die vorstehenden Haftungsbefreiungen und Haftungsbeschränkungen gelten nicht

14.3.1 für die Verletzung des Lebens, des Körpers und der Gesundheit,

14.3.2 soweit gesetzliche Haftungsbestimmungen, wie z. B. das Produkthaftungsgesetz, zwingend anzuwenden sind.

14.4 Die Parteien können gegen Zahlung eines Haftungszuschlags vereinbaren, dass die vorstehenden Haftungshöchstsummen durch andere Beträge ersetzt werden.

15. Qualifiziertes Verschulden

Die vorstehenden Haftungsbefreiungen und Haftungsbeschränkungen gelten nicht

15.1 bei grob fahrlässiger oder vorsätzlicher Verletzung

> wesentlicher Vertragspflichten durch den Auftragnehmer, seine leitenden Angestellten oder Erfüllungsgehilfen,

> sonstiger Pflichten durch den Auftragnehmer oder seine leitenden Angestellten.

15.2 soweit der Auftragnehmer den Schaden arglistig

verschwiegen oder eine Garantie für die Beschaffenheit der logistischen Leistung übernommen hat.

16. Freistellungsanspruch des Auftragnehmers

Der Auftraggeber hat den Auftragnehmer und seine Erfüllungsgehilfen von allen Ansprüchen Dritter nach dem Produkthaftungsgesetz und anderer drittschützender Vorschriften freizustellen, es sei denn der Auftragnehmer oder seine Erfüllungsgehilfen haben grob fahrlässig oder vorsätzlich den Anspruch des Dritten herbeigeführt.

17. Verjährung

17.1 Ansprüche aus einem Vertrag nach Ziffer 1.1 verjähren in einem Jahr.

17.2 Die Verjährung beginnt bei allen Ansprüchen mit Ablauf des Tages der Ablieferung, bei werkvertraglichen Leistungen mit Ablauf des Tages der Abnahme nach Ziffer 11.1.

17.3 Die vorstehenden Verjährungsfristen gelten nicht

> in den in Ziffer 15 genannten Fällen,

> bei der Verletzung des Lebens, des Körpers, der Gesundheit oder

> soweit gesetzliche Verjährungsbestimmungen zwingend anzuwenden sind.

18. Haftungsversicherung des Auftragnehmers

18.1 Der Auftragnehmer ist verpflichtet, bei einem Versicherer seiner Wahl eine Haftungsversicherung zu marktüblichen Bedingungen abzuschließen und aufrecht zu erhalten, die seine Haftung im Umfang der in Ziffer 14 genannten Haftungssummen abdeckt.

18.2 Die Vereinbarung einer Höchstersatzleistung je Schadenfall und Jahr ist zulässig; ebenso die Vereinbarung einer Schadenbeteiligung des Auftragnehmers.

18.3 Auf Verlangen des Auftraggebers hat der Auftragnehmer diesen Haftungsversicherungsschutz durch eine Bestätigung des Versicherers nachzuweisen.

19. Erfüllungsort, Gerichtsstand, anzuwendendes Recht

19.1 Der Erfüllungsort ist für alle Beteiligten der Ort derjenigen Niederlassung des Auftragnehmers, an die der Auftrag gerichtet ist.

19.2 Der Gerichtsstand für alle Rechtsstreitigkeiten, die aus dem Auftragsverhältnis oder im Zusammenhang damit entstehen, ist für alle Beteiligten, soweit sie Kaufleute sind oder diesen gleichstehen, der Ort derjenigen Niederlassung des Auftragnehmers, an die der Auftrag gerichtet ist; für Ansprüche gegen den Auftragnehmer ist dieser Gerichtsstand ausschließlich.

19.3 Für die Rechtsbeziehungen des Auftragnehmers zum Auftraggeber oder zu seinen Rechtsnachfolgern gilt deutsches Recht unter Ausschluss des UN-Kaufrechts.

20. Schlussbestimmungen

20.1 Bei der Bestimmung der Höhe der vom Auftragnehmer zu erfüllenden Ersatzansprüche sind die wirtschaftlichen Gegebenheiten des Auftragnehmers, Art, Umfang und Dauer der Geschäftsverbindung, etwaige Verursachungs- oder Verschuldensbeiträge des Auftraggebers nach Maßgabe von § 254 BGB und dessen Grad an Überwachung und Herrschaft der angewendeten Verfahren zugunsten des Auftragnehmer zu berücksichtigen. Insbesondere müssen die Ersatzleistungen, Kosten und Aufwendungen, die der Auftragnehmer zu tragen hat, in einem angemessenen Verhältnis zum Erlös des Auftragnehmer aus den Leistungen für den Auftraggeber stehen.

20.2 Stellt ein Vertragspartner seine Zahlungen ein oder wird das Insolvenzverfahren über sein Vermögen oder ein außergerichtliches Vergleichsverfahren beantragt, so ist der andere berechtigt, für den nicht erfüllten Teil vom Vertrag zurückzutreten.

20.3 Sollte eine Bestimmung der Logistik-AGB und der getroffenen weiteren Vereinbarungen unwirksam sein oder werden, so wird dadurch die Gültigkeit des Vertrages im Übrigen nicht berührt. Die Vertragspartner sind verpflichtet, die unwirksame Bestimmung durch eine ihr im wirtschaftlichen Erfolg möglichst gleichkommende Regelung zu ersetzen.

Quelle: DSLV, Bonn und ILRM, Bremerhaven

2 Güterkraftverkehr

2.1 Verkehrsmittel

relativ junges Verkehrsmittel – 1996 wurde es 100 Jahre alt

– Erfindung des Dieselmotors 1894 durch Rudolf Diesel

– erste kommerzielle Nutzung von Daimler – eisenbereiftes Fahrzeug mit 5 t Nutzlast

– wenig später Vollgummireifen

– bis 1920 verschiedene Motortechniken, dann setzte sich der Dieselmotor durch

– 1930 Vollgummireifen durch Luftdruckreifen abgelöst

– heute ca. 2,8 Mio. Lastkraftwagen und Anhänger

2.2 Leistungsmerkmale

2.2.1 Vorteile

– Flexibilität

– Schnelligkeit

– hohe Netzdichte

– relativ hohe Zuverlässigkeit und Pünktlichkeit (auch Sicherheit)

– Haus-Haus-Verkehr möglich – kaum Umladungen

– relativ kostengünstig

– geringere Umschlagskosten

– geringere Lagerhaltungskosten

2.2.2 Nachteile

– hohe Unfallrate gegenüber Bahn und Luftfracht

– begrenzte Ladekapazität
Lkw – zulässiges Gesamtgewicht 40 t, Zuladung ca. 25 t
Eisenbahnzug ca. 4.000 – 5.000 t
Binnenschiff (Selbstfahrer) ca. 1.000 – 1.500 t

– hoher Energieverbrauch

2.3 Grundlagen

2.3.1 Bundesautobahnen

1 **A 1   Hansalinie (732 km)**

Oldenburg/Holstein – Lübeck – Hamburg – Bremen – Osnabrück – Münster/Westf. – Dortmund – Leverkusen – Köln – Blankenheim – Daun – Trier – Saarbrücken

2 **A 2   (486 km)**

Oberhausen – Gladbeck – Gelsenkirchen – Dortmund – Bielefeld – Hannover – Braunschweig – Magdeburg – Werder (Berliner Ring)

3 **A 3   (778 km)**

(Utrecht – Arnheim –) Elten – Wesel – Oberhausen – Duisburg – Düsseldorf – Leverkusen – Köln – Dernbach – Frankfurt a. M. – Würzburg – Nürnberg – Regensburg – Deggendorf – Passau (– Linz – Wien)

4 **A 4   (616 km)**

(Brüssel – Lüttich –) Aachen – Köln – Gummersbach – Olpe – Kirchheimer Dreieck – Eisenach – Erfurt – Gera – Chemnitz – AD Nossen – Dresden – Bautzen – Görlitz (– Breslau – Kattowitz – Krakau)

5 **A 5   (445 km)**

Hattenbacher Dreieck – Frankfurt a. M. – Darmstadt – Heidelberg – Karlsruhe – Offenburg – Freiburg/Breisgau – Basel (– Bern – Zürich – Gotthard)

6 **A 6   (477 km)**

(Paris – Metz –) Saarbrücken – Kaiserslautern – Mannheim – Heilbronn – AK Feuchtwangen/Crailsheim – Nürnberg – Amberg – AK Oberpfälzer Wald – Waidhaus (– Pilsen – Prag)

7 **A 7   (946 km)**

(Aalborg – Kolding –) Flensburg – Neumünster – Hamburg – Hannover – Göttingen – Kassel – Hattenbacher Dreieck – Fulda – AK Feuchtwangen/Crailsheim – Würzburg – Ulm – Kempten – Nesselwang – (Füssen) (– Reutte – Imst)

8 **A 8   (497 km)**

(Luxemburg –) Perl – Saarlouis – Neunkirchen/Saar – Pirmasens – Karlsruhe – Stuttgart – Ulm – Augsburg – München (– Salzburg – Villach/Tauernautobahn)

9 **A 9   (529 km)**

AD Potsdam – Dessau – Leipzig – Hof – Bayreuth – Nürnberg – Ingolstadt – München

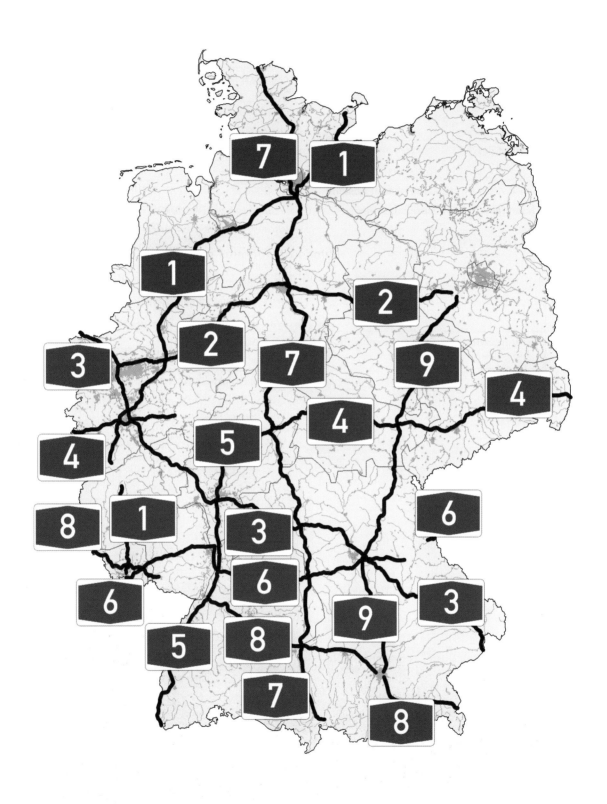

2.3.2 Lkw-Maße (StVZO)

Breite über alles		2,55 m
	Isothermfahrzeuge	2,60 m
Höhe über alles		4,00 m
Länge über alles	bei Einzelfahrzeugen (Lkw oder Anhänger)	12,00 m
	bei Sattelkraftfahrzeugen	16,50 m
	bei Lastzügen	18,75 m
Achslast der	Einzelachse	10,0 t
	angetriebenen Achse	11,5 t
Achslast der Doppelachse je nach Abstand		11,0 – 20,0 t
Gesamtgewicht von Einzelfahrzeugen	Fahrzeuge mit zwei Achsen: – Kraftfahrzeuge und Anhänger je	18,0 t
	Fahrzeuge mit mehr als zwei Achsen: – Kraftfahrzeuge – Anhänger	 25,0 t 24,0 t
	Kraftfahrzeuge mit zwei Doppelachsen: – mind. 4 m auseinander liegend (Mitte)	 32,0 t
Gesamtgewicht von Fahrzeugkombinationen	mit drei Achsen	28,0 t
	mit vier Achsen	36,0 t
	mehr als vier Achsen	40,0 t
	im kombinierten Verkehr mit Sattelanhänger, Wechselaufbau oder Container von mind. 20-Fuß Länge, im Verkehr vom und zum nächstgelegenen Umschlagsbahnhof oder im Umkreis von höchstens 150 km Luftlinie um den Binnen- oder Seehafen des Umschlags (lt. VO (EWG) Nr. 881/92 (5))	44,0 t

2.3.3 Lkw-Maut auf deutschen Autobahnen und Ausweichstrecken

- seit 01.01.2006 in vollem Umfang funktionsfähig
- Betreiber: Toll Collect GmbH (Hauptanteilseigner Deutsche Telekom AG und Daimler AG)

2.3.3.1 Buchung

Manuell

- an stationären Mautstellen-Terminals (Autohöfe, Tankstellen, Raststätten)
- per Internet über das Portal von Toll Collect

Automatische Einbuchung

- über eine freiwillig eingebaute On-Board-Unit (OBU); (das bedeutet, die Mauthöhe wird per Satellitennavigation ermittelt und zwecks Abrechnung per Mobilfunk an den Zentralrechner des Betreibers übermittelt)

2.3.3.2 Mauthöhe

AB 01.01.2009 GELTENDE GEBÜHRENSTRUKTUR
(gemäß der „Verordnung zur Änderung autobahnmautrechtlicher Vorschriften und der Fahrzeug-Zulassungsverordnung" vom 20.11.2008, BGBl. I S. 2226)
- SPREIZUNG 100 %, MIT PMK[1]
- VOLLSTÄNDIGE HARMONISIERUNG

Emissionsklasse	Mautkategorie	Maut ab 01.01.2009	Maut ab 01.01.2011*
EEV	**Kategorie A** (Fahrleistungsanteil [zusammen mit Euro V]: 70 %)[2]	bis 3 Achsen: 14,1 ct ab 4 Achsen: 15,5 ct	bis 3 Achsen: 14,0 ct ab 4 Achsen: 15,4 ct
Euro V	**Kategorie A** (Fahrleistungsanteil [zusammen mit EEV]: 70 %)[2]	bis 3 Achsen: 14,1 ct ab 4 Achsen: 15,5 ct	bis 3 Achsen: 14,0 ct ab 4 Achsen: 15,4 ct
Euro IV oder Euro III mit PMK 2,3, oder 4	**Kategorie B** (Fahrleistungsanteil: 26 %)[2]	bis 3 Achsen: 16,9 ct ab 4 Achsen: 18,3 ct	bis 3 Achsen: 16,8 ct ab 4 Achsen: 18,2 ct
Euro III oder Euro II mit PMK 1,2,3 oder 4	**Kategorie C** (Fahrleistungsanteil: 4 %)[2]	bis 3 Achsen: 19,0 ct ab 4 Achsen: 20,4 ct	bis 3 Achsen: 21,0 ct ab 4 Achsen: 22,4 ct
Euro II	**Kategorie D** (Fahrleistungsanteil: 0 %)[2]	bis 3 Achsen: 27,4 ct ab 4 Achsen: 28,8 ct	bis 3 Achsen: 27,3 ct ab 4 Achsen: 28,7 ct
Euro I / Euro 0	**Kategorie D** (Fahrleistungsanteil: 0 %)[2]	bis 3 Achsen: 27,4 ct ab 4 Achsen: 28,8 ct	bis 3 Achsen: 27,3 ct ab 4 Achsen: 28,7 ct

1) Bei den Partikelminderungsklassen (PMK) handelt es sich um Nachrüstungsstandards zur Senkung des Partikelausstoßes. PMK II erreicht den Partikelwert von Euro IV, PMK I den von Euro III. Die PMK II und I werden daher hinsichtlich der Mauthöhe den Emissionsklassen Euro IV bzw. Euro III gleich gestellt.

2) Prognosen der Fahrleistungsanteile für 2010 **Quelle:** www.bmvbs.de

* Die Bundesregierung hat in einer Sitzung am 08.09.2010 beschlossen, die zum 01.01.2011 geplante Mauterhöhung für Euro III-Fahrzeug zunächst nicht in Kraft treten zu lassen.

2.3.3.3 Kontrolle

nach den Vorgaben des Datenschutzes dürfen nur stichprobenartige Überprüfungen der Mautzahlung durchgeführt werden (insgesamt ist die Kontrollzahl mit 10 Mio. Lkw pro Jahr festgelegt; Toll Collect hat sich verpflichtet davon jährlich 7 Mio. Fahrzeuge auf Mautzahlung zu überprüfen)

Automatische Kontrolle

– an den Autobahnen mittels ca. 300 stationärer Kontrollbrücken über der Fahrbahn

Mobile Kontrolle

– durch BAG-Kontrolleure in mobilen Kontrollfahrzeugen

– Kennzeichen der Lkw werden mit den Daten des Buchungssystems abgeglichen (etwa 3 Mio. Fahrzeuge)

Stationäre Kontrolle

– Mitarbeiter des BAG stellen sich auf einem Parkplatz hinter der Kontrollbrücke auf und nehmen über Funk Verbindung zur Brücke auf

– von der Brücke werden die Bilder verdächtiger „Mautsünder" an die Computer der Prüfer geschickt, welche die Lkw anhalten oder hinter diesen herfahren können

2.3.3.4 Ausnahmen von der Mautpflicht

– Kraftomnibusse

– Fahrzeuge der Streitkräfte, der Polizeibehörden, des Zivil- und Katastrophenschutzes, der Feuerwehr und anderer Notdienste sowie Fahrzeuge des Bundes

– Fahrzeuge, die ausschließlich für den Straßenunterhaltungs- und Straßenbetriebsdienst einschließlich Straßenreinigung und Winterdienst genutzt werden

– Fahrzeuge, die ausschließlich für Zwecke des Schausteller- und Zirkusgewerbes eingesetzt werden

– Fahrzeuge, die von gemeinnützigen oder mildtätigen Organisationen für den Transport von humanitären Hilfsgütern, die zur Linderung einer Notlage dienen, eingesetzt werden

2.3.4 Kfz-Steuer

– bei Lkw richtet sich die Steuer

• nach dem verkehrsrechtlich zulässigen Gesamtgewicht in Stufen von 200 kg, mit zunehmendem Gesamtgewicht (1000-kg-Stufen) progressiv gestaffelt

– bei Lkw über 3,5 t zulässigem Gesamtgewicht zusätzlich nach

• den Schadstoffemissionen (S1 oder S2, 3, 4, 5)

• den Geräuschemissionen (G1)

2.3.5 Tempobegrenzer

– seit 1. Januar 1994 für Lkw und Sattelzugmaschinen (über 12 t zul. Gesamtg.) vorgeschrieben; seit 2005 auch für Lkw über 3,5 t zul. Gesamtgewicht

– Höchstgeschwindigkeit nicht mehr als 85 km/h; Toleranz lediglich plus 5 km/h

2.3.6 Lenk- und Ruhezeiten (Sozial-/Fahrpersonalvorschriften) in Europa

	EG-Sozialvorschriften/AETR (nach VO (EG) 561/06 seit 11.04.07) (über 3,5 t zul. Gesamtgewicht)
Mindestalter Fahrer	bis 7,5 t – 18 Jahre über 7,5 t – 21 Jahre
Lenkzeit täglich	9 Std.; 2 x wöchentlich 10 Std. (4,5 Std. LZ – 45 Min. LZU – 4,5 Std. LZ – 45 Min. LZU – 1 Std. LZ)
Lenkzeit wöchentlich	56 Std. (4 x 9 Std. und 2 x 10 Std.)
Lenkzeit in Doppelwochen	max. 90 Std.
Unterbrechung der Lenkzeit	spätestens nach 4,5 Std.
Dauer der Lenkzeitunterbrechung	45 Min., aufteilbar in 2 Teilunterbrechungen von 15 Min. und 30 Min. (Reihenfolge ist festgelegt!); nach der Lenkzeitunterbrechung von 30 Min. beginnt ein neuer Lenkzeitblock von max. 4,5 Std. (2,5 Std. LZ – 15 Min. LZU – 2 Std. LZ – 30 Min. LZU – 4,5 Std. LZ)
Tagesruhezeit	11 Std. am Stück – innerhalb von 24 Std. nach einer Wochen- oder Tagesruhezeit muss die Tagesruhe 1 x eingelegt worden sein. (Die Tagesruhe kann nur im Fahrzeug genommen werden, wenn das Fahrzeug steht und eine Schlafkabine hat!)
Unterbrechung der Tagesruhezeit	2 x möglich, insgesamt nicht länger als 1 Std.
Verkürzung der Tagesruhezeit	3 x zwischen zwei Wochenruhezeiten Verkürzung von 11 Std. auf 9 Std. Tagesruhezeit erlaubt: 13 Std. Schichtzeit – 9 Std. verkürzte RZ – 2 Std. entfallen – 13 Std. Schichtz.; kein Ausgleich für die 2 Std. erforderlich
Aufteilung der Tagesruhezeit	in 2 Blöcke teilbar, dann jedoch 12 Std. in 24 Std. nach einer Tages- oder Wochenruhezeit (Arbeitsschicht – 3 Std. RZ – Arbeitsschicht – 9 Std. RZ)
Tagesruhezeit 2 oder mehr Fahrer	in einem Zeitraum von 30 Std. muss eine Tagesruhezeit von 9 Std. liegen
Wöchentliche Ruhezeit	nach spätestens 6 Tageslenkzeiten (Mo – Sa) 45 Std. Wochenruhezeit; Verkürzung auf 24 Std. möglich, wenn vorherige und folgende Wochenruhezeit mind. 45 Std. beträgt
Ausgleich bei Verkürzung der Wochenruhezeit	verkürzte Ruhezeit (z. B. um 21 Std.) muss spätestens vor Ablauf der dritten auf die Verkürzung folgenden Woche nachgeholt werden (durch Anhängen der Verkürzung an die Wochenruhezeit – 45 Std. WRZ + 21 Std.)
Arbeitszeit täglich	Ø 8 Std., höchstens 10 Std.
wöchentlich	Ø 48 Std., höchstens 60 Std., wenn in 4 Monaten Ø nur 48 Std.
Arbeitszeitnachweise	EG/AETR-Kontrollgerät

- **nationale Vorschriften** (Fahrpersonal-VO) für Kfz **über 2,8 t – 3,5 t** zul. Gesamtgewicht stimmen weitgehend mit den EG-Sozialvorschriften überein

- **EU-Vorschriften** (VO EWG 3820/85 + 3821/85) für den grenzüberschreitenden Güterkraftverkehr zwischen EU-Staaten und Lichtenstein, Island, Norwegen und innerdeutsch (über 3,5 t zulässiges Gesamtgewicht einschl. Anhänger)

- **Europäisches Übereinkommen über die Arbeit des im internationalen Straßenverkehr beschäftigten Personals (AETR)** für grenzüberschreitende Beförderungen im Straßenverkehr von/oder nach Drittländern, die Vertragsstaaten des AETR sind (über 3,5 t zulässiges Gesamtgewicht einschl. Anhänger)

- seit August 2006 **digitale Tachografen** in der EU Vorschrift (nach dem 5. Aug. 2006 produzierte Fahrzeuge müssen mit dem neuen Tacho ausgerüstet sein (Nachrüstpflicht wurde verworfen)

2.4   Güterkraftverkehrsgesetz (GüKG)

2.4.1   Abgrenzung

- Güterkraftverkehr ist die geschäftsmäßige oder entgeltliche Beförderung von Gütern mit Kraftfahrzeugen, die **einschließlich Anhänger ein höheres zulässiges Gesamtgewicht als 3,5 Tonnen** haben. (§ 1 GüKG)

- **Ausnahmen** bei (§ 2 GüKG)

  - gelegentlichen, nicht gewerbsmäßigen Beförderungen von Gütern durch Vereine für ihre Mitglieder oder für gemeinnützige Zwecke

  - Beförderung von Gütern durch **Körperschaften, Anstalten und Stiftungen des öffentlichen Rechts** im Rahmen ihrer öffentlichen Aufgaben

  - Beförderung von **beschädigten oder reparaturbedürftigen Fahrzeugen** aus Gründen der Verkehrssicherheit oder zum Zwecke der Rückführung

  - Beförderung von Gütern bei der Durchführung von **Verkehrsdiensten**

  - Beförderung von **Medikamenten, medizinischen Geräten und Ausrüstungen** sowie anderen zur Hilfeleistung in dringenden Notfällen bestimmten Gütern

  - Beförderung von **Milch und Milcherzeugnissen** für andere zwischen landwirtschaftlichen Betrieben, Milchsammelstellen und Molkereien durch landwirtschaftliche Unternehmer

  - üblichen Beförderungen von **land- und forstwirtschaflichen Bedarfsgütern** oder Erzeugnissen in land- und forstwirtschaftlichen Betrieben

    - für eigene Zwecke

    - für andere Betriebe dieser Art

      - im Rahmen der Nachbarschaftshilfe

      - im Rahmen eines Maschinenringes oder eines vergleichbaren wirtschaftlichen Zusammenschlusses, sofern die Beförderung innerhalb eines Umkreises von 75 km Luftlinie um den Mittelpunkt des Standortes des Kfz im Sinne des § 23 Abs. 1 Satz 1 Straßenverkehrs-Zulassungs-Ordnung mit Zugmaschinen oder Sonderfahrzeugen

  - Beförderung von **Betriebseinrichtungen** für eigene Zwecke im Rahmen der Gewerbeausübung

2.4.2 Erlaubnis

gewerblicher Güterkraftverkehr ist **erlaubnispflichtig** (§ 3 GüKG)

Erteilung:

– an Unternehmer mit Sitz im Inland

– zunächst für die Dauer von **5 Jahren,** wenn

- der Unternehmer und die zur Führung der Güterkraftverkehrsgeschäfte bestellte Person **zuverlässig** sind,

- die **finanzielle Leistungsfähigkeit** des Unternehmens gewährleistet ist

- der Unternehmer oder die zur Führung der Güterkraftverkehrsgeschäfte bestellte Person **fachlich geeignet** ist.

– neben der Erlaubnis für weitere Fahrzeuge Erlaubnisausfertigungen (im Rahmen der finanziellen Leistungsfähigkeit)

– **Gemeinschaftslizenz** gilt als Erlaubnis (§ 5 GüKG)

Die **subjektiven Berufszugangsbedingungen** gelten für Unternehmer, die Fahrzeuge ab 3,5 t Gesamtgewicht einsetzen. Ausnahme: Fahrzeuge bis 6 t Gesamtgewicht, wenn diese „ausschließlich im Nahverkehr" eingesetzt werden und daher „nur geringfügige Auswirkungen auf den Beförderungsmarkt haben."

2.4.2.1 Zuverlässigkeit

– ist gegeben, wenn der Betrieb den gesetzlichen Bestimmungen entsprechend geführt wird und die Allgemeinheit bei dem Betrieb des Unternehmens vor Schäden oder Gefahren bewahrt bleibt

– ist insbesondere nicht gegeben bei

- erheblichen Vorstrafen

- wesentlichen oder wiederholt geahndeten Verstößen gegen die Verkehrsvorschriften (Gewichte und Abmessungen der Fahrzeuge)

- wesentlichen oder wiederholt geahndeten Verstößen gegen das GüKG und Steuergesetze

- Verstößen gegen die Verpflichtung aus der Kfz-Haftpflichtversicherung oder Güterschadensversicherung

- wiederholten Verstößen gegen soziale und arbeitsrechtliche Pflichten (Entlohnungs- und Arbeitsbedingungen, insbesondere Lenk- und Ruhezeiten der Fahrer)

2.4.2.2 Finanzielle Leistungsfähigkeit des Betriebes

- insbesondere, ob die verfügbaren Eigenmittel (Vermögen) für eine ordnungsgemäße – insbesonders verkehrssichere – Betriebsführung ausreichen

  - 9.000 € für das erste, 5.000 € für jedes weitere Fahrzeug
  - regelmäßige Überprüfung „mindestens alle 5 Jahre" durch die nationalen Behörden vorgesehen

- Eigenkapital + Kapitalrücklagen + Gewinnrücklagen +/– Gewinnvortrag/Verlustvortrag +/– Jahresüberschuss/Jahresfehlbetrag (Eigenkapitalbescheinigung nach § 2 Abs. 2 Nr. 2 Berufszugangsverordnung für den Güterkraftverkehr), keine Bankbürgschaft

- nicht gewährleistet bei

  - erheblichen Steuerrückständen
  - erheblichen Rückständen an Beiträgen zur Sozialversicherung

2.4.2.3 Fachliche Eignung

- umfasst Kenntnisse der Gewerbevorschriften, Beförderungsbedingungen, Buchführung, Kostenrechnung (bes. **Fahrzeugkalkulation**), Steuer- und Sozialwesen, Arbeitszeit- und Straßenverkehrsvorschriften

- Nachweis durch

  - **Sachkundeprüfung** der IHK oder
  - mind. **fünfjährige leitende Tätigkeit** in einem Verkehrsunternehmen, das gewerblichen Güterkraftverkehr betreibt – nach EU-Komissionen soll auch diese Personengruppe sich einer Kontrollprüfung unterziehen
  - **Zeugnis** einer Hochschule oder Fachhochschule oder sonstigen Ausbildungsstätte, wenn entsprechende Inhalte vermittelt wurden oder Abschlussprüfung in einem **anerkannten Ausbildungsberuf**, z. B. Speditionskfm. oder Abschlussprüfung zum **Verkehrsfachwirt**

- Nach Vorstellung der EU-Kommission sollen auch die Zuverlässigkeit und fachliche Eignung mind. alle 5 Jahre überprüft werden

- Die Erlaubnis kann **zurückgenommen** werden, wenn die Antragsvoraussetzungen nicht mehr gegeben sind

2.4.3 Werkverkehr

- Beförderung von Gütern für eigene Zwecke; erlaubnisfrei; keine Versicherungspflicht

Voraussetzungen:

  - Güter sind Eigentum des Unternehmens oder von ihm verkauft, gekauft, vermietet, gemietet, hergestellt, erzeugt, gewonnen, bearbeitet oder in Stand gesetzt (auch Handelsvertreter, Handelsmakler und Kommissionäre)
  - An- oder Abtransport zum/vom Unternehmen
  - Fahrer/Beifahrer müssen Angehörige des Unternehmens sein; im Krankheitsfall für bis zu 4 Wochen auch andere Personen
  - Beförderungsleistung darf nur Hilfstätigkeit sein

Anmeldepflicht:

- eingesetzte Lkw, Züge, Sattelkraftfahrzeuge mit über 3,5 t zulässigem Gesamtgewicht müssen
bei der BAG angemeldet werden (Werkverkehrsdatei § 15 a)
- Meldebestätigung für das Fahrzeug ist bei allen Fahrten mitzuführen
- monatliche Übersicht über die durchgeführten Beförderungen an die BAG

2.4.4 Bundesamt für Güterverkehr (BAG)

2.4.4.1 Aufgaben

- Prüfung in- und ausländischer Unternehmen auf Einhaltung der gesetzlichen Pflichten des GüKG
- Kontrolle der Mauterfassung/Einbuchung
- Überwachung des Werkverkehrs
- Überwachung der Einhaltung der Rechtsvorschriften über
  - Beschäftigung und Tätigkeit des Fahrpersonals
  - zulässige Abmessungen, Gesamtgewichte und Achslasten
  - Container im internationalen Güterkraftverkehr
  - Abgaben für das Halten und Verwenden von Kfz und Straßenbenutzung
  - Umsatzsteuer, die für die Beförderung von Gütern im Binnenverkehr durch ausländische Unternehmer anfällt
  - die Beförderung gefährlicher Güter
  - Beschaffenheit, Kennzeichnung und Benutzung von Beförderungsmitteln zur Beförderung von Lebensmitteln und Erzeugnissen des Weinrechts
  - das Mitführen einer Ausfertigung der Erlaubnisurkunde und Standortbescheinigung
  - gegebenenfalls Ladungspapiere
  - Beförderung von Abfall im Kfz
  - die zulässigen Werte für Geräusche und Abgase und Kfz
- Marktbeobachtung zur Erhaltung der Funktionsfähigkeit des Verkehrsmarktes und zur Vermeidung ruinösen Wettbewerbs mit dauerhaften Dumping-Frachten
- Statistiken über Verkehrsleistungen, Umsatz, Beschäftigte, Fuhrpark u. a.

2.4.4.2 Befugnisse

Das BAG ist berechtigt

- Ermittlungen anzustellen und Einsicht in Bücher und Geschäftspapiere einschließlich Unterlagen über den Fahrzeugeinsatz zu nehmen
  - beim Eigentümer/Besitzer der Kfz
  - bei allen an der Beförderung Beteiligten
  - bei den Beteiligten des Handelsgeschäfts über die beförderten Güter (Betriebsprüfungen)

– die Prüfung der Beförderungs- und Begleitpapiere und die Kontrolle der Ladung auf Autohöfen, Tankstellen und Straßen vorzunehmen (= Straßenkontrollen)

2.5 Vertragsbedingungen für den Güterkraftverkehrs- und Logistikunternehmer (VBGL)

VBGL – vom Bundesverband Güterkraftverkehr und Logistik (BGL) herausgegeben

2.5.1 Geltungsbereich

– Frachtgeschäft im gewerblichen Straßengüterverkehr mit Kraftfahrzeugen

– einschließlich des nationalen kombinierten Ladungsverkehrs

– sowie für den Selbsteintritt des Spediteurs (§ 458 HGB)

– auch für logistische Dienstleistungen, die mit der Beförderung oder Lagerung von Gütern in Zusammenhang stehen, aber nicht speditionsüblich sind (z. B. Aufbügeln von Konfektion, Montage und Teilen u. ä.)

– für **andere Speditionsverträge und für Lagerverträge** sowie Verträge über speditionsübliche logistische Dienstleistungen, die mit der Beförderung oder Lagerung von Gütern im Zusammenhang stehen, **gelten die ADSp**

ausgenommen sind:

– Verpackungsarbeiten

– die Beförderung von Umzugsgut oder dessen Lagerung

2.5.2 Informationspflicht und Fahrzeuggestellung

– Auftraggeber hat den Frachtführer rechtzeitig vor Durchführung der Beförderung über alle wesentlichen Faktoren zu unterrichten, insbesondere über

- Art und Beschaffenheit
- Gewicht
- Menge
- einzuhaltende Termine
- technische Anforderungen an das Fahrzeug und erforderliches Zubehör
- Wert des Gutes, wenn dies für das zu stellende Fahrzeug/Zubehör von Bedeutung ist

2.5.3 Übergabe des Gutes

Der Absender hat dem Frachtführer das Beförderungsgut

– in beförderungsfähigem Zustand einschließlich der erforderlichen ordnungsgemäß ausgefüllten Begleitpapiere (gem. § 410, 411, 413 HGB) zu übergeben

– Schäden, die dem Frachtführer aus Nichtvorliegen der oben genannten Bedingungen (s. auch 1.2.7 und 1.5.7) entstehen, hat der Absender zu tragen (Eintragung des Vorbehalts in den Frachtbrief/Begleitpapier)

- Überprüfung von Stückzahl, Menge oder Gewicht des Beförderungsgutes nur, wenn zumutbar, möglich und vereinbart
  → angemessene Vergütung

- eine schriftliche Bestätigung der Angaben durch den Frachtführer ohne deren Überprüfung erfolgt unter Vorbehalt

- bei offensichtlich beschädigten Gütern kann der Frachtführer eine Bescheinigung des Absenders im Frachtbrief/Begleitpapier verlangen

2.5.4 Frachtbrief/Begleitpapier

- Frachtbrief oder anderes Begleitpapier (Lieferschein, Rollkarte o. Ä.) soll die Angaben gemäß § 408 HGB und evtl. weitere enthalten und **beidseitig unterzeichnet** werden

- fertigt der Frachtführer auf Verlangen des Absenders den Frachtbrief aus, haftet der Absender für alle Schäden durch unrichtige/unvollständige Angaben des Absenders

- auch elektronischer Frachtbrief möglich

2.5.5 Verladen/Entladen

- Absender hat **beförderungssicher** – nach dem Stand der Technik – zu beladen, der Empfänger hat entsprechend zu entladen, nachdem er die Auslieferung verlangt hat

- Frachtführer hat **betriebssichere** Verladung sicherzustellen

- eine beförderungssichere Verladung durch den Frachtführer nur gegen angemessene Vergütung

- für die Be-/Entladung **angemessene Zeit**; eine Komplettladung von 40 t zulässiges Gesamtgewicht, höchstens 1 Beladestelle, 1 Entladestelle:
  pauschal **jeweils max. 2 Std.** für die Beladung und **max. 2 Std.** für die Entladung

- **Beladefrist** beginnt mit der vereinbarten Bereitstellung des Kfz

- **Entladefrist** beginnt in dem Moment, in dem der Empfänger die Verfügungsgewalt über das Gut erhalten hat (im Zweifel mit Übergabe des Frachtbriefs/Begleitpapier)

- bei Wartezeit über die Be-/Entladezeit hinaus auf Grund vertraglicher Vereinbarung oder aus Gründen, die nicht in den Risikobereich des Frachtführers fallen, hat er Anspruch auf angemessene Vergütung (Standgeld)

2.5.6 Rechte des Frachtführers

- **Kündigungsrecht**, wenn nach Ablauf der Beladefrist mit der Beladung noch nicht begonnen wurde und eine Nachfrist (schriftliche Erklärung) ergebnislos verstrichen ist

- unverzügliche Meldung an den Absender, wenn der Frachtführer das Fahrzeug nicht rechtzeitig zum vereinbarten Zeitpunkt gestellen kann; Absender muss unverzüglich entscheiden, ob er kündigen will oder mit einer späteren Gestellung einverstanden ist

- Annahmeverweigerung, wenn nach Ablauf der Entladefrist nicht mit der Entladung begonnen wurde
  → Weisung des Absenders einholen und befolgen

2.5.7 Gefährliches Gut

– Absender hat bei Vertragsabschluss schriftlich alle Angaben über die Gefährlichkeit des Gutes soweit erforderlich und zu ergreifende Vorsichtsmaßnahmen zu übermitteln

– bei ADR-Gefahrgut-Klasse und Nummern nach ADR Schutzausrüstung mitzugeben

2.5.8 Quittung

– Empfänger kann die Ablieferung des Gutes gegen schriftliche Empfangsbestätigung (Quittung) verlangen (Unterschrift des Empfängers und Stempel); ersatzweise ist neben der Unterschrift die Firma und der Vor- und Nachname des Empfängers in Druckschrift anzugeben

2.5.9 Verzug, Aufrechnung

– Zahlungsverzug ohne Mahnung oder sonstige Voraussetzungen spätestens 10 Tage nach Zugang der Rechnung

– Verzugszinsen mind. 2 % über dem Basiszinssatz

– Aufrechnung nur gegen fällige, dem Grunde und der Höhe nach unbestrittene oder rechtskräftige Forderungen **aus dem Beförderungsvertrag** und damit zusammenhängenden Forderungen

2.5.10 Haftung und Versicherung

Haftung aus Frachtverträgen	
Haftungsprinzip	**Obhutshaftung** (von der Übernahme bis zur Ablieferung)
Haftungsumfang	**Güterschäden** (Verlust/Beschädigung) während der Beförderung: 8,33 SZR/kg brutto; auch für Schäden während transportbedingter Zwischenlagerung bei durchgängigen Verträgen mit Frachtführern oder selbsteintretenden Spediteuren
Haftung aus Speditions-, Lager- und logistischen Verträgen	
Haftungsgrundlage	ADSp
Haftung für logistische Dienstleistungen – nicht speditionsüblich	
Haftungsgrundlage	**Werk- und Dienstvertrag** mit der Maßgabe, dass Schadensersatzansprüche nur geltend gemacht werden können, wenn der Schadensfall von Auftragnehmer oder seinen Leuten vorsätzlich oder grob fahrlässig herbeigeführt wurde; diese Haftungsbeschränkung betrifft nur Schäden, für die der Auftraggeber eine Schadensversicherung abgeschlossen hat
Haftungsumfang	– **1 Mio. € je Schadensfall** für fahrlässig verursachte Schäden – keine Begrenzung bei grober Fahrlässigkeit

Versicherung	
Haftpflichtversicherung	**Frachtführer/Spediteur im Selbsteintritt** hat Versicherung einzude-cken (gem. Anforderungen der Pflichtversicherung; Deckungssumme mind. 1 Mio. € je Schadensfall) – Höchstersatzleistung der Versicherung 7,5 Mio. € je Schaden-ereignis – Verwendung der VBGL von ihrem Abschluss anhängig
Transportversicherung	**auf Verlangen des Auftraggebers** deckt der Frachtführer/Spediteur eine auf das Gut bezogene Transportversicherung (z. B. Allgefah-renversicherung auf der Grundlage der ADS-Güterschadenbedin-gungen) ein

2.5.11 Nachnahme

– als gesonderte Vereinbarung schriftlich zu treffen und im Frachtbrief/Begleitpapier zu vermerken

– Einziehung in bar; schriftliche Weisung vom Verfügungsberechtigten einholen, wenn die Zahlung nicht entsprechend erfolgt (Wartezeit bis zum Eintreffen der Weisung ist zu ver-güten)

2.5.12 Pfandrecht

– gemäß § 441 HGB (siehe 1.5.21)

2.5.13 Lohnfuhrvertrag

– Stellung eines bemannten Fahrzeugs zur Verwendung nach Weisung des Auftraggebers

– Beförderungsbedingungen finden entsprechende Anwendung

– statt Frachtbrief Nachweis, der insbesondere die Einsatzzeit beinhaltet

2.5.14 Paletten

– keine Verpflichtung zur Gestellung von Ladehilfsmitteln und Packmitteln

– Palettentausch bei Vertragsabschluss oder Abruf des Fahrzeugs schriftlich zu vereinbaren → besondere Vergütung

– Rückführung leerer Paletten nur mit gesondertem Beförderungsvertrag

2.5.15 Erfüllungsort/Gerichtsstand

– Sitz des Frachtführers

2.6 Vergleich ADSP und VBGL

2.6.1 Anwendungsbereich

	ADSP	VBGL
Frachtverträge im Straßengüterverkehr	ja	ja
Frachtverträge außerhalb des Straßengüterverkehrs	ja	nein
Speditionsverträge im Selbsteintritt auf der Straße	ja	ja
andere Speditionsverträge	ja	Verweis auf ADSp
Verträge über speditionsübliche nicht logistische Dienstleistungen	ja	nein
Verträge über speditionsübliche logistische Dienstleistungen	ja	Verweis auf ADSp
Verträge über speditionsunübliche logistische Dienstleistungen	nein	ja
Lagerverträge	ja	Verweis auf ADSp

2.6.2 Haftung bei transport-/verkehrsbedingter Zwischenlagerung

	ADSP	VBGL/AGL
Haftung je kg	5 €/kg	8,33 SZR/kg (ca. 12 €/kg)
Haftung je Schadenfall	max. 1 Mio. € mind. 2 SZR/kg	keine Begrenzung (8,33 SZR/kg durchlaufend)
Haftung je Schadenereignis	max. 5 Mio. € mind. 2 SZR/kg	keine Begrenzung (8,33 SZR/kg durchlaufend)

2.7 Internationaler Güterkraftverkehr

2.7.1 Marktordnung

– Lkw unterliegt grundsätzlich den EU-Bestimmungen und ergänzenden einzelstaatlichen Regelungen

2.7.2 Liberalisierung

– Schaffung eines freien Verkehrsmarktes ohne mengenmäßige Beschränkung durch
- Anpassung der bilateralen Kontingente und des Gemeinschaftskontingents
- Beseitigung der Wettbewerbsverzerrungen (Harmonisierung)

2.7.3 Internationale Genehmigungen

2.7.3.1 Bilaterale Genehmigung

Bilaterale Genehmigung für grenzüberschreitende Verkehre zwischen der **Bundesrepublik und Drittstaaten** (nicht EWR) einschließlich verkehrsübliche Transitverkehre

- wird als **Zeit**genehmigungen ausgegeben; Begrenzung der Zahl der Fahrten möglich

- nicht übertragbare Inhabergenehmigungen oder fahrzeuggebundene Genehmigungen

- gilt vom Grundsatz her nur auf dem Territorium des jeweiligen Drittstaates, jedoch ersetzt sie auf dem inländischen Streckenteil die erforderliche Erlaubnis nach § 3 GüKG

- Fahrtenberichtsheft für Zeitgenehmigungen – Vermerk für Ein- und Ausreise

2.7.3.2 Multilaterale Genehmigungen

2.7.3.2.1 Gemeinschaftslizenz

- Gemeinschaftslizenzen berechtigen ihre Inhaber, Beförderungen im gewerblichen grenzüberschreitenden Güterkraftverkehr **zwischen und in** allen EWR-Mitgliedsstaaten (EU-Staaten + Schweiz, Norwegen, Island)

- Zugangsvoraussetzungen entsprechen denen der nationalen Erlaubnis

- werden zunächst für 5 Jahre, danach unbefristet von den höheren oder unteren Verkehrsbehörden ausgestellt (Prüfung der finanziellen Leistungsfähigkeit alle 5 Jahre)

- zahlenmäßig unbeschränkt (nicht kontingentiert) – beglaubigte Abschriften werden in erforderlicher Anzahl ausgestellt

- Inlandsgenehmigungen (Erlaubnis nach GüKG) sind in Deutschland nicht erforderlich

Kabotage (EU-VO 1072/2009)
- im Anschluss an eine grenzüberschreitende Beförderung aus einem anderen Mitgliedsstaat oder einem Drittland sind nach Auslieferung der Güter im Zielland binnen 7 Tagen bis zu 3 Kabotagebeförderungen zulässig

Transitkabotage
- in jedem anderen Land ist auf der Rückfahrt eine Kabotagebeförderung innerhalb von 3 Tagen nach Einfahrt des unbeladenen Fahrzeugs erlaubt

- die 7-Tagesfrist ist jedoch einzuhalten

- eindeutige Belege für die grenzüberschreitende Beförderung sowie für jede einzelne der durchgeführten Kabotage-Beförderungen sind mitzuführen

- Polen, die 3 baltischen Staaten, Tschechien, Slowenien, Ungarn und die Slowakei dürfen seit Mai 2009 Kabotagefahrten in Deutschland durchführen

- für Bulgarien und Rumänien gilt das Kabotageverbot bis zum 31. Dez. 2011

2.7.3.2.2 CEMT-Genehmigung

– aufgrund einer Resolution des Rates der Europäischen Konferenz der Verkehrsminister (CEMT) 1974 eingeführt

– CEMT-Genehmigung berechtigt zum grenzüberschreitenden Güterkraftverkehr in alle dem Abkommen angeschlossenen europäischen Staaten (Belgien, Deutschland, Bulgarien, Dänemark, Finnland, Frankreich, Griechenland, Großbritannien, Irland, Italien, Lichtenstein, Luxemburg, Niederlande, Norwegen, Österreich, Polen, Portugal, Rumänien, Schweden, Schweiz, Spanien, GUS-Staaten (soweit das Übereinkommen gezeichnet), Tschechien, Slowakei, Kroatien, Slowenien, Estland, Lettland und Litauen)

– nur für mindestens „Euro-3-sichere" Fahrzeuge

– auf das Unternehmen ausgestellt und nicht übertragbar

– wird jeweils nur für **ein Jahr oder 30 Tage** (Kurzzeitgenehmigung) ausgestellt

– Voraussetzung ist, dass die Genehmigung für multilaterale Beförderungen genutzt wird und **nicht für Beförderungen in nur einen CEMT-Mitgliedstaat oder innerhalb eines CEMT-Mitgliedstaates** (Be- und Entladeorte im Hoheitsgebiet verschiedener Mitgliedsstaaten – keine Kabotage) – Nachweis von 12 Beförderungen im Bewertungszeitraum (bei Erstantrag 6 Beförderungen), bei dem Be- oder Entladeort in einem CEMT-Mitgliedsstaat liegen muss, in dem die Gemeinschaftslizenz nicht gilt

– seit 2006 gilt die „2+3 Regelung": Nach Abfahrt aus dem Heimatland dürfen innerhalb von 6 Wochen 3 Fahrten im Ausland erledigt werden, bevor das Fahrzeug wieder in das Heimatland zurückkehren oder es durchfahren muss

– für Österreich, Italien und Griechenland gelten Sonderregelungen (Einschränkung der CEMT-Genehmigungen zur Begrenzung es Lkw-Verkehrs)

– Fahrtenberichtsheft erforderlich

2.7.4 CMR-Beförderungsvertrag

(**C**onvention relative au contrat de transport international de **M**archandises par **R**oute)

– Übereinkommen über den Beförderungsvertrag im internationalen Straßengüterverkehr (seit 1962)

– starke Anlehnung des HGB-Frachtrechts an die CMR

– von deutschen Frachtführern beim grenzüberschreitenden Verkehr **zwingend** anzuwenden, wenn

• gewerbsmäßiger Gütertransport auf der Straße

• Übernahme- und Ablieferungsort des Gutes in 2 verschiedenen Staaten

• mindestens einer davon in einem Vertragsstaat

– gilt für die **gesamte** Beförderungsstrecke, auch in den inländischen Streckenteil

2.7.4.1 Vertragsabschluss

- durch zwei übereinstimmende Willenserklärungen (Konsensualvertrag)

2.7.4.2 Versicherungseindeckung

- **keine** Verpflichtung zum Abschluss einer Güterschadenshaftpflichtversicherung

2.7.4.3 Frachtbrief

- kein Frachtbriefzwang
- 3 Original-Ausfertigungen: **Erste** für den Absender, **zweite** Begleitpapier, erhält der Empfänger, **dritte** behält der Frachtführer

2.7.4.4 Überprüfung der Frachtbriefangaben/Sendungsdaten

- Unternehmer bestätigt die Richtigkeit der Anzahl der Frachtstücke, Zeichen, Nummerierung, äußeren Zustand und Verpackung durch seine Übernahme (in der deutschen Übersetzung strittig!)

2.7.4.5 Beladung der Fahrzeuge

- nicht ausdrücklich geregelt; es ist davon auszugehen, dass den Frachtführer **keine** Verpflichtung zum Be-/Entladen trifft, wenn keine Eintragung im Frachtbrief erfolgt ist
- In einem Streitfall hat ein Landgericht entschieden, dass der Absender für die „beförderungssichere", der Unternehmer für die „betriebssichere" Beladung verantwortlich ist
- Haftung des Unternehmers für Schäden beim Be-/Entladen ist ausgeschlossen

2.7.4.6 Verfügungsrecht des Absenders

- alle Verfügungen möglich, solange er die Absenderausfertigung (rot) des Frachtbriefs vorlegen kann und das Empfänger-Frachtbriefexemplar (blau) noch nicht an den Empfänger ausgehändigt wurde

2.7.4.7 Lieferwertangabe

- Deklaration eines Lieferwerts (Interesse an fristgerechter Ablieferung) gegen prozentualen Frachtzuschlag möglich (Höchstgrenze: Wert des Gutes)

2.7.4.8 Stückgut/Wagenladungen

- keine Unterscheidung zwischen Stückgut und Wagenladungen

2.7.4.9 Beladefrist/Lieferfrist

- keine genaue Belade-/Entladefrist – angemessene

- keine feste Lieferfrist, nur vereinbarte

- falls keine Frist vereinbart wurde, „normale" Beförderungsdauer
  (unter gewöhnlichen Umständen)

2.7.4.10 Haftung

Haftungsprinzip	Gefährdungshaftung
Haftungsdauer	von der Übernahme bis zur Ablieferung (in CMR nicht eindeutig definiert)
Haftungsumfang	Güterschäden: **- 8,33 SZR je kg brutto** **Vermögensschäden:** - bei Lieferfristüberschreitung bis zur Höhe der Fracht; - bei Interessendeklaration bis in Höhe des vereinbarten Wertes, - bei Nachnahmefehlern bis zur Höhe der Nachnahme
Haftungsausschlüsse	bei Schäden durch - **unabwendbare Ereignisse** (Schäden, die trotz äußerster Sorgfalt eingetreten sind) - Verpackungsmängel - Verschulden des Verfügungsberechtigten - besondere Mängel des Gutes - Transport lebender Tiere u. a.
Mängelrügefristen – offene Mängel	**sofort** bei Ablieferung
Mängelrügefristen – versteckte Mängel	spätestens innerhalb **1 Woche** nach Ablieferung

2.7.4.11 Verjährung

- **Verjährungsbeginn**
  30 Tage nach Ablauf der vereinbarten Lieferfrist; 60 Tage nach Übernahme des Gutes, wenn keine Lieferfrist vereinbart wurde

- **Verjährungsfristen**
  1 Jahr; 3 Jahre bei Vorsatz

2.7.5 Begleitpapiere

national

- Führerschein

- Zulassungsbescheinigung Teil I („Fahrzeugschein"), Anhängerschein bei Mitführen eines Anhängers

- Sozialversicherungsausweis

- EG-Kontrollgerät-Schaublätter (fahrerbezogen) im Original für die Tage der lfd. Woche und den letzten Fahrtag (auch Kopie) der Vorwoche (alternativ Bescheinigung über arbeitsfreie Tage)

- Erlaubnisurkunde gem. GüKG/Gemeinschaftslizenz

- Versicherungsnachweis gem. GüKG

- Beförderungs- und Begleitpapiere gem. GüKG

- soweit erforderlich Befähigungsnachweise und Begleitpapiere gem. GGVSEB/ADR

- soweit erforderlich Ausnahmegenehmigungen, z. B. gem. StVO, StVZO, FerienreiseVO u. ä.

- Ozonplakette oder Ausnahmegenehmigung bei Fahrten zu besonderen Zwecken gem. Bundes-Immissionsschutzgesetz (BImSchG)

grenzüberschreitend zusätzlich

- Ausweis/Reisepass, Visum, grüne Versicherungskarte, Verfügungsberechtigung des Fahrzeughalters

- Gemeinschaftslizenz gem. GüKG, CEMT-Genehmigung, CEMT-Umzugsgenehmigung

- Genehmigungen für osteuropäische Staaten

- CMR-Frachtbrief (Formularsatz mit 3 Originalen; jedes muss unterschrieben sein)

- ggf. Bescheinigungen, Befähigungsnachweise und Begleitpapiere für Gefahrgut nach ADR

- Zolldokumente z. B. Ausfuhrerklärung, T1-Versandschein, Handelsfaktura, Ursprungszeugnis, Bürgschaftserklärung, Konnossement, Air-Waybill, Warenverzeichnis, Ladeliste, Versicherungsdokument, Dokumente des TIR-Verfahrens, Zollverschlussanerkenntnis, Carnet de Passage

2.8 Transport gefährlicher Güter

Gefährliche Güter sind Stoffe und Gegenstände, von denen bei Unfällen oder unsachgemäßer Behandlung Gefahren ausgehen können.

2.8.1 Gefährliche Güter

in der Reihenfolge der Gefahrgutklassen (nach ADR)

Klasse 1	Explosive Stoffe
Klasse 2	Gase
Klasse 3	Entzündbare flüssige Stoffe
Klasse 4	
4.1	Entzündbare feste Stoffe
4.2	Selbstentzündliche Stoffe
4.3	Stoffe, die in Verbindung mit Wasser entzündliche Gase bilden
Klasse 5	
5.1	Entzündend (oxidierend) wirkende Stoffe
5.2	Organische Peroxide
Klasse 6	
6.1	Giftige Stoffe
6.2	Ansteckungsgefährliche Stoffe
Klasse 7	Radioaktive Stoffe
Klasse 8	Ätzende Stoffe
Klasse 9	Verschiedene gefährliche Stoffe und Gegenstände

2.8.2 Gesetze, Verordnungen und Richtlinien zur Beförderung gefährlicher Güter

– **„Gesetz über die Beförderung gefährlicher Güter (Gefahrgut-Gesetz)"**

– wichtigste Einzelvorschriften für die Beförderungen im Straßengüterverkehr:

   • Verordnung über die innerstaatliche und grenzüberschreitende Beförderung gefährlicher Güter auf der Straße, mit Eisenbahnen und auf Binnengewässern (Abkürzung: **GGVSEB**); inkraft seit 2009

   • Europäisches Übereinkommen über die internationale Beförderung gefährlicher Güter auf der Straße (Abkürzung: **ADR**-Accord européen relatif au transport international des marchandises dangereuses par route); neugefasst 2009

   • Ausnahmeverordnungen

– spezielle gesetzliche Vorschriften:

   • Kreislaufwirtschafts- und Abfallgesetz (KrW-/AbfG)

   • Atomgesetz (AtG)

   • Chemikaliengesetz (ChemG)

   • Druckgeräterichtlinie

   • Sprengstoffgesetz (SprengG)

2.8.3 Kennzeichnung von Gefahrguttransporten

2.8.3.1 Gefahrgutzettel

| Klassen 1.1, 1.2 und 1.3 | Unterklasse 1.4 | Unterklasse 1.5 | Unterklasse 1.6 | Entzündbare Gase | Entzündbare Gase |

| Nicht entzündbare, nicht giftige Gase | Nicht entzündbare, nicht giftige Gase | Giftige Gase | Entzündbare flüssige Stoffe | Entzündbare flüssige Stoffe | Entzündbare feste Stoffe, selbstzersetzliche Stoffe und desensibilisierte explosive Stoffe |

| Selbstentzündliche Stoffe | Stoffe, die in Berührung mit Wasser entzündbare Gase entwickeln | Stoffe, die in Berührung mit Wasser entzündbare Gase entwickeln | Entzündend (oxidierend) wirkende Stoffe | Organische Peroxide | Organische Peroxide |

| Giftige Stoffe | Ansteckungsgefährliche Stoffe | | | | Spaltbare Stoffe der Klasse 7 |

| Ätzende Stoffe | Verschiedene gefährliche Stoffe und Gegenstände | Stoff, erwärmt | Meeresschadstoffe | |

Quelle: BMVBS, 2008

2.8.3.2 Kennzeichnung der Straßenfahrzeuge

– Fahrzeuge, die gefährliche Güter in gewissen Menge transportieren, sind zusätzlich zu kennzeichnen:

• jeweils vorn und hinten eine mindestens 40 x 30 cm große orangefarbene Warntafel

• Fahrzeuge mit radioaktiven Stoffen zusätzlich hinten und an beiden Seiten Großzettel (Placards)

• bei Tankfahrzeugen, Fahrzeugen mit Aufsetztanks und Tankcontainern enthält die Warntafel zwei Kennnummern; außerdem Gefahrzettel an beiden Längsseiten und teilweise auch hinten

Warntafeln mit Kennzeichnungsnummern vorne und hinten, außerdem Gefahrzettel seitlich und hinten

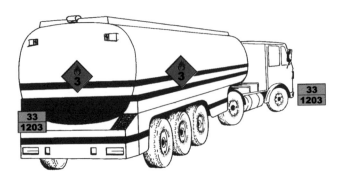

Gefahrzettel an allen Seiten und Warntafeln mit Kennzeichnungsnummern an beiden Seiten des Tankcontainers, neutrale Warntafeln vorn und hinten

Quelle: Bundesministerium für Verkehr, Bau und Stadtentwicklung (BMVBS)

2.8.3.3 Bedeutung der Warntafel-Kennziffern

Die Ziffern weisen im Allgemeinen auf folgende Gefahren hin:

<u>Hauptgefahr:</u>

20 erstickendes Gas oder Gas, das keine Zusatzgefahr aufweist

30 entzündbarer flüssiger Stoff

40 entzündbarer fester Stoff oder selbsterhitzungsfähiger Stoff oder selbstzersetzlicher Stoff

50 oxidierender (brandfördernder) Stoff

60 giftiger oder schwach giftiger Stoff

70 radioaktiver Stoff

80 ätzender oder schwach ätzender Stoff

90 umweltgefährdender Stoff, verschiedene gefährliche Stoffe

Die Verdopplung einer Ziffer weist auf die Zunahme der entsprechenden Gefahr hin (Beispiel 66 = sehr giftig).

Bsp. Warntafel mit Kennzeichnung für den Stoff Natrium

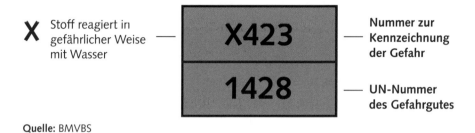

X Stoff reagiert in gefährlicher Weise mit Wasser — X423 — **Nummer zur Kennzeichnung der Gefahr**

1428 — **UN-Nummer des Gefahrgutes**

Quelle: BMVBS

2.9 Weitere Lkw-Kennzeichnungen

- Vereinfachung im grenzüberschreitenden Verkehr oder bei Kontrollen

- z. T. zur Durchführung bestimmter Transporte erforderlich (einige nur in Österreich)

G	– geräuscharmes Fahrzeug (§ 49 StVZO Abs. 3)
L	– lärmarmes Fahrzeug – unterliegt in Österreich nicht dem Nachtfahrverbot auf bestimmten Autobahnen zwischen 22 und 6 Uhr – höhere Anforderungen als bei „G" (z. B. mit Motorgeräuschmessung bei Bergabfahrten; „G" in Österreich nicht anerkannt)
S	– schadstoffarm nach Euro-II-Norm – hat keine gesetzliche oder bindende Wirkung – Verwendung im grenzüberschreitenden Verkehr (Regelung nach CEMT)
U	– umweltgerecht; vereint „L" und „S" (CEMT)
K	– Lkw fährt nur im Kombiverkehr (Straße/Schiene oder Straße/Wasser) zwischen der Be- und Entladestelle und dem nächstgelegenen Güterbahnhof bzw. Hafen – gilt für die gesamte Beförderungseinheit (CEMT)
A	– genehmigungspflichtiger Abfalltransport (andere als kennzeichnungspflichtige Abfallstoffe)

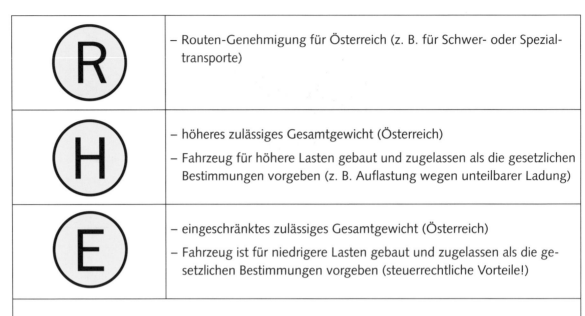(R)	– Routen-Genehmigung für Österreich (z. B. für Schwer- oder Spezialtransporte)
(H)	– höheres zulässiges Gesamtgewicht (Österreich) – Fahrzeug für höhere Lasten gebaut und zugelassen als die gesetzlichen Bestimmungen vorgeben (z. B. Auflastung wegen unteilbarer Ladung)
(E)	– eingeschränktes zulässiges Gesamtgewicht (Österreich) – Fahrzeug ist für niedrigere Lasten gebaut und zugelassen als die gesetzlichen Bestimmungen vorgeben (steuerrechtliche Vorteile!)

Für alle Kennzeichnungen müssen zusätzlich Kontrollausdrucke mitgeführt werden

	An Straßenfahrzeugen, mit denen Waren in einem TIR-Verfahren befördert werden, müssen vorn und hinten gut sichtbar rechteckige blaue Tafeln mit der weißen Aufschrift „TIR" angebracht sein. Die Tafeln müssen abgenommen oder abgedeckt werden, wenn keine Warenbeförderung im TIR-Verfahren durchgeführt werden kann.

2.9.1 Verordnung zur Kennzeichnung emissionsarmer Kraftfahrzeuge (Plakettenverordnung/Feinstaub-VO)

- seit März 2007

- bundeseinheitliche Kennzeichnung von Pkw, Lkw und Bussen mit Plaketten je nach Schadstoffgruppe

- Fahrverbot in „Umweltzonen" zunächst überwiegend für Autos mit höheren Schadstoff-Emissionen, die keine Plakette erhalten:

  • Diesel mit Abgasstufe Euro 1 und schlechter (Bj. vor Mitte der 90er-Jahre) sowie

  • Benziner ohne geregelten Kat (vor Anfang der 90er-Jahre), teils aber auch (ältere) Kat-Fahrzeuge

- Fahrverbot bislang nur in größeren Städten

2.9.2 Umweltplaketten

		Zugeordnete Emissionsschlüsselnummern für Diesel-Nutzfahrzeuge Klasse N
2	**Schadstoffgruppe 2** Rote Plakette: Euro 2	20, 21, 22, 33, 43, 53, 60, 61
3	**Schadstoffgruppe 3** Gelbe Plakette: Euro 3	34, 44, 54, 70, 71
4	**Schadstoffgruppe 4** Grüne Plakette: Euro 4, Euro 5, EEV	35, 45, 55, 80, 81, 83, 84, 90, 91

2.10   Lkw-Ausflaggung

- fehlende Harmonisierung im EG-Binnenmarkt soll kompensiert werden
  Harmonisierungsdefizite aus deutscher Sicht:
  - Steuerbelastung (Kfz-, Mineralölsteuer)
  - Personalkosten
  - fehlende staatliche Förderung
  - Kontrollpraxis technischer Vorschriften
  - Überwachung der Sozialvorschriften
- bevorzugte Staaten: Polen, Benelux-Staaten und Frankreich
- Probleme:
  - Personalverfügbarkeit und -kosten
  - geeignete Grundstücke und Immobilien
  - Mieten
  - Sprachkenntnisse, Mentalität, Gepflogenheiten

2.11   Interessenvertretungen des Güterkraftverkehrs

2.11.1   Straßenverkehrsgenossenschaften (SVG)

- Zusammenschluss von Unternehmen
- Funktionen:
  - Unterhaltung von Autohöfen
  - Verkauf verbilligten Kraftstoffs
  - Laderaumvermittlung
  - Agentur der Kombiverkehre
  - Ausgabe von Fahrtenbüchern
  - Vermittlung und Eindeckung von Versicherungen
  - Zurverfügungstellen von Lkw
    usw.

2.11.2   Vereinigung Deutscher Kraftwagenspediteure (VKS)

- Interessenvertretung der Kraftwagenspediteure
- Aufgaben:
  - Einflussnahme auf Gesetzgebung und Erarbeitung eigener Vorschläge
  - Beratung/Unterstützung der Mitglieder

2.12 Informations- und Kommunikationssysteme im Lkw-Verkehr

2.12.1 Übersicht

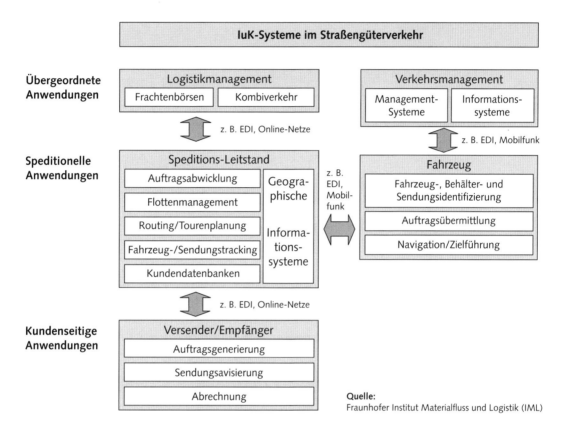

Quelle:
Fraunhofer Institut Materialfluss und Logistik (IML)

– **IuK-Systeme** eröffnen Verbesserungen für Planung und Steuerung von Gütertransporten

– auf **übergeordneter Ebene** steht das **Logistikmanagement** mit

  • City-Logistik

  • Güterverkehrszentren

  • Frachtenbörsen

– auf **unternehmensbezogener Ebene**

  • Touren- und Routenplanung

  • Sendungsverfolgung

  • automatische Identifikation von Containern, Wechselbrücken und Fahrzeugen

  • Dispositionssysteme zur zentralen Disposition und Bestandskontrolle mit EDV-Unterstützung und Fahrzeugidentifikationssystemen

  • elektronische Buchungs- und Abrechnungssysteme, z. B. im kombinierten Verkehr

  • Austausch von Geschäftsdokumenten mittels EDI

– auf **fahrzeugseitiger Ebene**

  • Systeme der Fahrzeugnavigation (GPS)

  • Bordcomputer

  • Fahrzeug- und Ladungsidentifizierung

2.12.2 „Mehrwertdienste" der On-Board-Unit (ab Vers. 2.0)

– Drittanbieter können o. g. Plattform für zusätzliche Mehrwertdienste nutzen, z. B.:

- Registrierung einer Kostenstelle zur Zuordnung der Mautkosten
  (wird bereits von 15 Prozent der Fahrzeuge genutzt)
- Verkehrslenkung
- Flottenmanagement
- Einbeziehung des elektronischen Tachos
- Registrierung der Fahrerinformation
- Übermittlung der Daten an den Leitstand im Unternehmen

– bei großer Nutzerzahl wird ein vernünftiger Return of Investment sichergestellt

2.12.3 Mobilfunk-Einsatz

– Basis für „ferngesteuerten Fahrer"

– Vorteile:

- Effizienzsteigerung durch aktiven Telefonverkauf und Realisierung kurzfristiger Aufträge
- Reduzierung des Zeitbedarfs und Kostensenkung durch sofortige und direkte Kommunikation für den Disponenten (Erhöhung der Auslastung, Senkung der Leerfahrtenanteile)
- Qualitätssicherung durch verbesserte Auskunftsfähigkeit gegenüber Kunden („Wann kommt die Sendung?", „Wo ist die Ware?")
- Zeitersparnis durch sofortige und direkte Kommunikation für den Fahrer (keine Anfahrt falscher Adressen)
- schnelle Hilfe in Notfallsituationen – schnelle Entscheidungen
- Verbesserung der Diebstahlsicherheit
- Kostenreduzierung durch Fuhrparkcontrolling mit schneller Datenverfügbarkeit
- Integration des Fuhrparks in die speditionelle Datenverarbeitung durch Mobilfunk u. a.

Unterscheidung der Mobilfunkdienste/Funkrufnetze nach

Anwendungsbereichen:
- lokale Anwendungen
  - e*Cityruf: W.I.S. Deutschland GmbH (e*Message);
    landesweit in 16 sog. Rufzonen

- multinationale Dienste
  - D-Netze: D1, Vodafone D2
  - E-Netze: Eplus, O_2

- weltweite Anwendungen
  - Inmarsat-Paging: Rufdienst via Satellit;
    speziell für Anwendungen auf See

Übertragungstechnik:

- analoge Systeme: seit 2000 abgeschaltet (C-Netz)

- digitale Netze
  - D-Netze
  - E-Netze

Dienstarten:

- Sprachdienste
  - D-Netze
  - E-Netze

- Datendienste
  - D1 mit Mobilfax
  - Inmarsat

3 Eisenbahngüterverkehr

3.1 National

3.1.1 Rechtsposition der DB AG und Rechtsvorschriften für die Güterbeförderung

- Deutsche Bahn AG ist Kaufmann gemäß HGB

- Rechtsvorschriften für Beförderungsverträge

  - lt. „Viertem Abschnitt" **Frachtgeschäft** HGB (gemäß Gesetz zur Neuregelung des Fracht-, Speditions- und Lagerrechts **(Transportrechtsreformgesetz** –TRG) vom 25. Juni 1998

  - rechtlicher Ordnungsrahmen für den gesamten nationalen **Güter**verkehr

- **Allgemeine** sowie **individuelle** Geschäftsbedingungen gemäß § 449 HGB für **jeden** Verkehrsträger als Leistungsdifferenzierung möglich

  „. . . von den genannten Fällen kann . . . nur durch Vereinbarung abgewichen werden, die im Einzelnen ausgehandelt ist, auch wenn sie für eine Mehrzahl von gleichartigen Verträgen zwischen denselben Vertragsparteien getroffen ist."

- Tarife nach dem Tarifaufhebungsgesetz haben nur Empfehlungscharakter

- DB AG unterliegt nicht mehr der Beförderungspflicht, nimmt jedoch grundsätzlich – unter Normalbedingungen – alle Güter an

3.1.2 Unternehmensstruktur der Deutschen Bahn AG

Im DB-Konzern ist die Deutsche Bahn AG (DB AG) die Konzernobergesellschaft. Mit ihr sind die Konzernunternehmen in der Regel über Beherrschungs- und Gewinnabführungsverträge direkt oder über Zwischengesellschaften verbunden.

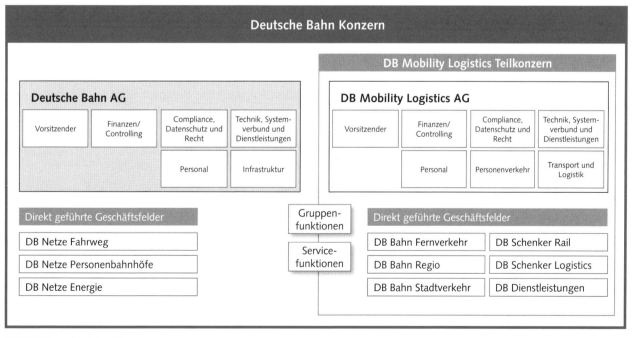

© 2010 Deutsche Bahn AG

3.1.3 Abschluss des Frachtvertrages gemäß HGB

- Frachtvertrag (Konsensualvertrag) gilt als abgeschlossen, wenn die Willenserklärungen der Vertragspartner übereinstimmen

- Frachtbrief ist Beweismittel, Empfangsquittung, Warenbegleitpapier, kein Warenwertpapier

- Frachtführer
  kann Ausstellung eines Frachtbriefes **verlangen**
  - 3 Originale
  - Unterzeichnung vom Absender

  muss
  - **auf Verlangen** auch unterzeichnen
  - **auf Verlangen** des Absenders prüfen:
    - Gewicht
    - Menge/Stückzahl
    - Inhalt
      → ansonsten wird Richtigkeit **vermutet**

- Frachtbrief ist Beweisurkunde für Frachtvertrag (**„Vertrag zu Gunsten Dritter"**)
  - **„Werkvertrag"** gemäß BGB (erfolgsbezogen)
  - Empfänger erhält unmittelbaren Rechtsanspruch gegen DB AG
    - Voraussetzungen:
      - „mangelhafte" Sendung
      - Tatbestandsaufnahme (TA)

- **Frachtbriefdoppel**
  - Absender hat damit das Recht zur „Nachträglichen Verfügung", sofern
    - Doppel vorlegbar
    - Sendung noch nicht ausgeliefert
  - dient als Sperrpapier zur Lieferungs- und Zahlungssicherung
    - mögl. Weisungen: keine Weiterbeförderung, anderer Bestimmungsort, anderer Empfänger

3.1.4 Haftung gemäß HGB/ALB

(ALB = **A**llgemeine **L**eistungs**b**edingungen der DB AG)

<u>Haftungsprinzip</u>

Gewährshaftung/Obhutshaftung = verschulden**un**abhängige Haftung der Beteiligten

Ausnahme: Absender haftet als Verbraucher (natürliche Person) nur für **Verschulden**

- bis zur Grenze des **unabwendbaren** Ereignisses trotz „größter Sorgfalt"

  - für **Güterschäden** (Beschädigung oder Verlust)

  - → von der Übernahme (Besitzerlangung) bis zur Ablieferung (Aufgabe der Obhut – ausdrücklich oder stillschweigend – und **Möglichkeit** des Empfängers zur tatsächlichen Gewaltausübung auf das Gut

    - → bis 8,33 SZR je kg Rohgewicht

  - für **Verspätungsschäden** (Lieferfristüberschreitung) – bis zur 3fachen Fracht

  - für **„sonstige Vermögensschäden"** (Verletzung von **Neben**pflichten, wie z. B. falsche Informationen, Einsatz nicht vereinbarter Transportmittel...)

    - → bis zum 3fachen Verlust-Betrag, max. 1 Mio. je Schadensfall oder 2 SZR/kg. brutto

  - **bei Vorsatz oder grober Fahrlässigkeit** (= leichtfertig und im Bewusstsein, dass wahrscheinlich ein Schaden eintreten wird) → unbegrenzte Haftung

    - Wertbasis: Gut am Ort und zur Zeit der Übernahme zur Beförderung
    - Verlustannahme mindestens 20 Tage nach Ablauf der Lieferfrist

Abweichung vom Grundsatz der Maximalhaftung nach HGB (bis 8,33 SZR je kg Rohgewicht) im Sinne einer **Korridorlösung**, da HGB hier nachgiebiges Recht ist, d. h. AGB oder Individualvertrag können anderes vereinbaren!

- → auf der Basis Allgemeiner Geschäftsbedingungen (**ALB**/HGB § 449) begrenzt auf 10,00 € je kg brutto (max. 1 Mio. € oder 5 SZR je kg brutto und je Schadensfall)

- → **individuell** vertraglich ausgehandelt – sofern die vom Normalfall abweichende Haftung für **Güterschäden** ernsthaft disponiert **und** der Betrag zwischen 2 und 40 SZR liegt, **sowie** drucktechnisch deutlich herausgestellt ist.

- nach **ALB** <u>keine</u> Unterschrift der Bahn: Frachtbrief ist damit nur Beweisurkunde für die Richtigkeit der Absenderangaben

- der Absender ist für die **Beförderungssicherheit** (verpacken, verladen, entladen) verantwortlich **und** für die **Betriebssicherheit** (Einhaltung der Nutzlast, Achslast, Verteilung im Waggon, Ladefrist ...)

- **Meldefrist**
  offene Mängel: unverzügliche Tatbestandsaufnahme (TA)
  verdeckte Mängel: innerhalb 7 Tagen, Verlustvermutung 30 Tage nach Lieferfristablauf, sowohl für inländische als auch für grenzüberschreitende Verkehre

- **Verjährungsfrist**
  für Ansprüche aus der Beförderung ein Jahr nach Ablieferung

3.1.5 Frachtberechnung

Nach Preislisten mit betriebsintern ermittelten Preisen auf Kostenbasis (kalkulatorisch)

Grundlagen der Frachtberechnung

- **Stückgut**
  nach Stückgut-Preislisten, besondere Vereinbarungen möglich

- **Wagenladung**
  - nach allgemeiner Preisliste (APL) als Standard-Angebot
  - ablesbare Tabellen (statt Koeffizientenberechnungen)
  - nach Branchenpreislisten mit Preisen und Konditionen (PKL)
    (statt der bisherigen 47 besonderen Preislisten)
  - abweichende Entgelte aushandelbar

- **Trassenpreise**
  - unter dem Aspekt Risikoteilung
    - Erhaltungsaufwand für Trasse
    - Zugauslastung
  - der Zugang zum Schienennetz des Bundes für Dritte (nicht nationale Eisenbahnen) ist genehmigungspflichtig
    - EU-Niederlassung (Mindestvoraussetzung)
    - Nutzungsdauer: i. d. R. für 15 Jahre
      unter besonderen Bedingungen max. 50 Jahre

Trassenpreis der DB AG

Das Trassenpreissystem ist modular aufgebaut und enthält drei den Preis bestimmende Komponenten.

Die Preiskomponenten

- Nutzungsabhängige Komponente (Streckenkategorie, Trassenprodukt)
- Leistungsabhängige Komponente (Auslastungsfaktor, Mindestgeschwindigkeit)
- sonstige Komponenten (Regionalfaktor, Lastkomponente u.a.)

Formel für Trassenpreis

Grundpreis
x Trassenproduktfaktor
x Auslastungsfaktor
x Bauartbedingte Abweichung von Mindestgeschwindigkeit
x Regionalfaktor
+ Sonderfaktoren (Lastkomponente, Angebotsentgelt, Stornierungsentgelt)
– ggf. Entgeltminderungen
= Trassenpreis (je Trkm)

Grundpreistabelle (Grundpreis in Euro/Trkm)

Fernstrecken		Zulaufstrecken		Strecken des Stadt-schnellverkehrs	
Fplus	8,38 €	Z1	2,40 €	S1	1,70 €
F1	4,29 €	Z2	2,48 €	S2	2,26 €
F2	2,98 €			S3	2,70 €
F3	2,68 €				
F4	2,57 €				
F5	1,90 €				
F6	2,31 €				

(Stand: 2010)

Trassenprodukte (Produktfaktor)

Die DB Netz AG bietet ihren Kunden im Personen- und Güterverkehr unterschiedliche Produkte an. Über einen multiplikativen Produktfaktor werden die Produkte im Trassenpreis berücksichtigt.

Auslastungsfaktor

Um die Kapazitäten besser zu steuern und Verkehrsströme auf wenig belastete Strecken zu lenken, wird für besonders stark nachgefragte Strecken ein Aufschlag von zurzeit 20 % erhoben.

3.1.6 Frachtzahlung

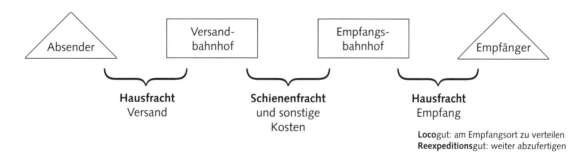

Zahlungsvermerke

„frei Fracht"	Absender trägt die Fracht bis Empfangsbahnhof
„frei Fracht einschl. ..."	Absender trägt zusätzlich Kosten (z. B. Behältermiete)
„frei"	Absender trägt „alle" Kosten bis Empfänger (wie CPT Incoterm)
„frei..." (Bezeichnung der Kosten)	Absender trägt nur bestimmte Kosten
„frei aller Kosten"	Absender trägt Kosten der Beförderung, nicht aber die vom Empfänger verursachten (wie CIP Incoterm)
„unfrei"	Empfänger trägt die Fracht und alle sonstigen Kosten

„Nachnahmen", Barvorschuss
- N. auf **Nachnahmebegleitschein**

Das Frachtausgleichsverfahren in Zusammenarbeit mit der DVB Bank AG

Mit dem Frachtausgleichsverfahren bietet DB AG ihren Kunden die Möglichkeit der bargeldlosen Zahlung der Frachten

Ausgangssituation:

DB Schenker Rail Deutschland AG   ⟶   Kunde

Frachtforderung

Nach Abschluss eines **Frachtausgleichsvertrages:**

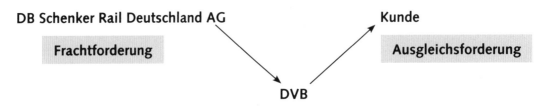

DB Schenker Rail Deutschland AG   Kunde

Frachtforderung   **Ausgleichsforderung**

DVB

3.1.7   Lieferfrist

= Abfertigungs- + Beförderungsfrist

Da diese Fristen nicht mehr den heutigen Wettbewerbsbedingungen entsprechen
→ „Garantierte Bereitstellungzeit" (GBZ)

Beginn: mit der auf die Annahme folgenden Mitternacht

- Stückgutfracht: max. 48 Stunden bis Empfänger

- Partiefracht: per Aushang, ansonsten wie Stückgut

- Intercargo: per Aushang, i. d. R. am folgenden Morgen bis 9:00 Uhr

- Garantie-Cargo: nach Vereinbarung

- Eurail-Cargo: bis 1.500 km – 36 Stunden
                       über 1.500 km – 60 Stunden
                       im Nacht-/Tag-/Nachtrhythmus

3.1.8 Leistungsangebot

3.1.8.1 Übersicht über die Organisation vor allem des Güterverkehrs der DB AG

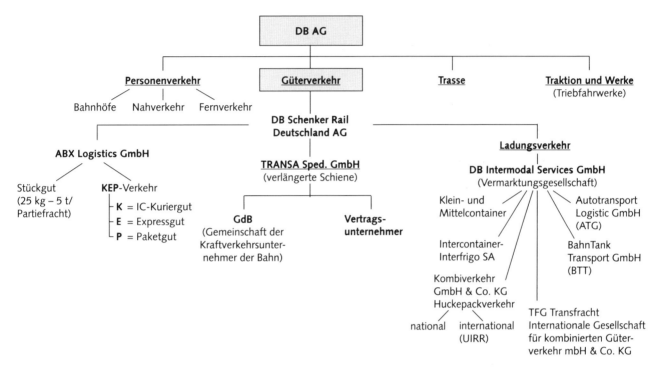

3.1.8.2 Kleingut-Verkehre (ABX Logistics)

3.1.8.2.1 IC-Kurierdienst

- in Inter-City-Zügen
- in Inter-City-Express-Zügen
- in Euro-City-Zügen
  - für Kleingut bis 20 kg / < 1 m
  - am Gepäckschalter abfertigen (IC direkt mit IC-Kuriergutkarte)

3.1.8.2.2 Expressdienst

- bis 100 kg je Frachtstück
- am Expressgutschalter des Personenbahnhofs oder an Güterabfertigungen im Stückfrachtverkehr

3.1.8.2.3 Partiefracht

- ab 1.000 kg bis unterhalb der Wagenladung
  - Haus-Haus-Verkehr über Partiefrachtbahnhöfe
  - Abrechnung ab 8.000 kg bis < Wagenladung < 8 t nach Vereinbarung
  - im Inter-Cargo-Netz

3.1.8.2.4 Eurail-Express

- bis 50 kg
- zwischen 8 europäischen Ländern

3.1.8.3   Wagenladungsverkehre (DB Schenker Rail Deutschland AG)

3.1.8.3.1 Inter-Cargo-Güterverkehr (ICG)

- zwischen 18 Wirtschaftszentren der Bundesrepublik im Nachtsprung
- mit höchster Priorität
- garantierte Lieferfristen (16:00 – 09:00 Uhr)

3.1.8.3.2 Garantie-Cargo

- mit Österreich, Schweiz, Frankreich
- zu individuellen Beförderungszeiten

3.1.8.3.3 Eurail-Cargo

- zwischen europäischen Wirtschaftszentren: Bundesrepublik, Dänemark, Italien, Österreich, Schweden, Schweiz
- zu garantierten Beförderungszeiten
- mit System-Zeit: Nachtsprung bis 1.500 km, über 1.500 km + 24 Stunden

3.1.8.3.4 Kombinierter Ladungsverkehr (KLV)

Containerverkehre

- TFG Transfracht
- Intercontainer-Interfrigo SA
- ISO-Container
- Binnencontainer

Huckepackverkehre

- Kombiverkehr GmbH & Co. KG

3.1.9 Differenzierung der Güterzüge

- Inter-Cargo-Züge   im Inter-Cargo-Netz
- Schnellgüterzüge (TEEM)   im roten Netz
- Frachtzüge   im schwarzen Netz
- Kombizüge (Containerzüge, Huckepackverkehr) im grünen Netz
- Sonderzüge
  - Ganzzüge: auf Produktions- und Lieferprozess abgestimmt (JIT)
  - Logistikzüge: „fahrendes Lager", optimale Integrierung einer durchgehenden Transportkette
- Steuerung per DV-System FIV (= Fahrzeug-Info- und Vormeldesystem)

3.1.10 Waggon-Gattungen

E offene Wagen

F offene Schüttgutwagen

G gedeckte Güterwagen

H gedeckte, großräumige Schiebewandwagen

K Flachwagen mit 2 Radsätzen

L Flachwagen in Regelbauart mit unabhängigen Radsätzen

O Gemischte Offen-Flachwagen mit klappbaren Wänden und Rungen

R Drehgestellflachwagen mit 4 Radsätzen

S "   für Coiltransporte

S "   mit Niederbindeeinrichtungen

S "   für den Transport von Blechtafeln

S "   mit 6 Radsätzen

T gedeckte Schüttgutwagen

T Wagen mit öffnungsfähigem Dach

U Sonderwagen, die nicht unter F, H, I, S oder Z fallen

Z Kesselwagen

Kfz-Transport

Kombinierter Verkehr

3.1.11 Waggonbeschriftung

Anschriftenfeld:

| 01 **RIV**-EUROP |
| 80 **DB** |
| 2462554-5 |
| HBBillins [305] |

← Kennzahl und Abkürzung für Austauschverfahren
← Codenummer und Eigentumsmerkmal
← Waggonnummer und Selbstkontrollziffer
← Wagengattung und weitere Bauarthinweise

RIV-EUROP

– Abkommen der westlichen Eisenbahnverwaltungen

– Wagen werden gemeinschaftlich genutzt

RIV-PPW/OPW

Osteuropäisches Pendant zum RIV-EUROP

RIV (ohne EUROP)

Waggon muss unverzüglich nach Entladung leer oder beladen
der Abgangsbahn überstellt werden.

in m² ← Bodenfläche

in m ← Ladelänge

in m ← LÜP (Länge über Puffer)

in kg ← Eigenmasse

Lastgrenzenraster (ABC-Raster):

	A	B	C	D
90	15,5	19,5	24,5	28,5
S	15,5	19,5	24,5	
120	00,0			

← Streckenklassen (nach Belastbarkeit des Schienenunterbaus)
← max. zulässiges Ladegewicht bei 90 km/h
← bei 100 km/h
← bei 120 km/h

Streckenklasse
„Benotung" nach Beladevorschrift für jede Eisenbahnverwaltung in Europa
BRD: i. d. R. „D"

Streckeneinteilung klassifiziert

– nach Radsatzlast/Achslast (t) $= \dfrac{\text{Eigengewicht + Ladung}}{\text{Achszahl}}$

– nach Meterlast (t/m) $= \dfrac{\text{Eigengewicht + Ladung}}{\text{LÜP}}$

Spurweite

BRD	1.435 mm (gilt für Mitteleuropa)
Russland	1.524 mm
Spanien	1.674 mm
Portugal	1.665 mm „Transfesa S.A." stellt auswechselbare Achsen

3.1.12 Lademaße

	Höhe ab Oberkante Schiene	Breite
National	4,65 m	3,15 m
International (i.d.R.)	4,28 m	3,15 m

→ ggf. Antrag auf Beförderung einer Sendung mit Lademaßüberschreitung

---

3.2 International

UIC = Internationaler Eisenbahnverband

3.2.1 Rechtsvorschriften für die Güterbeförderung

COTIF

Internationales Übereinkommen über den Eisenbahnverkehr

Anhang:

ER	=	Rechtsvorschrift für Personen- und Gepäckbeförderung
CIM	=	Rechtsvorschrift für Güterbeförderung
DCU	=	einheitliche Zusatzbestimmungen

CIM

- keine Beförderungspflicht für Stückgut
- Frachtbrief
  - sofern Gebiete von mind. 2 Vertragsstaaten berührt werden
  - gilt zugleich mit „T1-Tagesstempel" als Zollversandschein – ohne Sicherheitsleistung

TIF mit Eisenbahnübernahmebescheinigung (statt TIR)

5faches Beförderungspapier

1. Blatt:	Frachtbrief	(Empfänger)
2. Blatt:	Frachtkarte	(Empfangsbahnhof zur Abrechnung)
3. Blatt:	Empfangsschein	(Empfangsbahnhof)
4. Blatt:	Frachtbriefdoppel	(Absender)
5. Blatt:	Versandschein	(Versandbahnhof)

3.2.2   Beförderungsweg

Wird durch den Absender festgelegt, von der Bahn kodiert über Funkidentifikationssystem und Info-Logistik per

- **Richtpunktcode**
  für Empfangsbahn und -bahnhof

  z. B.   80   0340

          DB   Hbg-Hbf.

- **Leitungswegcode**
  in Kennzahlen für die übergebende Bahn, den Grenzübergang, übernehmende Bahn, Grenzübergang, . . .

  z. B.

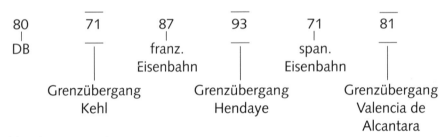

  →   Deutschland – Portugal

Beförderungsweg wird in einen Hauptzettel eingetragen und in Frachtbrief übernommen.

3.2.3   Internationale Tarife (1)

<u>Grundlage:</u>   Art. 6 der ER/CIM

<u>Arten:</u>

- **Allgemeine Tarife**   Tarife, an denen alle o. eine Vielzahl der CIM-Bahnen beteiligt sind: „Europäischer Tarif für intermodale Transporteinheiten"

- **Bilaterale Tarife**   Tarife, die im Wechselverkehr zwischen DB und einer anderen ausländischen Bahn gelten (ohne oder mit Transitstrecke ü. eine weitere Bahn), z. B. „Deutsch-Niederländisch-Italienischer Wagenladungstarif"

- **Transittarife**   Tarife zwischen ausländ. Bahnen mit Beteiligung der DB als Transitbahn, z. B. „Benelux-Österreich"

Internationale Tarife (2)

Berücksichtigung der Beförderungsstrecke im Preissystem:

- **Globaltarif**   Der Preis wird für die Gesamtentfernung gebildet. Die Verteilung der Einnahmen auf die beteiligten Eisenbahnen wird in einer internen Anlage zum Tarif festgehalten
- **Schnitttarif**   Der Preis wird für jedes Land einzeln gebildet (der Gesamtpreis durch Addition der Streckenfrachten). Jede Bahn erhält die Einnahmen ihrer Strecke.

<u>Wahlkriterien:</u> Wettbewerbsverhalten – Währungsfragen – Usus

Internationale Tarife (3)

Berücksichtigung von Masse (Gewicht) u. Volumen der Sdg. bei der Preisbildung

<u>Alternative:</u>

- **Wagenfrachten**   <u>Grundsatz:</u> Der Preis wird auf den Güterwagen, unabhängig von der Auslastung, bezogen.

  Modifizierung des Preises durch Koeffizienten für unterschiedliche Auslastung u. Wagengattungen

<u>Alternative:</u>

- **Gewichtsbezogene Frachten**   <u>Grundsatz:</u> Der Preis bestimmt sich nach der Masse (dem Gewicht) der Sdg.

  Modifikation des Preises durch <u>Mindest</u>massen o. -frachten, die unabhängig von der Auslastung zu zahlen sind

Internationale Tarife (4)

Wesentliche Inhalte internationaler Tarife

- Anwendungsbereich
- Besondere Zusatzbestimmungen zur CIM (DCS)
- Beförderungswege
- Entfernungen/Zonen
- Tarifwährung
- Grundsätze für die Frachtberechnung
- Übergangs- und Zuschlagfrachten, Nebenentgelte
- Besondere Tarifbestimmungen (z. B. für Lademittel, Nebenentgelte u. dgl.)
- Sondertarife (T. für bestimmte Güter, Relationen, Abwicklungsformen)

Internationale Tarife (5)

Kundenbezogene Bildung von Preisen u. Konditionen im internat. Verkehr

Kommerzielle Notwendigkeit
der kundenbezogenen Bildung
von Preisen und Konditionen:
- starker Wettbewerb des Straßengüterverkehrs und des Binnenschiffs
- zeitweise Kapazitätsüberhänge beim Wettbewerb
- freie Preisbildung in den Güterverkehrsmärkten
- veröffentlichte DB-Preise werden unterboten

Instrumente für DB Schenker Rail Deutschland AG u. die ausländischen Partnerbahnen

„Sonderabmachung": individuelle, unter Berücksichtigung
- des Wettbewerbs
- der Kostensituation bei den Bahnen
gebildete Preise

„Vergünstigung": Abweichung von den Beförderungsbedingungen der internationalen Tarife zugunsten des Kunden

3.2.4 Haftung

Haftungsprinzip:
Gefährdungshaftung

Höchsthaftung im Schadensfall: 17 SZR je kg brutto
Bei Lieferfristüberschreitung: max. 4-faches Frachtentgelt

3.2.5 Gefahrgutbeförderung

Gemäß **RID**

- vorgeprüft werden im Beförderungspapier
  - die genaue Beschreibung der Güter
  - die genaue Kennzeichnung gem. VO
- verantwortlich für Klassifizierung ist der Absender
- Unfallmerkblätter von der DB beizufügen
  Ausnahme: im Huckepackverkehr vom Absender

3.3 Tochterunternehmen und Beteiligungsformen der DB AG

3.3.1 Übersicht „Kombinierter Ladungsverkehr"

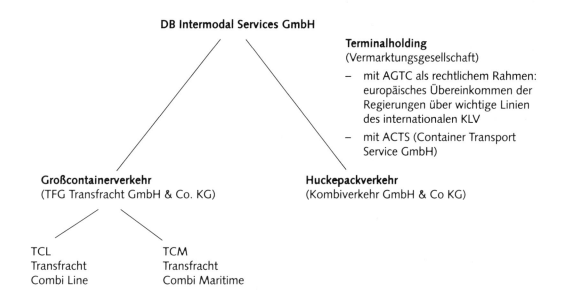

DB Intermodal Services GmbH

Terminalholding
(Vermarktungsgesellschaft)

– mit AGTC als rechtlichem Rahmen:
   europäisches Übereinkommen der
   Regierungen über wichtige Linien
   des internationalen KLV

– mit ACTS (Container Transport
   Service GmbH)

Großcontainerverkehr
(TFG Transfracht GmbH & Co. KG)

Huckepackverkehr
(Kombiverkehr GmbH & Co KG)

TCL
Transfracht
Combi Line

TCM
Transfracht
Combi Maritime

3.3.2 Klein-Containerverkehr der DB AG

Paletten

Euro-Norm

– Pool-Flachpaletten   800 x 1.200 mm

– Pool-Gitterboxpaletten   800 x 1.200 mm

– Austauschverfahren:

   • national „Deutscher Palettenpool"

   • international „Europäischer Palettenpool"

3.3.3 Großcontainerverkehr durch die „TFG Transfracht"

Binnencontainer der DB AG

- 20' für 14 europäische Poolpaletten (800 x 1.200 mm)
- 40' für 29 europäische Poolpaletten

ISO-Container

- mindestens 6fach stapelbar
- 11 Poolpaletten im 20' Container
- als 20', 30', 35', 40', 45'-Container

1 Fuß = 30,48 cm

TEU = twenty foot equivalent unit
→ Containereinheit auf Basis 20' Container

Transfracht (GmbH & Co. KG)

- Tochtergesellschaft der DB Mobility Logistics AG und der HHLA Intermodal GmbH
- wickelt den Großcontainerverkehr ab
  - als Binnencontainerverkehr → Haus-Haus-Verkehr
  - als Übersee-Containerverkehr → GRID-Preissystem
  - als grenzüberschreitenden Container-Verkehr

  Kunde → TFG – DB AG – Empfänger

  Auftrag

3.3.4 Huckepackverkehr organisiert durch die „Kombiverkehr GmbH & Co. KG"

Zusammenschluss von Transportunternehmen, Kfz-Spediteuren und ihren Organisationen als Beirat mit der DB AG

3.3.4.1 Grundtypen der spezifischen Waggons

- niedrige Spezialwagen
  - für Lastzüge der Sattelzüge „Rollende Landstraße"
  - max. Ladelänge 18,6 m und max. Nutzlast 44 t
  - Verladetechnik A
- Wippwagen
  - für nicht kranbare Sattelauflieger
  - fahren als Doppeleinheit zusammengekoppelt mit Zugmaschine
- Taschenwagen
  - für kranbare Sattelauflieger, Wechselbehälter, Container
  - Umschlag mit Portalkran oder Gabelstapler
- 14 m-Behälterwagen
  Speziell für Wechselbehälter und Container
- → Umschlag über Huckepack-Bahnhöfe

3.3.4.2 Verladetechniken

- durch Auffahren (Ro-Ro-Verfahren) der Lastzüge und Sattelzüge
- über eine Kopframpe
- auf niedrige Spezialwagen (Niederflurwagen)
- Sattelauflieger mit Greifkanten werden per Kran in Taschenwagen gehoben
- Sattelauflieger werden mit Terminal-Zugmaschinen rückwärts über Kopframpe auf Niederflurwagen gefahren
- Wechselbehälter, Container werden per Kran auf den Wagen gesetzt (Lift-on/Lift-off-Verfahren)
- **begleiteter** kombinierter Verkehr
  - Rollende Landstraße: Last- und Sattelzüge fahren über eine Rampe auf eine speziellen Niederflurwagen, der Fahrer begleitet den Transport
- **unbegleiteter** kombinierter Verkehr
  - Sattelauflieger-, Trailerverkehre
  - Wechselbrücken-, Containerverkehre
  - Beförderung findet ohne Motorfahrzeuge statt

3.3.4.3 Rechtliche Strukturen im Kombiverkehr

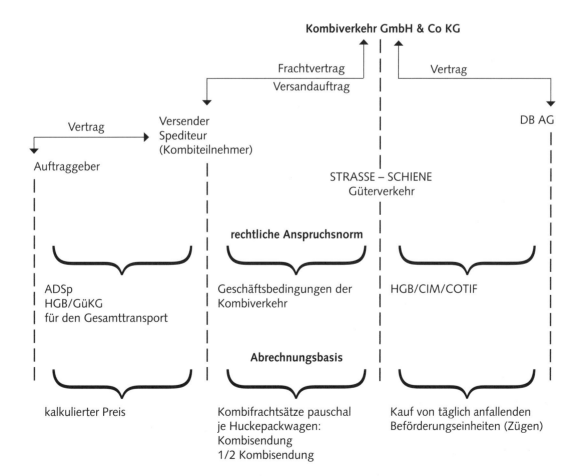

3.3.4.4 Kooperation bimodaler/klassischer Vermarkter

- auf gleicher Trasse der DB AG mit gleicher Traktion in Kooperation mit der Kombiverkehr GmbH & Co KG

3.3.4.5 Zahlungsabwicklung

- Fracht ist fällig bei Auflieferung
  - Abwicklung über Kombifracht-Kreditverfahren
  - Mitgliedschaft und Einzugsermächtigung für DVB Bank AG

3.3.4.6 Vorteile des Huckepackverkehrs

- für Kombiteilnehmer
  - Organisation durch „Kombiverkehr GmbH & Co KG" (u. a. Grenzzollabfertigung)
  - Fahrzeuge ganz oder teilweise von Kfz-Steuer befreit (grünes Zulassungskennzeichen), wenn ausschließlich Zustellung u. Abholung der Kombisendungen
  - Stunden des Fahrpersonals einsparbar, denn Beförderungszeit ist Ruhezeit im Sinne des Arbeitzeitgesetzes
  - längere Lebensdauer der Fahrzeuge (weniger Abschreibungskosten)
  - Lenkzeitbedingungen weniger problematisch
  - bessere Nutzung der Konzession möglich
  - Straßenfahrzeuge bis 44 t Gesamtgewicht
  - keine Maut sowie Straßenbenutzungsgebühr
  - zusätzliche Ökopunkte im Österreichverkehr
  - Ausnahme vom Sonntagsfahrverbot und der Ferienreiseverordnung
- für Versender
  - schnelle und sichere Beförderung
  - Transportzeiten vor allem auch im grenzüberschreitenden Verkehr kalkulierbar
- für DB AG
  - wirtschaftliche Ganzzüge sind möglich
  - bessere Auslastung des Schienennetzes
- für Volkswirtschaft
  - geringere Umweltbelastung
  - Entlastung des Straßennetzes

3.3.4.7 Haftung

national:	max. 1 Mio. € je Schadens**fall**
	5 Mio. € je Schadens**ereignis** oder 2 SZR je kg brutto
international:	max. 300.000 SZR je Ladeeinheit
	2 Mio. SZR je Schadensereignis

3.3.5 TRANSA Spedition GmbH

DB Schenker Tochter

– bedient gewerbliche Kunden mit Transport- und Logistikdienstleistungen

– national und europaweit

– organisiert und wickelt den Güterkraftverkehr der DB AG ab als komplettes „Supply-Chain" (vollständiges Distributionssystem)

– Leistungsverkauf über die Güterabfertigungen der DB AG

– Akquisition als Spediteur

3.4 Bahnspedition

Stückgutunternehmen

– als Erfüllungsgehilfe der DB AG für den Straßentransport (muss für Schäden jedoch selbst haften)

– Stückgut- und Partiefracht – Haus-Haus-Verkehr

– Flächenabdeckung von und zu Güterbahnhöfen

– Unternehmer im Sinne GüKG, Verträge i. A. der DB AG

Rollfuhrunternehmer

– Stückgutunternehmer für Expressdienstgüter mit gleicher Rechtsposition wie „Stückgutunternehmer"

Sammelladungsspedition

– Spediteur muss im „Organisierten Bahnsammelgutverkehr" zum „Verkehrsführer" ernannt worden sein

– Die Entgelte werden nach den BSL-Empfehlungen (Bundesverband Sped. u. Logistik e.V., nationale Sped.-Organisation) berechnet

3.5 Spediteur-Sammelgutverkehr

allgemein: per Bahn ca. 4%
per LKW ca. 40% (gemäß § 459 HGB)

3.5.1 Vertragsrechtliche Beziehungen

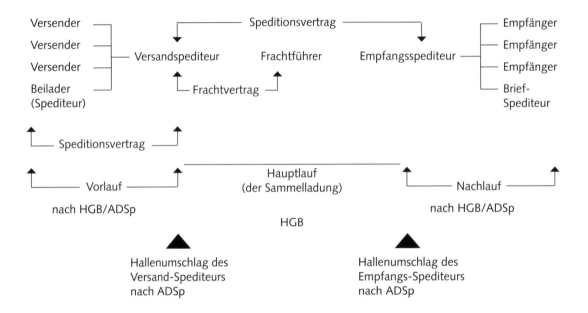

3.5.2 Formulare

- Frachtbrief (HGB)

- Ladeliste (Begleitpapier zur Ladungskontrolle)

- Bordero
  - als Versandauftrag an den Empfangsspediteur
  - als Abrechnungsgrundlage zwischen Versand- und Empfangsspediteur
    → Rückrechnung je nach Frankaturvermerk

3.5.3 Abrechnung

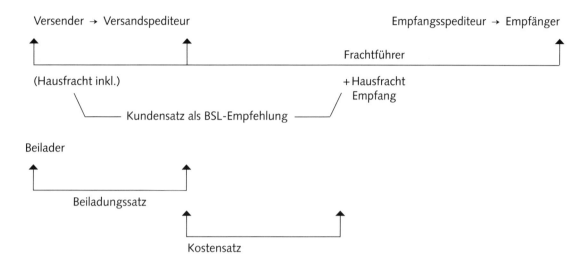

→ Abrechnung mit Versender oder Empfänger je nach Frankaturvermerk

4 Seeschifffahrt

4.1 Rechtsgrundlagen und internationale Institutionen

- HGB 5. Buch „Seehandel"
- Haager Regeln
- Incoterms (International Commercial Terms)/ICC-Paris (International Chamber of Commerce)
- Visby-Regeln
- ADS Allgemeine Deutsche Seeversicherungsbedingungen
- UNCTAD United Nations Conference for Trade and Development
  (Übereinkommen über intern. multimodalen Gütertransport auf der Basis ICC, BIMCO*
  sowie Hamburg Regeln)

    * BIMCO – The Baltic and International Maritime Council
    Die BIMCO – mit Sitz in Kopenhagen – ist ein internationaler Zusammenschluss von Makler- und Reederei-
    organisationen. Sie befasst sich u. a. mit der Vereinheitlichung von Konnossementsbedingungen oder
    Charter-Party-Bedingungen zur Vereinfachung des Vertragsabschlusses und Erhöhung der Rechtssicherheit.

4.1.1 Schiffsregister/Erstregister

Das Schiffsregister ist ein öffentliches Verzeichnis der Seeschiffe, die unter deutscher Flagge fahren. Es wird beim Amtsgericht des Heimathafens geführt (Resort für Registersachen/Registergericht). Das Schiff unterliegt mit der Eintragung der Rechtsordnung der Bundesrepublik Deutschland und genießt dessen diplomatischen Schutz.

Die deutschen Sicherheits-, Sozial- und Steuerbestimmungen sind voll anwendbar.

Das deutsche Schiffsregister ist ein „geschlossenes Register", weil vom Grundsatz her nur deutsche Staatsbürger/Unternehmen die Möglichkeit haben, ihre Schiffe hier eintragen zu lassen.

Das Schiffsregister entspricht dem Grundbuch im Liegenschaftsrecht (Immobilien). Wie das Grundbuch hat auch das Schiffsregister drei Abteilungen:

1. **Beschreibung des Schiffes**,
2. **Eigentumsverhältnis**,
3. **Belastungen (Schiffshypotheken)**.

Über diese öffentlichen Eintragungen wird das Schiffszertifikat erstellt, das an Bord des betreffenden Seeschiffes mitgeführt werden muss.

4.1.2 Zweitregister (Internationales Seeschifffahrtsregister ISR)

Das Zweitregister wurde geschaffen, um dem Trend vieler Reeder, ihre Schiffe auszuflaggen, entgegen zu wirken.

Das Zweitregister wird ebenfalls beim Amtsgericht des Heimathafens geführt. Eingetragen werden Seeschiffe, die im internationalen Verkehr eingesetzt sind. Diese Schiffe führen ebenfalls die deutsche Flagge.

Das Zweitregister gibt den Reedern u.a.die Möglichkeit, die Besatzungen zu den Löhnen der Heimatländer zu bezahlen = Kostenvorteil.

4.1.3 Ausflaggen

Aus Kostengründen beheimaten Reeder aus Nationen mit geschlossenen Registern (z.B. Bundesrepublik Deutschland) ihre Seeschiffe oft in Ländern mit offenen Registern wie z.B. Liberia, Panama, Singapur und Zypern. Diese Staaten legen zum Teil weniger strenge Maßstäbe an die Besatzungsvorschriften an.

4.1.4 Flaggenprotektionismus

Systematische Bevorzugung inländischer Anbieter durch staatliche Instanzen, z.B. Vergabe von Seefrachtaufträgen nur an Seeschiffe der eigenen Flagge.

Solche Maßnahmen können weiterhin sein: ermäßigte Hafen-, Schleusen, Konsulatsgebühren für Schiffe der nationalen Flotte, Festlegung von Gütern, die mit der nationalen Flotte befördert werden müssen, Subventionen für nationale Werften oder Reedereien.

Flaggenprotektionismus ist eine Erscheinungsform der nicht-tarifären Handelshemmnisse.

4.2   Betriebsformen und Marktorganisationen

4.2.1 Linienfahrt

- regelmäßige Dienste nach festen Fahrplänen
- geografisch abgegrenztes Fahrtgebiet (festgelegte Lade- und Löschhäfen)
- feste Seefrachtraten
- vertragsrechtliche Grundlage bildet der Stückgutfrachtvertrag. Über Abschluss und Inhalt des Stückgutfrachtvertrages wird ein Konnossement gezeichnet.
- überwiegend eingesetzte Schiffstypen:
  - Vollcontainer und Ro-Ro-Schiffe (roll-on/roll-off; die Ladung wird rollend an- und von-Bord befördert, z. B. über Heck- und Seitenrampen)
  - Semi-Container-Schiffe (konventionelle und containerisierte Ladung)
  - konventionelle Stückgutfrachter

4.2.2 Trampschifffahrt

Ladung bestimmt die Reiseroute des Schiffes

Unterscheidungsmerkmale zur Linienfahrt:

- Es existiert kein fester Fahrplan
- Es existieren keine festen Raten (freie Preisbildung durch Angebot und Nachfrage)
- Vertragsrechtliche Grundlage bildet in der Regel der Charter-Vertrag.
  Das hierüber ausgestellte Dokument heißt Charter-Partie
- Ladung bestimmt die Reiseroute des Schiffes
- Vorwiegend kommen Massengutfrachter, Tanker und Spezialschiffe zum Einsatz

4.2.3 Schifffahrtskonferenzen

Freiwilliger Zusammenschluss von Linienreedereien

Im Bereich der EU ist diese Form der Kooperation seit dem 18.10.2008 verboten.

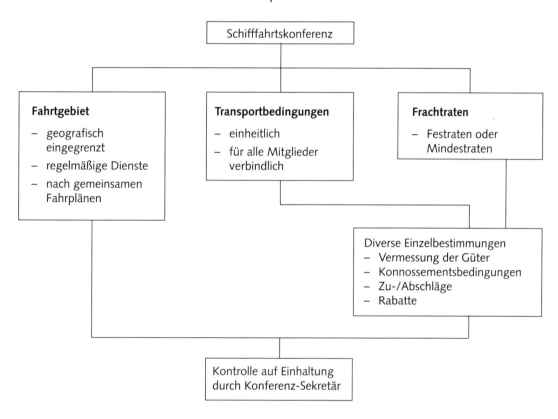

4.2.4 Outsider

Bedienen dasselbe Fahrtgebiet wie die Konferenzreedereien ohne Konferenzmitglied zu sein.

– Leistungsfähigkeit des Outsiders ist mit der von Konferenzmitgliedern vergleichbar

– jedoch weniger Abfahrten

– günstigere Frachtraten

4.2.5 Tolerierte Outsider

Werden eingesetzt, wenn das Ladungsaufkommen zeitweise die Abfuhr-Kapazität der Konferenzreedereien übersteigt.

Vertragliche Vereinbarung über die Höhe der Ratenabweichung zwischen Konferenz und Outsider (z. B. max. – 5 %)

4.3 Arten des Seefrachtvertrages

4.3.1 Schiffsraumvertrag

Vollcharter: Reise- bzw. Zeitcharter (das Schiff im Ganzen)

Teilcharter: Reise- bzw. Zeitcharter (einen Teil des Schiffes)

Bare-Boat-Charter: Schiff ohne Ausrüstung, Besatzung

- Die Charterpartie dokumentiert die vertragliche Vereinbarung
- Auch beim Chartervertrag können B/L's gezeichnet werden, wenn ein Warenwertpapier benötigt wird

4.3.2 Stückgutfrachtvertrag

- Seefrachtvertragsart der Linienschifffahrt, immer dann, wenn ein Konnossement gezeichnet wird.
- Vertrag zu liner terms!
- **Formfreier Vertrag**
  - mündlich
  - schriftlich
  - schlüssiges (konkludentes) Handeln
- **Inhalt**
  - Beförderung von Gütern über See sowie deren Abliefern und Bezahlung

4.3.2.1 Beteiligte gemäß Frachtrecht

	deutsch	international
Verfrachter (Carrier)	X	X
Befrachter (Shipper)	X	X
Ablader (Shipper)	X	
Empfänger (Consignee)	X	X

Verfrachter übernimmt Stückgutbeförderung über See gegen Entgelt.

Verfrachter kann sein:

Reeder	→	Eigentümer des Schiffes
Ausrüster	→	Charterer des Schiffes mit Mannschaft
Bare-Boot-Charterer	→	Charterer des Schiffes ohne Mannschaft

NVOCC

Non vessel operating (owning) common carrier

Spediteur betätigt sich als Verfrachter im Seefrachtgeschäft, ohne über eigene Schiffe zu verfügen:

- bucht Container-Stellplätze auf slot-charter-Basis

- „verkauft" diese häufig im Rahmen von FCL/FCL-Geschäften an seine Kunden

- Transportdokument: Spediteur-Haus-BL oder FBL

Befrachter (Shipper)

- Vertragspartner des Verfrachters

- lässt sich Transport versprechen

- schuldet die vereinbarte Seefracht (wird in der Verkehrssprache auch „Verlader" genannt)

Ablader (Shipper) – kommt nur im deutschen Seefrachtrecht vor –

- besorgt das Heranbringen der Güter an das Schiff

- tritt im Namen des Befrachters als dessen selbstständiger Vertreter auf

- kann Seefrachtvertrag kündigen

- Zustimmung zur Decksverladung

- hat Anspruch auf Aushändigung der Konnossemente

Ein Spediteur, der sowohl den Seefrachtvertrag abschließt als auch das Heranbringen ans Schiff besorgt, ist **Befrachter und Ablader zugleich**.

Empfänger (Consignee/Receiver)

- Begünstigter aus dem Seefrachtvertrag

- wird durch den Ablader im Konnossement bezeichnet

- hat Anspruch auf Auslieferung der Güter

4.3.2.2 Schiffsmakler/Reederei-Agent

Merkmale:

Er ist selbstständiger Vermittler von Schiffsraum und Ladung. Er stellt die Beziehungen zwischen dem Befrachter (Seehafenspediteur) und dem Verfrachter (Reeder) her. Er ist somit Vermittler, ohne selbst Beteiligter des Frachthafens zu sein. Die Tätigkeit übt er gewerbsmäßig aus. Oft vertritt er mehrere Reedereien.

Aufgaben:

– Ladungsakquisition

– Klarierung

– Besorgen von Lade- und Löschplätzen

– Frachtinkasso

– Ausrüstung

– Bemannung, Bunkerung

– Auslieferung einkommender Ladung

– Dokumentenabfertigung

– Veranlassung von Reparaturen

Schiffsmakler wird häufig auf Grund eines Agenturvertrages (mit dem Reeder) tätig.

4.3.2.3 Abschluss des Seefrachtvertrages

Buchung

– fest

– konditionell

Feste Buchung

– sichert Seefrachtrate und Laderaum in bestimmten Schiffen/ Pflicht zur Inanspruchnahme

– Reeder hat ggf. Anspruch auf Fehlfracht (Fautfracht)

Konditionelle Buchung

– sichert Seefrachtrate und Laderaum zum Zeitpunkt der Buchung

– keine Verpflichtung zur Inanspruchnahme

– kein Anspruch auf Fehlfracht

Gilt für den laufenden und zwei weitere Monate (falls nicht anders vereinbart)

Optionsverschiffung

Der endgültige Löschhafen wird erst während der Reise festgelegt.

Erklärungsfrist: i. d. R. ist erst 48 Stunden vor Anlaufen des 1. Options-Löschhafens der endgültige Löschhafen zu benennen.

4.3.2.4 Quotierungen

M/G (Maß/Gewicht)
w/m (weight/measurement)
FRT (Frachttonne)   } unterschiedliche Bezeichnungen für dieselbe
Schiffswahl   Regelung: Abrechnung zum Vorteil des Schiffes
Reeders Wahl

– Die Seefrachtberechnung ist eine line by line-Abrechnung

– Jedes Kollo wird separat betrachtet bzw. gleichartige Stücke können gemeinsam betrachtet werden

– Bei einer Maß-/Gewichtsquotierung (z.B. 105,00 € M/G) ist bei der Festlegung der **Frachttonnen** (rechnende Tonnen) entscheidend, ob das Maß oder das Gewicht größer ist.

– Es wird empfohlen folgende Tabelle anzulegen:

MT = Maß-Tonnen	GT = Gewichts-Tonnen	FRT = rechnende Tonnen

Darunter können Zeile für Zeile die Ladungspositionen (1. Kollo, 2. Kollo usw.) abgearbeitet werden. Die Summe aller Zeilen ergibt die für diese Sendung anfallenden Frachttonnen. Diese dienen als Basis für die Berechnung der Grundrate.

Beispiel:

Quotierung 105,00 € M/G

	GT	MT	FRT
1. Kollo	14,500	8,500	14,500
2. Kollo	7,800	12,000	12,000
3. Kollo	3,600	1,200	3,600
			30,100

Grundrate: 30,1 Frachttonnen x 105,00 €

Bei den Zu- und Abschlägen (Schwergewicht = heavy lifts und Längenzuschlägen = longlength) wird wieder Kollo für Kollo betrachtet, der Zu- oder Abschlag ermittelt und dieser Betrag in die Seefrachtberechnung für die Sendung übernommen.

Berechnung vom FOB-Wert (prozentual) = ad valorem

Beispiel:

5 % vom FOB-Wert

$$5.000,00 € \quad = \quad \frac{5.000 \times 5}{100} \quad = 250,00 €$$

Seefrachtberechnung mit Maßstaffel

Beispiel

$\dfrac{2\,m^3}{1\,t}$ bis 3 x messend = 300,00 € per frt

$\dfrac{4\,m^3}{1\,t}$ über 3 x messend = 275,00 € per frt

Seefrachtberechnung mit Wertstaffeln

Beispiel

bis	US $ 1.000,00 per frt	$ 110,00 w/m
über	US $ 1.000,00 per frt	$ 150,00 w/m
über	US $ 1.500,00 per frt	$ 170,00 w/m

Wertstaffel kann es bei Maß-/Gewichtsraten, reinen Maß- und Gewichtsraten geben, maßgeblich ist der FOB-Wert.

Zuschläge/Abschläge

- **Schwergutzuschläge (heavy lifts)**
  Berechnung häufig ab 5.000 kg Stückgewicht

- **Währungszuschläge/-abschläge (CAF = Currency Adjustment Faktor)**

- **Bunkerölzuschläge (BAF = Bunker Adjustment Faktor)**

- **Längenzuschläge (LL = Length Lift oder Long-Length)**
  Berechnung häufig ab 12 m

- **Gefährdungszuschläge (War risk surcharges)**
  bei Verschiffung in kriegsgefährdete Gebiete

- **Verstopfungszuschläge (congestion surcharges)**
  bei längeren Wartezeiten in bestimmten Häfen

- **Palettenabschläge**
  Ratenabschläge auf Grund des Rationalisierungseffektes der Palettierung

Die jeweilige Berechnungsgrundlage für Zu- und Abschläge ist konferenzspezifisch.

ISPS

International Ship and Port Facility Security

Der ISPS-Zuschlag wird im Zusammenhang mit den Anschlägen vom 09. September 2001 auf das World Trade Center in New York und den damit verbundenen erhöhten Sicherheitsanforderungen bei Transporten in die USA erhoben. Der Zuschlag wird auf das „spitze" Waren-Bruttogewicht gerechnet.

4.3.2.5 Rabattsystem

4.3.2.6 Spediteurkommission

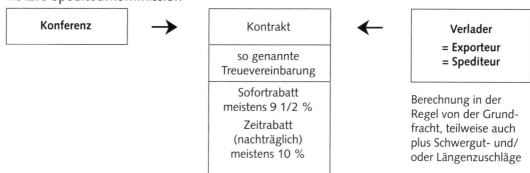

Konferenz	→	Kontrakt	←	Verlader = Exporteur = Spediteur

Kontrakt-Box:
- so genannte Treuevereinbarung
- Sofortrabatt meistens 9 1/2 %
- Zeitrabatt (nachträglich) meistens 10 %

Verlader-Box:
Berechnung in der Regel von der Grundfracht, teilweise auch plus Schwergut- und/oder Längenzuschläge

4.3.2.6 Spediteurkommission

Reedereien gewähren den Spediteuren für die Vermittlung des Seefrachtvertrages in der Regel eine Forwarding Agent Commission (FAC) in Höhe von 2,5 % der Seefracht.

4.3.3 Container

4.3.3.1 Besonderheiten bei der Containerfrachtberechnung

- FCL/FCL „full container load" – Haus-Haus-Container

- LCL/LCL „less than container load" – Pier-Pier-Container

- Stückgut-Verlader transportiert bis Containerpackstation, Empfänger nimmt sie an CFS (container freight station) an

- FCL/LCL – Haus-Pier-Container

- LCL/FCL – Pier-Haus-Container

4.3.3.2 Vor-/Nachläufe im FCL-Containerverkehr

Carriers haulage (in Reederei-Verantwortung)

exportmäßig – Gestellung des Leercontainers an der Ladestelle/ Absender und Lastdurchführung zum Seehafen

importmäßig – Zustellung des Vollcontainers zur Entladestelle und Rückführung des Leercontainers zum Reederei-Depot

Merchants haulage (Kunde trägt die „Rundlaufkosten")

exportmäßig – Kunde übernimmt Abholung des Leercontainers und den Lastlauf zum Seehafen

importmäßig – Übernahme des Containers im Löschhafen und Leerrückführung durch den Kunden

Mixed haulage/ Mixed arrangement

Reederei übernimmt Leerläufe, Kunde die Lastläufe → USA
Kunde spart die hohen Leergestellungskosten, Verfrachter berechnet „positioning fee"
(unabhängig vom tatsächlichen Transportweg).

Seehafen-Kosten

– Container-Service-Charges (Terminalleistungen)

– Terminal-Handling-Charges
  „lift on/lift off" (Umschlagskosten)

Containerfracht

– **free time**   – mietfreie Zeit

– **demurrage**   – mietpflichtige Zeit

– **detention-charge** – Gebühren für Wartezeiten beim Beladen

Container-Inlandtransport → bis 5 Tage ausschließlich Feiertage sind mietfrei

4.3.3.3 Frachtraten

– commodity-box-rates → güterartabhängige Pauschalfrachten

– Lumpsum-Raten (Raten je Einheit)

– FAK-Raten (freight all kind) → güterartunabhängige Pauschalfrachten
  beinhalten alle Kosten vom Pier/Ladehafen bis Pier/Löschhafen, nicht die Hafenum-
  schlagskosten und die Vor-/Nachlaufkosten.

USA-Verkehr
– point/point-Raten   – Haus/Haus-Raten
– port/point-Raten   – Hafen/Haus-Raten
– port/port-Raten   – Hafen/Hafen-Raten

Schwergewichtszuschlag (H.L.-heavy lift) i. d. R.
– im FCL/FCL-Verkehr kein H.L.
– im LCL/FCL-Verkehr 50 % H.L.
– im LCL/LCL-Verkehr voller H.L.

Be-/ Entladen der Container (stuffen/strippen)
– LCL-Verkehr → Reeder besorgt stuffen und strippen
– FCL-Verkehr → Absender besorgt stuffen und strippen

4.3.3.4 Containerarten (Auswahl)

„General Purpose Container"

Standard-Container (20' o. 40')

– an allen Seiten geschlossen

– für jede normale Ladung geeignet

„Open Top Container"

– abnehmbare Plane als Dach

– für überhohe Ladung geeignet

„Hardtop Container"

– abnehmbares Stahldach,
  schwenkbare obere Türstrebe

– für sperrige oder sehr schwere Ladung

„Refrigerated Container"

– Kühl-Container mit eigenem Kühl-
  aggregat

– für Ladung, die konstante Temperaturen
  benötigt

„Flat"

– bestehend aus belastbarer Bodenplatte
  und zwei Stirnwänden

– für schwere und überbreite Ladung geeignet

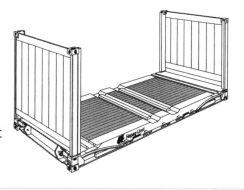

4.4   Konnossement

(B/L = Bill of Lading)

> Das Konnossement regelt zwei Rechtsverhältnisse
> auf zwei verschiedenen Ebenen.

Frachtvertragsverhältnis zwischen Verfrachter und Befrachter	Rechtsverhältnis zwischen Verfrachter und Empfänger/ Vorzeiger des Konnossements
Konnossement ist Urkunde über Abschluss und Inhalt des Stückgutfrachtvertrages, nicht der Stückgutfrachtvertrag an sich!	Verfrachter gewährt dem Anspruchsberechtigten einen wertpapiermäßigen verbrieften Anspruch auf Auslieferung im Löschhafen

Das **Konnossement** gilt als:

- Empfangsbescheinigung
- Beförderungsversprechen
- Ablieferungsversprechen
- Beweisurkunde

Warenwertpapier/Traditionspapier

- handelsfähig (negotiable)
- Übertragung per Indossament (Namens-/Rektakonnossemente per Zession)
- repräsentiert die verschiffte Ware
- Übergabe/Weitergabe des Konnossements hat die gleiche rechtliche Wirkung wie die Übergabe der Ware selbst

„Voller Satz" Konnossemente (full set)

- so viele Originale, wie der Ablader verlangt

  üblich sind:
  - nach Übersee drei Originale   (3/3 B/L)
  - im Europa-Verkehr   (2/2 B/L)

4.4.1   Arten der Konnossemente

– Verfrachterpapiere –

4.4.1.1 Zeitpunkt und Ort der Übernahme des Gutes

Bordkonnossement (shipped-B/L)

- trägt Vermerk „Shipped on Bord"
- Verfrachter hat die Güter an Bord übernommen
- wird beim L/C-Verfahren (Dokumenten-Akkreditiv) gefordert

Übernahmekonnossement (received-B/L)

– trägt Vermerk „received for shipment"

– Verfrachter bescheinigt die Empfangnahme (auf Kai, Verschiffung erfolgt später)

– nicht bankfähig/können jedoch in Bordkkonnossemente umgewandelt werden durch den Vermerk „Goods actually shipped on bord"

Mate's Receipt

Bescheinigung des Ladungsoffiziers nach erfolgter Verladung an Bord. Wird nur auf Verlangen ausgestellt. Berechtigt zum Empfang der Bordkonnossemente.

4.4.1.2 Bezeichnung des Empfängers/Übertragungsmöglichkeiten

Orderkonnossement (Order-B/L)

Es ist gekennzeichnet durch die positive Orderklausel im Feld „Empfänger" bzw. „Consignee" zusätzlich zur Empfängerangabe

– im internationalen Handelsverkehr hauptsächlich verwendetes Konnossement

– handelsfähiges Warenwertpapier

– lautet auf den Namen des Empfängers mit dem Zusatz „oder Order" („or Order") oder lediglich „an Order" ohne Namensnennung (Blanko-Orderkonnossement)

– Weitergabe per Indossament
  • Transportfunktion (Rechte und Pflichten)
  • Legitimationsfunktion (Ausweisfunktion)

– rechtmäßiger Besitzer hat als Eigentümer Auslieferungsanspruch

Blanko-Orderkonnossement

Hier fehlt im Feld „Empfänger" bzw. „Consignee" der Name und die Anschrift des Empfängers. Das Feld enthält lediglich die positive Orderklausel.

– Bei Abladung steht der Käufer noch nicht fest
  oder
  das Konnossement soll an eine Bank indossiert werden, die vor Auslieferung den Kaufpreis einziehen soll

– Es ist immer eine Meldeadresse „Notify" anzugeben

Namens-/ Rektakonnossement (straight B/L)

– lautet auf den Namen des Empfängers ohne jeden Zusatz

– Herausgabe nur an den namentlich genannten Empfänger

– Übertragung auf andere Personen durch Abtretung/Zession mit Herausgabeanspruch (Einigung und Übergabe)

4.4.1.3 Zustand der Verpackung/Ware

„reines"/„unreines" Konnossement

- das „reine" Konnossement (clean B/L) enthält keine Abschreibungen (Mängelaufzeichnungen)

- das „unreine" („unclean") Konnossement enthält Abschreibungen

Banken akzeptieren nur reine Konnossemente für die Abwicklung des internationalen Zahlungsverkehrs, z. B. Dokumenten-Akkreditiv (LC).

Unbekanntklauseln wie „said to contain" = S.T.C. / „said to weight" = S.T.W. o. Ä.

- Vermerk für vom Verfrachter nicht nachgeprüfte Ladungseigenschaften und somit Haftungsbefreiung

- diese Klauseln bewirken keine „Unreinheit" des Konnossements

4.4.1.4 Sendungsanzahl/Gütermenge

Teilkonnossement wird im Bestimmungshafen gegen Vorlage des Original-BLs erstellt. Es dient der Aufteilung der See-BL-Partie auf mehrere Empfänger.

Sammelkonnossement ist ein See-BL für vom Spediteur zusammengestellte Container mit Sammelladung seiner Auftraggeber. Die Auftraggeber des Spediteurs (Versender) erhalten von ihm ein Spediteur-Haus-BL bzw. ein FIATA FBL.

4.4.1.5 Art der Transportdurchführung bzw. Reihenfolge der eingesetzten Verkehrsmittel

Durchkonnossemente (Through Bill of Lading)
(sog. echte)

- für Schiffstransporte, an denen zwei oder mehr Verfrachter beteiligt sind

- der Erstverfrachter übernimmt Haftung für Gesamtstrecke

Durchkonnossemente
(sog. unechte)

- jeder Verfrachter haftet für seine Teilstrecke

- der Erstverfrachter übernimmt zusätzlich die Organisation des Umschlags

Combined transport B/L (auch intermodal transport B/L genannt)

Für kombinierte Transporte; Seeschiff mit anderen Verkehrsträgern

Sea-Waybill/data freight receipt/Seefrachtbrief

- wird im Abgangshafen erstellt; abgesichert durch Bankgarantien

- data freight receipt als Legitimationspapier/hat keinen Wertpapiercharakter

- braucht für die Empfangnahme nicht vorgelegt zu werden – der Verfrachter liefert aufgrund der Verfügung im Seefrachtbrief an den dort genannten Empfänger aus

- kann nicht für das Dokumenten-Akkreditiv-Verfahren verwendet werden

- wird immer dann erstellt, wenn kein Konnossement benötigt wird

– Spediteurdokumente (FIATA) –

FCR (Spediteurübernahmebescheinigung)
Forwarding Agents Certificate of Receipt

- Aussteller ist der Spediteur

- Bestätigt, dass er die beschriebene Ware mit dem unwiderruflichen Auftrag übernommen hat, diese an den im Dokument genannten Empfänger zu senden (Beweisurkunde mit Sperrwirkung)

- Annulierung nur gegen Rückgabe des Originals an den Spediteur, solange die Ware nicht ausgeliefert ist

- Kommt in erster Linie zur Anwendung bei Verkäufen „ab Werk" und wenn der Verkäufer einen Nachweis über seine Verkäuferverpflichtungen gegenüber dem Käufer durch Vorlage eines FCR führen will

- Das FCR kann akkreditivfähig werden

- FCR an Bank → an Käufer

FBL
FIATA Combined Transport Bill of Lading

- Ist ein Durchkonnossement wie das eines Carriers und begebbar, außer es trägt ausdrücklich den Vermerk „not negotiable"

- Aussteller = Spediteur (Combined Transport Operator „CTO") trägt die Verantwortung für die Güter und für die Durchführung des Transports

- Aussteller übernimmt auch die Verantwortung für die von ihm eingesetzten Frachtführer

- Wenn der Ort des Schadens lokalisierbar ist, gilt das Landesrecht für den jeweiligen Verkehrsträger

FCT
Forwarding Agents Certificate of Transport

- Aussteller ist der Spediteur

- Bestätigt, dass er die beschriebene Ware zum Versand übernommen hat, zur Auslieferung entsprechend den Instruktionen des Absenders

- Ist in den Fällen von Bedeutung, in denen das Transportrisiko bei der Auslieferung an den Empfänger beim Verkäufer liegt

- Der Verkäufer wird dem Käufer das FCT über seine Bank zur Einlösung des Kaufpreises präsentieren können: „Kassa gegen Dokumente"

- Das FCT ist begebbar, wenn es an Order gestellt ist

- Der Versandspediteur, der ein FCT ausstellt, übernimmt die Verpflichtungen für die Auslieferung am Bestimmungsort gegenüber dem Inhaber des Dokumentes. FCT hat sog. Sperrfunktion. Der Versandspediteur verpflichtet sich zu einer Verladung an einen dritten Ort und zur Auslieferung nur gegen Vorlage des FCT

4.4.2 Weitergabe von Orderkonnossementen

Indossament =   Übertragungsvermerk bei Orderkonnossementen
ohne Garantiefunktion

Rechtliche Wirkungen:

Transportfunktion   Übertragung der Rechte und Pflichten des Eigentümers
auf den Begünstigten

Legitimationsfunktion   Ausweisungsfunktion durch eine lückenlose Kette von
Indossamenten

Beispiele:

Vollindossament   Für uns an die Order des Käufers (Name)
Bremerhaven, 15. Juni 20..

                   Stempel
                   (Unterschrift)

Blankoindossament   Bremerhaven, 15. Juni 20..

                   Stempel
                   (Unterschrift)

Hinweis:

Kassation
Bei Vorlage eines Originals verlieren alle anderen Originale ihre Gültigkeit
(Kassatorische Klausel)

4.4.3 Revers (Letter of Indemnity)

Revers = Verpflichtungsschein (Garantievertrag)

beim Versand:

– Reverszeichner hält Verfrachter von allen Schadenersatzansprüchen Dritter frei

– Ablader zeichnet bei geringfügigen Mängeln Revers und erhält reines Konnossement

– darf nicht zur Täuschung des Empfängers und der Akkreditivbank über festgestellte
Mängel erfolgen (Mängel = Schäden müssen unerheblich sein)

– der Verfrachter ist berechtigt, den Empfänger zu informieren

– wird gezeichnet, wenn die Gefahr besteht, dass der Empfänger geringfügige Mängel zur
Geltendmachung übertriebener oder ungerechtfertigter Schadenersatzansprüche ausnut-
zen könnte

beim Empfang:

– Auslieferung der Güter durch Verfrachter an den Empfänger ohne Vorlage der Original-
Konnossemente gegen gezeichnetes Revers

– häufig wird zusätzlich eine Bankgarantie verlangt

4.5 Haftung

Prinzip der Verschuldenshaftung

Die Verfrachterhaftung ist eine Verschuldenshaftung. Im Schadensfall wird ein Verschulden des Verfrachters vermutet. Er hat dann zu beweisen, dass er bzw. seine Leute mit der verkehrsüblichen Sorgfalt gehandelt haben.

4.5.1 Rechtsgrundlagen

HGB = 5. Buch (zwingendes Recht)

HGB §§ 662 ff finden u. a. keine Anwendung

– auf Verträge bzw. Konnossementsklauseln betreffs Havarie
– auf Charterpartien
– bei Decksladung (ausgenommen Container)
– bei lebenden Tieren
– auf Verpflichtungen, die dem Verfrachter hinsichtlich der Güter vor ihrer Einladung und nach dem Löschen obliegen

4.5.2 Haftungsumfang

Zwangshaftung für

– anfängliche See- und Ladungstüchtigkeit
– Erhaltung der See- und Ladungstüchtigkeit
– Ladungsfürsorge (ggf. kommerzielles Verschulden)
– sachgerechte Behandlung der Güter
– Schäden und Verluste von der Übernahme bis zur Ablieferung

auch für Erfüllungsgehilfen

Haftungsausschlüsse für Schäden

– durch nautisches und technisches Verschulden des Personals
– aus Gefahren oder Unfällen der See sowie Feuer
– aus kriegerischen Ereignissen, Unruhen, Handlungen öffentlicher Feinde oder Verfügungen von hoher Hand sowie Quarantänebeschränkungen
– aus gerichtlicher Beschlagnahme
– aus Streik, Aussperrung
– aus Handlungen/Unterlassungen des Abladers
– aus Rettung oder Versuch der Rettung von Leben oder Eigentum
– aus Schwund an Raumgehalt/Gewicht/Mängeln/Eigentümlichkeit oder Beschaffenheit der Güter

Kann ein Schaden aufgrund einer dieser Ursachen entstanden sein, so wird vermutet, dass er aus dieser Gefahr entstanden ist.

Die Haftungsbefreiung tritt nur dann nicht ein, wenn der Geschädigte nachweist, dass der Schaden durch den Verfrachter zu vertreten ist.

„Freizeichnungen des Verfrachters" (diverse gesetzliche Vorschriften, die durch Geschäftsbedingungen ausgeschlossen werden können)

Haftungsfreizeichnung in Konnossementen

– Verladungen an Deck mit Zustimmung des Abladers (ausgenommen Container)

– Beförderung lebender Tiere

– Schäden an Gütern, **vor** Einladung in das Schiff und **nach** der Ausladung

Voraussetzungen für Zwangshaftung nach HGB

– Handelbares Konnossement beim Stückgutfrachtvertrag
 und

– Verschiffung von deutschem oder nach deutschem Hafen

Anmerkung:

Zwischen Auslandshäfen gilt die Zwangshaftung, wenn B/L in einem Staat gezeichnet wird, der die Haager Regeln anerkannt hat.

4.5.3 Haftungshöhe

– Verlust oder Beschädigung höchstens 666,67 Rechnungseinheiten (SZR) für das Stück oder die Einheit
 oder

– 2 Rechnungseinheiten (SZR) je kg Rohgewicht in Wahl des Befrachters

 Anmerkung:
 Entgangener Gewinn wird nicht ersetzt

– Wird **vor** der Verladung ein höherer Wert deklariert und ins Konnossement eingetragen:

 • Frachtzuschlag

 • Haftung bis zum angegebenen Wert

Regelung bei Containerverladung:

– Jedes Stück/jede Einheit, das/die im Konnossement als im Container enthalten angegeben wird, gilt als Stück/Einheit im Sinne der Höchstbetragsregelung.

– H/H-Container (auch H/P-Container) gelten gem. BGH-Urteil als Packung = Einheit sofern der Containerinhalt im Konnossement nicht spezifiziert angegeben ist.

4.5.4 Schadensanzeige

äußerlich erkennbare Schäden:	sofort spätestens bei Ende der Auslieferung
äußerlich nicht erkennbare Schäden:	spätestens 3 Tage nach Auslieferung

4.6 Havarie/Haverei

Arten

- Kleine Havarie
- Besondere Havarie (Particular Average)
- Große Havarie (Gemeinschaftliche Havarie, Havarie grosse, General Average)

4.6.1 Kleine Havarie

Kostenfall – kein Schadensfall

Kosten, wie Hafengeld, Lotsengeld, Schlepperlohn etc. sind mit der Fracht abgegolten; werden vom Verfrachter getragen

4.6.2 Besondere Havarie

Umfasst die Folgen eines zufällig eingetroffenen Ereignisses bzw. Unfalls für Schiff oder Ladung ohne gemeinsame Gefahr – Havarie Kommissar

Der Verfrachter deckt eine Seekaskoversicherung,
der Ladungseigner eine Cargoversicherung/Seetransportversicherung.

Kosten der Havarie werden vom Schiff oder der Ladung übernommen, je nachdem, was geschädigt wurde (Dispache).

4.6.3 Große Havarie

Voraussetzungen:

- Schiff und Ladung befinden sich in gemeinsamer Gefahr
- Schiffsleitung trifft Maßnahmen zur Errettung beider
- Schiff und/oder Ladung werden dadurch Schäden vorsätzlich zugefügt
- Schiff und Ladung müssen ganz oder teilweise gerettet werden

Anmerkung:
Das Risiko, das dem Befrachter aus der großen Havarie entstehen kann, ist transportversicherbar.

Average Bond/Havarie-Bond

Verpflichtungsschein, den die Ladungsbeteiligten oder ihre Versicherung zwecks Anteilsübernahme zeichnen müssen.

Verklarung

Förmliches Verfahren vor einem deutschen Gericht oder einer bestimmten Auslandsvertretung im Nothafen zur Sicherung von Beweisen über den tatsächlichen Hergang des Schadensfalls – Schiffstagebuch

Beitragskapital

– Schiffswert

– Ladungswert laut Handelsrechnung

– Seefracht

Errechnung der Beitragsquote

Formel: $\dfrac{\text{Havarie-grosse-Schäden x 100}}{\text{Beitragskapital}}$ = Beitragsquote in %

Ermittlung der Beitragssummen

Formel: Beitragswerte x Beitragsquote

Beispiel:
Havarie-grosse-Kosten

Schlepperkosten	250.000,00 €
Nothafenkosten (Entladung/Sortierung)	50.000,00 €
Reparatur der Reling	40.000,00 €
Schäden an der Ladung	90.000,00 €
Gesamt	430.000,00 €

Beitragskapital

Schiffswert	4.300.000,00 €
Ladungswert	3.800.000,00 €
Seefracht	300.000,00 €
Gesamt	8.400.000,00 €

Errechnung der Beitragsquote

$\dfrac{430.000 \text{ € x } 100}{8.400.000 \text{ €}}$ = 5,12 %

Ermittlung der Beitragssummen

	Beitragswerte	Beitragsquote 5,12 %
Schiff	4.300.000,00 €	220.160,00 €
Ladung	3.800.000,00 €	194.560,00 €
Seefracht	300.000,00 €	15.360,00 €
	8.400.000,00 €	430.080,00 €*

* Die Differenz von 80,00 € zu den Havarie-grosse-Kosten
  resultiert aus der aufgerundeten Quote (5,119048)

4.7 Seetransportversicherung

Versicherungsinhalte nach ADS (Allgemeine Deutsche Seeversicherungsbedingungen)

Versicherung nach Art des Gutes nur aufgrund eines ausdrücklichen schriftlichen Auftrages

Klausel	gedeckte Schäden/Risiken
– volle Deckung (all risks)	– Beschädigung, Total- und Teilverlust
– Strandungsfalldeckung (fpa = free of particular average)	– Totalverlust, Teilverlust ganzer Kolli Beschädigung im Strandungsfall

Generelle Freizeichnung:

Vom Versicherungsschutz generell ausgeschlossene Schäden durch:

– Krieg, Bürgerkrieg, kriegerische Ereignisse

– Streik, Arbeitsunruhen, politische Gewalthandlungen, Aufruhr

– Beschlagnahme, Verfügung von hoher Hand

Zusätzliche Versicherung dieser Risiken ist möglich, jedoch ausdrückliche Vereinbarung erforderlich

Zusätzliche Freizeichnungsklauseln:

Integral Franchise: bis zu einem bestimmten Prozentsatz kein Versicherungsschutz; darüberhinaus volle Deckung

Abzugsfranchise: entspricht der Selbstbeteiligung. Der Versicherte trägt generell einen bestimmten Teil des Schadens

Versicherungspolice

Urkunde, die den Versicherungsvertrag darstellt (Einzel- oder Generalpolice)

Versicherungszertifikat

Auszug aus einer Police (Generalpolice) über eine bestimmte Sendung; Bestätigung zur Vorlage bei Dritten

4.8 Seehafenspedition

4.8.1 Exportspedition

Abwicklung von Exportpartien, die seeseitig (per Schiff) den Hafen verlassen

FOB-Spedition

Verantwortlich für die rechtzeitige und vollständige Anlieferung der Güter ans Schiff bzw. bei der Kaigesellschaft

- Vortransport ggf. im Selbsteintritt
- Empfangskontrolle
- ggf. verkehrsbedingte Zwischenlagerung
- Kaipapiere

Verschiffungsspedition

Verantwortlich für den Abschluss des Seefrachtvertrages

- Buchung
- Ausstellen der Konnossemente
- auf Anweisung Abschluss einer Seetransportversicherung
- Ausfuhrzollabfertigung einschließlich Besorgen aller notwendigen Papiere
- ggf. Frachtvorlage
- Ausstellen von Spediteurdokumenten

4.8.2 Abrechnung nach Seehafenspeditionstarif – Export (SST)

Unverbindliche Empfehlung für die deutschen Seehafenspediteure

Herausgeber: Vereinigung der Seehafen- und Seeschifffahrtsspediteure

Abrechnung
- FOB-Lieferung
- Verschiffung
- Nebenleistungen

4.8.2.1 Gütergruppierung (FOB-/Verschiffungs-Provision)

- Massengut
- Eisen und Stahl (unverpackt)
- Antiquitäten, Gemälde, Kostbarkeiten, Kunstgegenstände, persönliche Effekten, Umzugsgut
- Gefahrgut (GGV-See)
- Gefriergut/Kühlgut
- Stückgut allgemein
- Vollcontainer/Flats ab 20'
- Fahrzeuge
- Abfertigungsprovision Fährverkehr/Roll-on/Roll-off-Verkehr

4.8.2.2 Nebenleistungen, z. B. Kosten für

- Konsulatsfakturen, Handelsfakturen, Ursprungs- und Gesundheitszeugnisse
- Ausfuhrzollabfertigung im Verkehr mit Drittländern
- Abfertigung im innergemeinschaftlichen Güterverkehr
- Konnossemente, Mate's receipt, Spediteur-Übernahmebescheinigungen
- Porti und kleine Kosten
- Provision für die Einziehung von Seefrachtrabatten
- Provision für die Abwicklung von Versicherungs- und Havariefällen

4.8.3 Importspedition

Abwicklung von Importpartien, die per Schiff den Hafen erreichen

Spediteur wird i. d. R. tätig aufgrund eines schriftlichen Auftrags des Importeurs (Empfängers)

- Aus- und Bereitstellen der erforderlichen Papiere
- Empfangsnahme der Güter gegen Konnossement
- Empfangskontrolle der Güter
- ggf. Reklamation beschädigter Güter/Verpackungen
- verkehrsbedingte Einlagerung im Hafen
- Verzollung (einschließlich Ausstellen der erforderlichen Unterlagen)
- ggf. Entrichtung von Eingangsabgaben
- Besorgen des Transports zum Empfänger

5 Binnenschifffahrt

5.1 Hauptgütergruppen

- Sand, Steine, Erden u. a. Rohmaterialien
- Mineralöl und -erzeugnisse, Gas
- feste mineralische Brennstoffe
- Erze und Schrott
- Getreide und Düngemittel
- Eisen und Stahl
- chemische Grundstoffe und Erzeugnisse

5.2 Leistungsmerkmale

5.2.1 Vorteile

- niedrige Frachten
- große Transportkapazitäten, auch sperrige oder schwere Güter
- geringer Energieverbrauch (z. B. sind nur 300 PS für 1.700 t nötig)
- Umweltverträglichkeit (Schadstoffausstoß, Flächenverbrauch)
- große Sicherheit (geringe Verkehrsdichte, Gefahrgut nicht durch Ballungszentren)

5.2.2 Nachteile

- lange Transportdauer (zu relativieren durch überfüllte Straßen, Fahrverbote u. a.)
- relativ kleines Verkehrsnetz
- witterungsabhängig durch Eisgang, Hochwasser, Niedrigwasser (Kleinwasser)

5.3 Bundeswasserstraßen

Kanäle:

A	–	Nord-Ostsee-Kanal
B	–	Mittellandkanal
C	–	Küstenkanal
D	–	Ems-Jade-Kanal
E	–	Rhein-Main-Donau-Kanal
F	–	Dortmund-Ems-Kanal
G	–	Wesel-Datteln-Kanal
H	–	Rhein-Herne-Kanal
J	–	Elbe-Havel-Kanal
K	–	Oder-Havel-Kanal
L	–	Elbeseitenkanal
M	–	Elbe-Lübeck-Kanal
N	–	Datteln-Hamm-Kanal

Flüsse:

1	–	Elbe
2	–	Weser
3	–	Rhein
4	–	Donau
5	–	Main
6	–	Saale
7	–	Lech
8	–	Inn
9	–	Neckar
10	–	Lahn
11	–	Fulda
12	–	Werra
13	–	Ems
14	–	Oder
15	–	Saar
16	–	Mosel

Hinweis: Decken Sie die Kanal- und Flussnamen ab, und prüfen Sie Ihre Kenntnisse!

Nord-Ostsee-Kanal

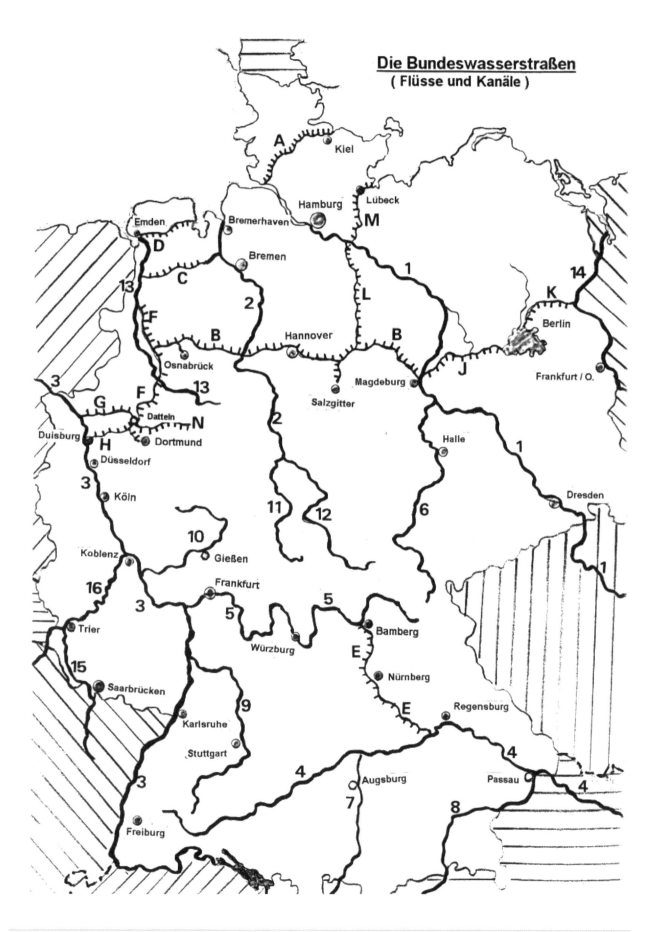

Die Bundeswasserstraßen
(Flüsse und Kanäle)

5.4 Einige Schiffstypen

5.4.1 Motorschiffe

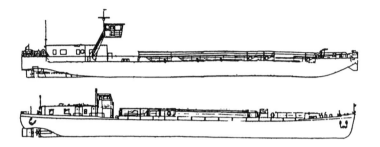

Gütermotorschiff Typ Rostock
Länge: 80.00 m
Breite: 9.00 m
Leistung 2 x 300 PS
Tragfähigkeit: 1025 t

Tankmotorschiff
Länge: 80.00 m
Breite: 8.20 m
Leistung: 420 PS
Tragfähigkeit: 1018 t

5.4.2 Schubboote und Prahme

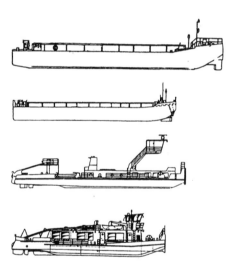

Glattdeckprahm
Länge: 54.00 m
Breite: 11.00 m
Tragfähigkeit: 960 t

Schubprahm
Länge: 32.50 m
Breite: 8.20 m
Tragfähigkeit: 415 t

Flachgehendes Stromschubschiff
Länge: 28.70 m
Breite: 10.26 m
Leistung: 2 x 300 PS

Stromschubschiff III
Länge: 23.65 m
Breite: 8.20 m
Leistung: 2 x 300 PS

5.4.3 Formationen von Schub-/Zugverbänden

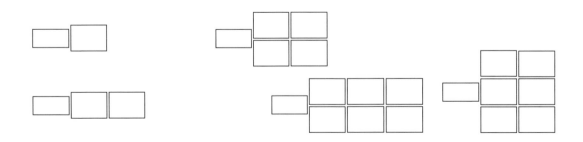

5.5 Klassifizierung der europäischen Binnenwasserstraßen

Klasse der Binnenwasserstrasse		Motorschiffe und Schleppkäne					Schubverbände					Brückendurchfahrtshöhe (m)
		Bezeichnung	max. Länge L (m)	max. Breite B (m)	Tiefgang d (m)	Tonnage T (t)	Formation	Länge L (m)	Breite B (m)	Tiefgang d (m)	Tonnage T (t)	
von regionaler Bedeutung – westlich der Elbe	I	Penische	38,5	5,05	1,8-2,2	250-400						4,0
	II	Kempenaar	50-55	6,6	2,5	400-650						4,0-5,0
	III	Gustav Koenigs	67-80	8,2	2,5	650-1000						4,0-5,0
von regionaler Bedeutung – östlich der Elbe	I	Gross Finow	41	4,7	1,4	180						3,0
	II	BM-500	57	7,5-9,0	1,6	500-630						3,0
	III		67-70	8,2-9,0	1,6-2,0	470-700		118-132	8,2-9,0	1,6-2,0	1000-1200	4,0
von internationaler Bedeutung	IV	Johann Welker	80-85	9,5	2,5	1000-1500	⊏☐	85	9,5	2,5-2,8	1250-1450	5,25 od. 7,00
	V a	Große Rheinschiffe	95-110	11,4	2,5-2,8	1500-3000	⊏☐	95-110	11,4	2,5-4,5	1600-3000	5,25 od. 7,0 od. 9,1
	V b						⊏☐☐	172-185	11,4	2,5-4,5	3200-6000	
	VI a		140	15,00	3,90		⊏☐	95-110	22,8	2,5-4,5	3200-6000	7,0 od. 9,10
	VI b						⊏☐☐	185-195	22,8	2,5-4,5	6400-12000	7,0 od. 9,10
	VI c						⊏☐☐☐	270-280	22,8	2,5-4,5	9600-18000	9,10
							⊏☐☐	195-200	33,0-34,2	2,5-4,5	9600-18000	
	VII						⊏☐☐☐	285	33,0-34,2	2,5-4,5	14500-27000	9,10

5.6 Schiffspapiere

- Schifferpatent: Führen eines Binnenschiffs in einem bestimmten Fahrtgebiet
- Schiffsbrief: Eintragungen ins Schiffsregister
- Eichschein: untere/obere Eichebene
- Schiffszeugnis: Tauglichkeit zum Befahren bestimmter Wasserstraßen
- Schiffsattest: Klassifikation (Zustand des Schiffes)
- Bordbuch: Schiffstagebuch

5.7 Betriebsformen

5.7.1 Gewerblicher Verkehr

Partikuliere

- besitzen i. d. R. ein Schiff, das sie selber fahren und auf dem sie wohnen
- sind für eigene Rechnung oder für eine Reederei tätig
- sind häufig Mitglied einer Genossenschaft
- haben i. d. R. keine landseitige Verwaltung

Genossenschaften

Zusammenschluss von Partikulieren zur Stärkung der Marktposition

Reedereien

- Schifffahrtsunternehmen mit i. d. R. mehreren eigenen oder fremden (Ausrüster) Schiffen
- getrennte kaufmännische Organisation und technische Transportdurchführung (eigene Niederlassungen)

5.7.2 Werkverkehr

Echter Werkverkehr

- Beförderung von **eigenen** Gütern, auf **eigenen** Schiffen, für **eigene** Zwecke

Unechter Werkverkehr

- Transporte auch für andere auf Werksschiffen
- in der Binnenschifffahrt (im Gegensatz zum LKW-Verkehr) erlaubt

5.8 Vertragsarten

5.8.1 Gesamtverfrachtung – Vollcharter

- in Fracht – **Reisecharter**
  Fracht abhängig von Gewicht der Ladung und Strecke

- in Miete – **Zeitcharter**
  Fracht abhängig von Tragfähigkeit und Mietzeit

5.8.2 Teilverfrachtung – Teilcharter

- Miete eines bestimmten Schiffsraums oder -anteils

5.8.3 Versand von Stückgütern

- Nach Maß, Zahl oder Gewicht bestimmbar (bis zu 300 t)

5.9 Rechtsgrundlagen

5.9.1 national

öffentliches Recht

- Gesetz über die Aufgaben des Bundes auf dem Gebiet der Binnenschifffahrt (Aufgabengesetz)
- Gesetz über den gewerblichen Binnenschiffsverkehr (BSchVG)
- Gesetz über das gerichtliche Verfahren in Binnenschifffahrtssachen
- Schifffahrtspolizeirecht
- Europäisches Übereinkommen über den Transport gefährlicher Güter (ADNR)
  → unabdingbar

privates Recht

- **HGB – Frachtgeschäft**
- Gesetz betreffend die privatrechtlichen Verhältnisse in der Binnenschifffahrt – Binnenschifffahrtsgesetz (BSchG) vom 15. Juni 1895 – regelt privatrechtliche Verhältnisse der am Frachtvertrag Beteiligten
- BGB – Werkvertrag

nicht-gesetzliche Grundlagen

- Verladerbedingungen
- Transportbedingungen – Konnossementsbedingungen

5.9.2. grenzüberschreitend

gesetzliche Grundlagen

- Budapester Abkommen (CMNI) – seit April 2005 gültig
  - in Deutschland inkraft seit November 2007
  - einheitliches internationales Frachtrecht (vergleichbar CMR)
- jeweilige nationale Gesetze am Erfüllungsort (falls nicht Budapester Abkommen)
- internationale Übereinkommen wie z. B. die Mannheimer Akte:
  - garantiert u. a. Freiheit der Rheinschifffahrt für Anliegerstaaten
- Stromakten
- Europäisches Übereinkommen über den Transport gefährlicher Güter (ADNR)

nicht-gesetzliche Grundlagen

- Verladerbedingungen
- Transportbedingungen – Konnossementsbedingungen

Rechtsgrundlage: Budapester Abkommen	
Anwendungsbereich	auf alle Frachtverträge, bei denen Lade-/Übernahmeort und Ablieferungsort in verschiedenen Staaten liegen, von denen mindestens einer Vertragspartei dieses Abkommens ist
Lieferfrist	innerhalb der vertraglich vereinbarten Frist, mangels einer solchen, innerhalb der Frist, die einem sorgfältigen Frachtführer unter Berücksichtigung der Umstände der Schiffsreise und bei unbehinderter Schifffahrt vernünftigerweise zuzubilligen ist
Haftungsprinzip	Verschuldenshaftung mit umgekehrter Beweislast
Haftungsumfang	– Güterschäden (Verlust/Beschädigung): bis max. **666,67 SZR/Packung** oder andere Ladungseinheit oder **2 SZR/kg**, je nachdem, welcher Betrag höher ist – Überschreitung der Lieferfrist: einfache Fracht
Haftungsausschlüsse	– Verschulden des Absenders/Empfängers/Verfügungsberecht. (Schäden beim Laden oder Löschen) – Decksverladung oder Transport in offenen Schiffen – Schäden aufgrund der natürlichen Beschaffenheit des Gutes (Bruch, innerer Verderb u. a.) – bei mangelhafter oder fehlender Verpackung – ungenügende oder unzulängliche Kennzeichnung der Güter – erfolgte oder versuchte Hilfeleistung oder Rettung auf schiffbaren Gewässern – Beförderung lebender Tiere
Mängelrügefristen – offene Mängel	**sofort** bei Übernahme des Gutes durch den Empfänger
Mängelrügefristen – versteckte Mängel	– **unverzüglich** nach Entdecken, – spätestens innerhalb von **7 aufeinanderfolgenden Kalendertagen** nach Ablieferung schriftlich
Verjährung	**1 Jahr** vom Tage an, an dem die Güter abgeliefert worden sind oder hätten abgeliefert werden müssen

5.10 Frachtvertrag

5.10.1 Vertragsgrundlagen

- Da die gesetzlichen Vorschriften nachgiebiges Recht sind, kann der Vertragsinhalt frei vereinbart werden.

- **Rangfolge** der Rechtsquellen:

1. **Transport- und Verladebedingungen der Verfrachter** – soweit HGB nicht zwingend –

2. **Binnenschifffahrtsgesetz**

3. **HGB (§§ 407 – 466) – Frachtgeschäft**

4. **BGB – Werkvertrag**

- Im internationalen Verkehr gilt das Budapester Abkommen – sofern ratifiziert – oder die vertraglichen Abmachungen;

- fehlen diese oder sind sie unklar formuliert, kommt das Recht am Erfüllungsort zur Anwendung.

5.10.2 Beförderungsdokumente

5.10.2.1 Frachtbrief (HGB § 408)

- Absender kann nach HGB vom Frachtführer einen Frachtbrief verlangen
  - als Beweisurkunde über den Frachtvertragsabschluss
  - als Empfangsbescheinigung
- reines Beförderungspapier

5.10.2.2 Ladeschein/Konnossement

- Frachtführer kann einen Ladeschein ausstellen (Unterschrift auch durch Nachbildung der eigenhändigen Unterschrift durch Druck oder Stempel) (HGB § 444)

- Orderladeschein soll den Namen desjenigen enthalten, an dessen Order das Gut abgeliefert werden soll, ansonsten ist der Ladeschein an die Order des Absenders ausgestellt

- Ladeschein ist für das Rechtsverhältnis **Frachtführer – Empfänger** maßgeblich: widerlegbare Vermutung, dass die Güter wie im Ladeschein beschrieben, übernommen wurden

– Rechtsverhältnis **Frachtführer – Absender** → Frachtvertrag

– Ablieferung nur gegen Rückgabe des Ladescheins (Quittung)
(HGB § 445)

– Legitimation/Verfügungsrecht durch Ladeschein/Indossament
(HGB § 446)

– mit Übergabe des Ladescheins werden die Rechte an dem Gut übertragen,
u. a. Eigentumsrecht → **Traditionspapier**
(HGB § 448)

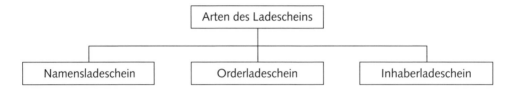

Namensladeschein (Rekta-Ladeschein)

– lautet auf den namentlich genannten Empfänger

– nur der Empfänger kann über die Ware verfügen

– Weitergabe durch Zession

– in der Praxis selten anzutreffen

Orderladeschein

– lautet „an Order" oder an die Order des Empfängers

– Weitergabe durch Indossament

– Eigentümer des Orderladeschein kann die Herausgabe der Güter verlangen

Inhaberladeschein

– gibt jedem „Inhaber" (Besitzer des Ladescheins) den Herausgabeanspruch

– wird in der Praxis nicht verwendet

5.10.2.3 Durchladeschein

– mehrere Frachtführer sind beteiligt

– jeder Frachtführer haftet für seine Teilstrecke gem. Konnessementsbedingungen

5.10.3 Abwicklung des Frachtvertrages

5.10.3.1 Ladeplatz

- bei der Ganzbefrachtung bestimmt der Absender den Ladeplatz
  (Frachtführer trägt Kosten bis dorthin)

- bei Teilverfrachtung oder Stückgutverfrachtung kann der Frachtführer
  an einer ortüblichen Ladestelle im Hafen anlegen

5.10.3.2 Ladezeit

- Ladezeit lt. **Verordnung über Lade- und Löschzeiten sowie das Liegegeld in der Binnen-schifffahrt (BinSchLV)** vom 23.11.1999:
  - **Beginn:** nach Ablauf des Tages, an dem der Frachtführer die Ladebereitschaft ange-zeigt hat (Meldetag), Sonn- und Feiertage nicht gerechnet
  - **eine Stunde für je 45 Tonnen Rohgewicht**
  - vertragliche Verkürzungen sind möglich (dispositives Recht)
  - Ladetag: werktags von 6.00 bis 20.00 Uhr
  - Kosten für Ladezeit sind in Fracht enthalten
  - **Liegegeld** bei Überschreitung der Ladezeit nach Tragfähigkeit des Schiffs/Schubleich-ters
  - Tragfähigkeit bis zu 1.500 t: je angef. Std. 0,05 € je t Tragfähigkeit
  - Tragfähigkeit über 1.500 t: je angef. Std. 75 € zzgl. 0,02 € für jede über 1.500 t liegende t.

- **nach Ablauf der Ladezeit** oder der vereinbarten Liegezeit kann der Frachtführer eine **an-gemessene Nachfrist** mit der Erklärung setzen, dass er nicht länger warten werde, wenn das Gut nicht bis zum Ablauf dieser Frist verladen oder zur Verfügung gestellt ist (HGB § 417); angemessene Nachfristen z. B.:
  - bei Ladungen bis 10 t, einen Werktag
  - bis 50 t, zwei Werktage und
  - über 50 t, drei Werktage vor Ablauf der o. g. Fristen dem Absender in der üblichen Geschäftszeit erklären – Wartezeit – Kündigungsfrist

5.10.3.3 Kündigung durch den Absender

- Absender kann den Frachtvertrag jederzeit kündigen (HGB § 415)
  (Überschreiten der Ladezeit = Kündigung durch den Absender)

- Frachtführer hat dann 2 Möglichkeiten:
  - spezifizierte Rechnung über vereinbarte Fracht, etwaiges Liegegeld und zu ersetzende Aufwendungen, abzüglich ersparter Aufwendungen **oder**
  - pauschalierte Fracht in Höhe von **einem Drittel** der vereinbarten Fracht

- bei Kündigung **nach** Verladung muss Absender wieder entladen; Selbsthilferecht des Frachtführers – wie bei Beförderungs- oder Ablieferungshindernissen – falls der Ab-sender nicht entlädt

5.10.3.4 Anspruch auf Teilbeförderung (HGB § 416)

- Absender kann Beförderung auch bei unvollständiger Ladung verlangen

- Frachtführer hat Anspruch auf volle Fracht, etwaiges Liegegeld, Ersatz von Aufwendungen abzüglich Fracht für die Beförderung von Ersatzgut (Regelung vornehmlich für Binnenschifffahrt, z. B. zusätzlicher Ballast)

5.10.3.5 Verladen und Entladen (HGB § 412)

- Absender hat die Verladung vorzunehmen, das Gut zu befestigen und ist für die **beförderungssichere** Verladung verantwortlich
  - Absender hat gepackte Güter **auf** das Schiff, lose Güter **in** das Schiff zu liefern
  - praxisüblich: „ab frei gestaut Schiff Ladestelle", d. h. der Absender hat auch gepackte Güter **in** das Schiff zu liefern und zu stauen
- der Frachtführer hat für die **betriebssichere** Verladung zu sorgen
- Entladung auch Pflicht des **Absenders**, da Empfänger nicht Vertragspartner des Frachtführers ist – entlädt der Empfänger, ist er Erfüllungsgehilfe des Absenders

Löschen:

- Empfänger benachrichtigen – Löschbereitschaft anzeigen
- bei Ganzbefrachtung bestimmt der Empfänger den Löschplatz, ansonsten nach Vereinbarung
- Löschzeit beginnt mit dem auf den Meldetag folgenden Werktag, bei Überschreiten wird u. U. Liegegeld (Standgeld) fällig
- Löschkosten trägt gewöhnlich der Empfänger
- bei geschütteter Ladung besteht Mitwirkungspflicht der Schiffsbesatzung
- praxisüblich: „bis frei Ankunft Schiff Löschstelle", d. h. die Entladung erfolgt durch den Empfänger

für Binnenschifffahrt ist die Ermächtigung des Justizministeriums/Verkehrsministeriums für die Festlegung des **Beginns**, der **Dauer der Lade-/Entladezeit**, sowie **Höhe des Standgeldes** (Liegegeld) vorgesehen (s. 5.10.3.2)

5.10.3.6 Lieferfrist

- innerhalb der vereinbarten Frist, mangels Vereinbarung innerhalb der Frist, „die einem sorgfältigen Frachtführer unter Berücksichtigung der Umstände vernünftigerweise zuzubilligen ist" (§ 423 HGB)

5.10.3.7 Nachträgliche Weisungen (HGB § 418)

- Absender hat das Recht einseitiger nachträglicher Vertragsänderung insbesondere
  - nicht weiterbefördern
  - an einen anderen Bestimmungsort
  - an eine andere Ablieferungsstelle
  - an einen anderen Empfänger
- Ausführung nur, wenn weder Nachteile für den Betrieb des Unternehmers noch Schäden für die Absender oder Empfänger anderer Sendungen eintreten würden
- Aufwandsersatz und angemessene Vergütung (evtl. Vorschuss)
- nach Ankunft an der Anlieferungsstelle erlischt das Verfügungsrecht des Absenders, es geht auf den Empfänger über
- Vorlage des Original-Ladescheins

5.10.3.8 Beförderungs- und Ablieferungshindernisse

- bei Vorliegen von Hindernissen hat der Frachtführer Weisungen beim Verfügungsberechtigten einzuholen
- Selbsthilferecht des Frachtführers mit Maßnahmen, die im Interesse des Verfügungsberechtigten die besten zu sein scheinen, wenn er Weisungen nicht in angemessener Zeit erlangen kann (entladen, verwahren, anderen zur Verwahrung anvertrauen, zurückbefördern)
- Aufwandsersatz des Frachtführers

5.10.3.9 Pfandrecht

- **inkonnexes Pfandrecht**
  wegen aller vertraglichen und unbestrittenen Forderungen (Fracht, Fehlfracht, Liegegeld, Auslagen etc.) auch aus anderen Speditions-, Fracht-, Lagerverträgen
  (HGB § 441)
- bis 3 Tage nach Ablieferung bei gerichtlicher Geltendmachung gegen Empfänger (Gut befindet sich noch in seinem Besitz)
- der letzte von mehreren Frachtführern hat die Rechte der vorhergehenden Frachtführer

5.10.4 Haftung

Rechtsgrundlage: HGB	
Haftungsprinzip	**Obhutshaftung** (Gefährdungshaftung) bis zur Grenze des **unabwendbaren Ereignisses**
Haftungsdauer	von der Übernahme bis zur Ablieferung
Haftungsumfang	– Güterschäden bis zur Höhe des Marktpreises/gemeinen Wertes: **8,33 SZR** je kg Rohgewicht; Korridorlösung: **2 – 40 SZR** je kg in Allg. Geschäftsbedingungen möglich (HGB § 449) – Überschreitung der Lieferfrist: **dreifache Fracht**
Haftungsausschlüsse	– Decksverladung – bei mangelhafter oder fehlender Verpackung – Verschulden des Absenders/Empfängers (Schäden beim Laden oder Löschen) – Schäden auf Grund der natürlichen Beschaffenheit des Gutes (Bruch, innerer Verderb u. a.) – Beförderung lebender Tiere
Mängelrügefristen **– offene Mängel**	**sofort** bei Übernahme des Gutes durch den Empfänger
Mängelrügefristen **– versteckte Mängel**	**unverzüglich** nach Entdecken, spätestens innerhalb **1 Woche** nach Ablieferung
Verjährung	1 Jahr (3 Jahre bei Vorsatz)

Anwendung von Seefrachtrecht

Seefrachtrecht ist bei Beförderungen auf Binnen-/Seegewässern ohne Umladung anzuwenden, wenn

– ein **Konnossement** ausgestellt ist oder

– die auf Seegewässern zurückgelegte Strecke die größere ist (HGB § 450)

– in internationalen Konnossementsbedingungen ist die gesetzliche Haftung
  i. d. R. stark eingeschränkt

5.10.5 Frachtberechnung

5.10.5.1 Frachten

– Die Frachtentgelte im innerdeutschen Verkehr können frei ausgehandelt werden

5.10.5.2 Berechnungsgrundlagen

– Grundfracht abhängig von:
  • Menge
  • Berg-/Talfahrt
  • Stromgebiet

– Zuschläge:
  • Kleinwasser/Hochwasser
  • Eisgang
  • Hafenzuschläge
  • Schleusengelder

5.10.5.3 Grenzüberschreitender Verkehr

– frei vereinbarte Frachtentgelte
– bestehende Frachtenübereinkünfte zwischen den beteiligten Reedereien (z. B. Duisburger Frachtenkonvention – DFK)

5.11 Binnenschifffahrtsspedition

– Speditionsbetriebe sind weitgehend als Verkehrsvermittler oder Vertreter (Agent) einer Reederei unter starker Spezialisierung tätig.

– Binnenumschlagsspediteure erledigen im Wesentlichen folgende Aufgaben:
  • Abnahme eintreffender Ladungen
  • Prüfung und Wahrung von Ersatzansprüchen
  • Weiterbehandlung der Güter nach erhaltenen Weisungen, z. B. Zwischenlagerung, unmittelbare Verladung in ein neues Verkehrsmittel
  • büromäßige Abwicklung
  • Erbringen von Nebenleistungen, z. B. Proben ziehen, vermessen, wiegen u. a.

6 Luftfrachtverkehr

6.1 Entwicklung des Verkehrsmittels

- jüngster Zweig der Verkehrsträger
- bis zum 2. Weltkrieg unerhebliches Ladungsaufkommen (Passagiergepäck und Post)
- nach 1945 Ausweitung der Frachtkapazität in den Passagierflugzeugen
- 1945 erstes amerikanisches Nur-Frachtflugzeug (Douglas)
- 1972 erstes Nur-Frachtflugzeug der Lufthansa (Boeing)
- heutige Großraumfrachter:

heutige Großraumfrachter:	Boeing 747	MD 11	Airbus 380
Leergewicht	153 t	116 t	275 t
Reichweite in Kilometern	6.300	7.000	10.600
Transportkapazität (Fracht)	102 t	93 t	148 t

Anteil am Welt-Frachtaufkommen: ca. 1,5 %

Wertanteil am Welt-Frachtaufkommen: ca. 10,0 %

6.2 Leistungsmerkmale

- kurze Beförderungszeit (verglichen mit dem Seeschiff)
- sichere Beförderung (geringe Verpackungs- und Versicherungskosten)
- zuverlässig in der Güterbehandlung (minuziöse Terminierung der Flugpläne)
- Frequenz/ Netzdichte (zahlreiche Abflüge und Verbindungen)

6.2.1 Nachteile

- geringe Kapazität pro Transportmittel (13 t bis 148 t)
- hohe Kosten, bedingt durch hohe Betriebskosten pro Tonnenkilometer (3- bis 5-mal so hoch wie Seefrachtkosten)
- hohe Umweltbelastung

6.2.2 Vorteile

- frühere Verfügbarkeit der Güter
- Umsatzsteigerung durch kürzere Transportzeiten
- geringere Kapitalbindungskosten
- niedrigere Versicherungsprämie
- Ausdehnung der Absatzgebiete
- Veränderung der Vertriebsorganisation durch Lagerabbau in Übersee (Just in time = JIT)

6.2.3 Typische Güter für den Lufttransport

- eilbedürftige   →   Termingut
  - →   verderbliche Waren (Blumen)
  - →   Waren mit Aktualitätsgrad (Zeitungen)

- hochwertige   →   Hightech (Computerteile)

- hoch empfindliche   →   gegen die Beanspruchung durch den Transport (Tiere)

- gefährliche Güter   →   gemäß DGR (Dangerous Goods Regulations)

6.3   Organisationen

6.3.1   ICAO (International Civil Aviation Organization)

Seit 1947 Sonderorganisation der UNO

6.3.1.1 Mitgliedschaft

Nur Staaten der UN (Völkerrechtsverträge)

6.3.1.2 Organisation zur Förderung der Zivilluftfahrt

- schafft die Voraussetzungen für eine optimale flugtechnische Abwicklung des Luftverkehrs

- deklariert die **5 Grundfreiheiten** (Rechte) der Luft

1. **Recht** einer Luftverkehrsgesellschaft, das Hoheitsgebiet des Vertragsstaates ohne Landung zu überfliegen

2. **Recht** zur nichtgewerblichen Zwischenlandung im Vertragsstaat (technische Landung)

   - Kraftstoffübernahme

   - Reparatur

   - Besatzungswechsel

   Nicht zum Laden oder Entladen!

3. **Recht**, zahlende Ladung (Fluggäste, Fracht, Post) im Heimatstaat aufzunehmen und im Staatsgebiet eines Vertragspartners abzusetzen

4. **Recht**, zahlende Ladung im Vertragsstaat aufzunehmen, um sie in den Heimatstaat zu befördern (Nachbarschaftsverkehr)

5. **Recht**, zahlende Ladung zu befördern

   - vom Heimatstaat der Luftverkehrsgesellschaft in ein fremdes Land (Recht 3)

   - zwischen einem fremden Land und dritten Ländern

   - und aus fremden in das Heimatland (Recht 4)

Kabotagerecht als Ergänzung der 5 Freiheiten

Recht der Fluggesellschaft, zahlende Ladung innerhalb eines fremden Staates zwischen zwei oder mehreren Flughäfen zu befördern (aus Konkurrenzgründen selten gewährt)

Seit dem 1. Juli 1997 liberalisierter europäischer Verkehrsmarkt (Resolution 805). Seit diesem Zeitpunkt dürfen die Airlines innerhalb der Europäischen Gemeinschaft (EU) befördern.

6.3.1.3 Ziele der ICAO

Weltweit einheitliche Regeln für:

- gewerbliche Handelsluftfahrt
- Sportluftfahrt
- Privatluftfahrt

Ausgeschlossen bleibt der Bereich Militärflugverkehr

6.3.1.4 Hauptaufgabe

- sicherer und geordneter Ablauf der internationalen Zivilluftfahrt
- Zulassung von Bordpersonal und Fluggerät
- Entwicklung neuer Flugrouten
- Vereinfachung der Zollabfertigungen und des Luftverkehrsrechts

6.3.2 IATA (International Air Transport Association)

Sitz in Montreal und Genf

- Dachorganisation des **gewerblichen Luftfrachtverkehrs**
- gegründet 19. April 1945
- Zz. ca. 200 Airlines als Mitglieder
- Preis- und Konditionenkartell ähnlich den Konferenzen in der Seeschifffahrt

6.3.2.1 Ziele der IATA

- wirtschaftlicher
- regelmäßiger } Gütertransport weltweit durch Unterbindung eines ruinösen Wettbewerbs
- sicherer

- Zusammenarbeit der Luftverkehrsgesellschaften
- Zusammenarbeit mit der ICAO und anderen internationalen Organisationen

6.3.2.2 Hauptaufgaben

– einheitliche Beförderungsbedingungen

– einheitliche Tarife

– einheitliches Abrechnungssystem (CASS) = arbeitet ähnlich wie
das IATA-Clearing-House-System

– einheitliche Dokumente

– Herausgabe von Richtlinien für die Zulassung von Reisebüros und Spediteuren
als IATA-Agenturen

– Einrichtung des IATA-Clearing-House zum Kontenausgleich zwischen
den Mitgliedern im Abrechnungsverkehr

6.3.2.3 Mitgliedschaft

Mitgliedschaft für alle Carrier möglich, sofern

– Flugverkehr im Liniendienst durchgeführt wird

– die Voraussetzungen des Heimatstaates für eine UNO- und ICAO-Mitgliedschaft
gegeben sind

6.4 Verkehrskonferenzen (Traffic Conferences = TC)

TCs treffen alle für die Vertragspartner wichtigen Entscheidungen in Verkehrsangelegen-
heiten

– Normierung der Frachtpapiere (Frachtbrief* und Aufkleber)

– Bestimmungen über den Transport (lebende Tiere und Dangerous Goods)

– Ratenpolitik
IATA-Verkehrskonferenzen legen Luftfrachtraten für alle ihr angeschlossenen
Gesellschaften einheitlich fest – ausgeschlossen sind reine Chartergesellschaften

– Die Beschlüsse der Konferenzen bedürfen der Zustimmung durch die Regierungen,
werden dann veröffentlicht.

– Erteilt eine Regierung ihre Zustimmung nicht, gilt der Grundsatz:
„Landesrecht bricht IATA-Recht".

  • um auf die besonderen Gegebenheiten der verschiedenen Weltregionen
    besser eingehen zu können

  • um regional operierenden Fluggesellschaften die Möglichkeit zu geben,
    ihre Interessen zu vertreten

---

* Das Montrealer Übereinkommen enthält u. a. Bestimmungen über die Beförderungsdokumente. Danach kann
in Deutschland seit dem 28.06.2004 „anstelle eines Luftfrachtbriefes (....) jede andere Aufzeichnung verwendet
werden, welche die Angaben über die auszuführende Beförderung enthält". Hierbei wird vor allem der technischen Entwicklung im Bereich der elektronischen Buchungs- und Luftfrachtbriefverfahren Rechnung getragen.

6.4.1 Weltweit drei Konferenzgebiete, die sogenannten:

Traffic Conference Areas

TC 1 North America
Midatlantic
South Atlantic

TC 2 IATA-Europe
Middle East
IATA-Africa

TC 3 Asia
South West Pacific

unterschieden werden weiterhin folgende Frachtkonferenzen

CAC Cargo Agency Conference
– regelt das Verhältnis Airlines – Agenturen

CSC Cargo Service Conference
– regelt die Frachtabfertigung

CTC Cargo Tariff Coordinating Conference
– Festlegung von Tarifen, Raten und Gebühren

6.5 Flughäfen

ICAA International Civil Airport Association

Zusammenschluss der Flughafengesellschaften
(Deutschland: ADV= Arbeitsgemeinschaft Deutscher Verkehrsflughäfen)

Flughäfen sind Großbetriebe, die in Deutschland i. d. R. in der Rechtsform der GmbH organisiert sind. Anteilseigner sind in Deutschland im Regelfall Bund, Länder und Gemeinden.

6.5.1 Airport-Codes (3-Letter-Codes)

In Flugplänen, Dokumenten (z. B. Frachtpapieren), Aufklebern usw. werden für alle Flughäfen drei Buchstaben als Identifikation verwendet.

Beispiel **national**:

BRE	=	Bremen
HAJ	=	Hannover
HAM	=	Hamburg
STR	=	Stuttgart
MUC	=	München

Beispiel **international**:

AMS	=	Amsterdam
NYC	=	New York
TYO	=	Tokio
SEL	=	Seoul
SIN	=	Singapur
MIA	=	Miami

6.6 Verkehrsarten

- Linienverkehr
  (analog Seeschifffahrt „Linienfahrt")

  nach festen Flugplänen – im OAG World Airways Guide veröffentlicht
  (Kursbuch für den internationalen Flugverkehr)

- Gelegenheitsverkehr
  (analog „Trampfahrt")
  = Charterverkehr als **Voll**charter oder **Split**charter (= Teilcharter)

6.7 Tarifierung im Linien-Luftfrachtverkehr

6.7.1 TACT (The Air Cargo Tariff)

- Frachtraten werden einstimmig von den Mitglieds-Luftverkehrsgesellschaften
  verabschiedet

- nach Genehmigung durch die jeweiligen Regierungen erfolgt die Veröffentlichung
  im TACT

- Raten pro Kilogramm ONE WAY vom Abgangs- zum Bestimmungsflughafen;
  sie gelten nicht in umgekehrter Reihenfolge;
  Raten werden immer in der Währung des **Abgangsflughafens** angegeben

- Raten sind heute in Verbindung mit IATA-Agenten nicht mehr verbindlich, sie haben
  den Charakter einer Raten**empfehlung**.

Der TACT besteht aus 3 Büchern:

Band 1   TACT Rules (Regeln)

Band 2   TACT Rates North America

Band 3   TACT Rates worldwide (except North America)

6.7.2 Tarifstruktur (Gruppen des Tarifgefüges)

6.7.2.1 Allgemeine Frachtrate (General Cargo Rates = GCR)

Diese Raten kommen zur Anwendung, wenn weder eine Spezialrate noch eine Warenklassenrate angeboten wird.

„**M**"   Mindestfrachtbetrag (Minimum Rates)

„**N**"   Normalrate (Normal Rates) für Sendungsgewichte ≤ 45 kg

„**Q**"   Mengenrate (Quantity) > 45 kg, > 100 kg, > 300 kg etc. (Breakpoint)
         sogenannte Mengenrabattraten (Discount-Rates) – ca. 25 % niedriger als „N"

6.7.2.2 Warenklassenraten (Class Rates)

Finden Anwendung für bestimmte Warenarten, die eine spezielle Abfertigung benötigen bzw. die eine generelle Ermäßigung erhalten.

Sie werden nicht im TACT, Band 2 und 3 veröffentlicht, sondern sind anhand des TACT, Band 1 (Rules) auf Basis der allgemeinen Frachtraten prozentual zu ermitteln.

Jeweils mit Ermäßigungen bzw. Aufschlägen
S = Surcharges/ Zuschläge
R = Reduction/ Abschläge

6.7.2.3 Spezial[waren]raten (Specific Commodity Rates = SCR)

- stark ermäßigte Raten für bestimmte Güter (gemäß Warenbeschreibung) in bestimmten Relationen

- i. d. R. Richtungsgebundenheit – zwischen zwei Flughäfen in einer Richtung

Ziele dieser Ratenbildung:

- Frachten von anderen Verkehrsträgern abzuziehen

- Das Rückfrachtaufkommen zu erhöhen

- Für geringwertige Waren den Lufttransport attraktiv zu machen

6.7.2.4 Containerraten

Behälter- und Palettentarife (Unit Load Devices = ULD)

Frachtberechnung: Güterartunabhängig,
gewichtsbezogen, da optimale Raumnutzung durch Standardisierungsvorteile

6.7.2.5 Handhabung des Raten-Systems

1. Anhand der Tarifstrecke prüfen, ob „Spezialraten" existieren.

2. Sofern keine Spezialraten vorhanden sind, die Rubrik „Warenklassenraten" heranziehen.

3. Ist auch diese Ratengruppe nicht anwendbar, sind die „Allgemeinen Frachtraten" anzuwenden.

6.7.2.6 Freie Preisbildung

Seit 1998 keine Tarifbindung mehr seitens der IATA.
Das Frachttransportangebot der Airlines weicht in Qualität und Umfang z. T. erheblich von einander ab.

Aus diesem Grunde werden im heutigen Markt bedarfsorientiert zwischen IATA-Agenten und Airlines Tarife auf bilateraler Ebene nach marktwirtschaftlichen Gesichtspunkten frei ausgehandelt.

Grundlagen für die Preisbildung:

- Tonnage bzw. Volumen der zu transportierenden Güter
- Streckenführung zwischen Abgangs- und Zielflughafen
- Zielgebiet
- Häufigkeit und Intervalle der Transporte
- Verfügbarkeit von Transportkapazitäten

Die Preisabsprachen erfolgen

- zwischen IATA-Agenten und Luftverkehrsgesellschaft
- für regelmäßiges Aufkommen zu bestimmten Destinationen
- mit zeitlicher Befristung

6.7.2.7   Luftfrachtberechnung

6.7.2.7.1 Bruttogewicht

Bruttogewicht (tatsächliches Gewicht) aller Stücke wird addiert.

Die sich ergebende Summe auf das nächste halbe oder volle Kilogramm **auf**runden.

6.7.2.7.2 Volumengewicht

Ist das Volumengewicht einer Sendung größer als 6 dm³ je Kilogramm, so werden 6 dm³ als 1 Kilogramm gerechnet (Volumenkilogramm)

Ermittlung der Volumenkilogramm: $\dfrac{\text{Länge x Breite x Höhe in cm}}{6.000}$

6.7.2.7.3 Frachtpflichtiges Gewicht

Das für eine Sendung ermittelte **auf**gerundete Bruttogewicht wird dem errechneten Volumengewicht gegenübergestellt.

Das höhere Gewicht wird zum **frachtpflichtigen Gewicht**.

Diese Kalkulation ermöglicht die Kompensation kleinerer, gewichtsintensiver Stücke mit voluminösen Einheiten und kann daher zu Gewichtsausgleichen verwandt werden.

6.7.2.7.4 Higher Breakpoint Weight

Bei Anwendung der **Quantity-Rates** (Mengenraten) kann durch ein kalkulatorisch erhöhtes frachtpflichtiges Gewicht eine günstigere Gesamtfracht erreicht werden.

Beispiel:

Tatsächliches Ladungsgewicht	284,3 kg
Aufgerundetes Bruttogewicht	284,5 kg
Volumengewicht	179,0 kg
Frachtpflichtiges Gewicht	**284,5 kg (Rate nach Q 100 = 4,10 €)**
Kalkulatorisch erhöhtes	
Frachtpflichtiges Gewicht	**300,0 kg (Rate nach Q 300 = 3,30 €)**

Alternativrechnung:

284,5 kg x 4,10 € = 1.166,45 €

300,0 kg x 3,30 € =   **990,00 €**

Sind mehrere Tarife anwendbar, ist der niedrigere zu berechnen.

6.7.3 LNGV (Luftfracht-Nebengebühren-Verzeichnis)

– Der IATA-Frachtagent hat die Möglichkeit, für seine Leistungen Gebühren nach dem LNGV zu berechnen.

– hat keinen verbindlichen Rechtscharakter

– Tarif der Flug- und Luftfrachtumschlag-Gesellschaften für Abfertigungsleistungen (Spediteurentgelte) in Übereinstimmung mit den IATA-Richtlinien

6.7.4 CASS (Cargo Agency Settlement System)

IATA-Frachtabrechnungssystem zwischen den IATA-Frachtagenturen und den Luftverkehrsgesellschaften

Hauptaufgaben:

– Frachtabrechnung

– Bankfunktion

– Inkassofunktion

6.8 Luftfrachtvertrag (Werkvertrag)

- Konsensualvertrag (übereinstimmende Willenserklärung des Absenders und der Luftfrachtgesellschaft)
- keine Formvorschrift
- Luftfrachtbrief dokumentiert Abschluss und Inhalt des Luftfrachtvertrages
- Vertrag zu Gunsten eines Dritten → des Empfängers
- für Luftfrachtgesellschaft besteht keine Beförderungspflicht

6.8.1 Rechtliche Grundlagen

6.8.1.1 Gesetzliche

- Handelsgesetzbuch (HGB)
- Bürgerliches Gesetzbuch (BGB)
- Luftverkehrsgesetz (LVG)
- Montrealer Übereinkommen (MÜ) und das
- Montrealer Protokoll (MP) Nr. 4

Das MÜ und MP gilt für jede internationale Beförderung von Personen, Reisegepäck und Gütern durch Luftfahrzeuge gegen Entgelt, wenn das Abkommen von dem Staat oder der Staatengemeinschaft (EU) gezeichnet wurde.

6.8.1.2 Privat-rechtliche (Geschäftsbedingungen)

- IATA-Beförderungsbedingungen (Conditions of Carriage) – Empfehlungscharakter – vergleichbar den AGB, gelten, sofern Länder am Luftfrachtvertrag beteiligt, die das MÜ nicht gezeichnet haben
- Beförderungsbedingungen der Fluggesellschaften (Conditions of Contract) zwingend anzuwenden

  Auszug aus den IATA-„Conditions of Carriage" (Rückseite des Airway-Bill)

6.8.1.3 Anzuwendendes Recht

- national: HGB/LVG
- international: MÜ und MP (von Deutschland ratifiziert am 28. Mai 1999)

Beim Abschluss des Luftfrachtvertrages gibt es verschiedene rechtliche Konstellationen

- es gilt das Recht, das Import- und Exportland ratifiziert haben.
- haben Im- und Exportland unterschiedliche Abkommen ratifiziert, wird jeweils die für den Kunden haftungsrechtlich günstigere Norm zugrunde gelegt.
- Haben die Staaten beider Vertragspartner MÜ, MP oder WAK nicht ratifiziert, gilt
  - nationales Recht des Bestimmungsflughafens oder
  - AWB-Contract-Conditions

6.8.2 Beteiligte

6.8.2.1 Absender (Shipper/Consignor)

Pflichten
- Übergabe des Gutes in versandfertigem Zustand inkl. der erforderlichen Papiere
- Frachtzahlung, sofern vertraglich nicht anders geregelt

Recht zur nachträglichen Verfügung

6.8.2.2 Frachtführer (Carrier)

Pflichten
- pünktliche Durchführung des Transports
- Beachtung der Absenderanweisungen
- sachgemäße Behandlung und Verwahrung des Gutes
- Auslieferung an den legitimierten Empfänger (mit vorherigem Ankunftsavis)
- Ausführung der nachträglichen Verfügung

Rechte
- auf Fracht
- Ersatz der Aufwendungen
- konnexes Pfandrecht

    Gemäß den IATA-Bestimmungen gilt das Recht des Landes, in dem es ausgeübt werden soll.

Keine Beförderungspflicht
- der Luftfrachtführer unterliegt keiner Beförderungspflicht. Die MÜ betont ausdrücklich, dass der Carrier berechtigt ist, den Abschluss eines Beförderungsvertrages zu verweigern.

6.8.2.3 Empfänger (Consignee)

- am Luftfrachtvertrag nicht direkt beteiligt
- er ist Begünstigter aus dem Luftfrachtvertrag
- Anspruch auf Herausgabe der Güter und des Luftfrachtbriefes, unverzügliche Benachrichtigung erforderlich
- Schadenersatzanspruch, falls das Gut 7 Tage nach Ankunft nicht ausgeliefert wurde

6.8.3 Luftfrachtbrief (Air Waybill = AWB oder Air Consignment Note)

Ist nach dem Montrealer Übereinkommen (MÜ) nicht mehr zwingend vorgeschrieben. Statt dessen können elektronische Dokumentationsverfahren angewendet werden.

Wenn er jedoch angewendet wird, gilt folgendes:

Funktionen

- beweist Abschluss und Inhalt des Luftfrachtvertrages
- Empfangsbestätigung des Carriers
- kann als Frachtrechnung dienen
- wird als Gestellungsverzeichnis für den Zoll verwendet
- ist Versicherungsschein, wenn eine Transportversicherung mit dem Carrier abgeschlossen wurde
- Nachweis über das Verfügungsrecht des Absenders
- Auslieferungsbestätigung des Carriers am Zielort

Merkmale

- nur Transportbegleitpapier, kein Wertpapier wie das Konnossement (3 Originale/ 6 – 11 Kopien)
- kein Traditionspapier – jedoch akkreditivfähig (not negotiable)
- darf nur für Transporte von Einzelsendungen ausgestellt werden oder für die Beförderung von Sammelsendungen (auf Master B/L), sofern für jede Einzelsendung innerhalb der Sammelsendung ein eigenes House AWB (vom Spediteur) erstellt wird
- Sperrpapier
- kann nicht an Order gestellt werden

Verwendung der Originale:

		Unterschrift
Nr. 1 (grün)	Luftverkehrsgesellschaft (first carrier)	Absender
Nr. 2 (rot)	Empfänger (consignee) – begleitet das Gut –	Absender + Luftfrachtführer
Nr. 3 (blau)	Absender (shipper/ consignor) – Verfügungspapier –	Carrier

Verwendung der Kopien:

Nr. 4	Auslieferungsbestätigung
Nr. 5 – 8	verschiedene Frachtführer
Nr. 9	IATA-Agent

6.8.3.1 Arten des AWB

Grundform:
Universal Air Waybill

- **Air Waybills des Contracting Carriers** = Luftfrachtgesellschaft

- **House AWB** = wenn der Spediteur das AWB ausstellt

- **Master AWB** = Hauptluftfrachtbrief in der Sammelladung – es enthält die Nummern der House AWB`s für die Einzelsendungen

6.9 Haftung

6.9.1 Umfang

Haftungsprinzip: Gefährdungshaftung HGB und MÜ (**M**ontrealer **Ü**bereinkommen)

- auch für Erfüllungsgehilfen

- für Beschädigung und Verlust des Gutes von der Annahme bis zur Ablieferung an den Empfänger (Obhutshaftung)

- nach IATA-Bedingungen Erweiterung des Haftungsbereichs vertragsbedingt bis zum Stadtbüro

- für Verspätung – bei angemessener und zumutbarer Frist

- Sammelspediteur ist Frachtführer (MÜ)

- keine Haftung für Vermögensschäden – Ausnahme HGB und MÜ: Verspätungsschäden

- bei Vorsatz und leichtfertigem Handeln unbegrenzte Haftung

Bei angegebenem Lieferwert (Transportwert: „declared value for carriage") erhöhte Haftung bis zum Lieferwert

6.9.2 Haftungsausschlüsse

- Beschaffenheit des Gutes

- mangelhafte Verpackung

- Krieg oder bewaffnete Auseinandersetzungen

- hoheitliche Maßnahmen

- Fehler des Absenders

6.9.3 Haftung bei Beteiligung mehrerer Carrier

- der 1. Carrier gegenüber dem Absender

- der letzte Carrier gegenüber dem Empfänger

6.9.4 Haftungshöhe

National (Inlandsverkehr)

Güterschäden

- HGB 8,33 SZR je kg Rohgewicht
  Ggf. Korridorlösung (im Sinne AGB) von 2 – 40 SZR je kg Rohgewicht

- AGB Lufthansa-Cargo (MÜ)

Lieferfristüberschreitung

- max. dreifache Fracht

sonstige Vermögensschäden

- max. dreifacher Verlustersatz

Nachnahmefehler

- max. bis zur Höhe der Nachnahme

Internationale Transporte (von und nach Deutschland)

- Nach MÜ und MP 4 ist die Haftung auf eine „undurchbrechbare Haftungsgrenze"
  von **19 SZR** je kg Rohgewicht beschränkt.

- Warschauer Abkommen (WA) in alter und neuer Fassung (= „Haager Protokoll", HP)
  27,35 € je kg Rohgewicht

  und IATA max. 250 frz. Goldfranken* bzw. 20 $ je kg Rohgewicht
  ca. 27,35 € je kg Rohgewicht (fixiert)

Wie WA und HP räumt auch das Montrealer Übereinkommen dem Absender die
Haftungserweiterung durch Wertdeklaration ein.

(* Goldfranken sind eine konstruierte, nicht gehandelte Währungseinheit)

6.9.4.1 Wertdeklaration

Mit dem Eintrag des Warenwertes zuzüglich der Luftfrachtkosten in den Luftfrachtbrief verpflichtet sich der Carrier bis zur Höhe des angegebenen Wertes zu haften.

Wertzuschlag (valuation charge)

ist die Gebühr, die dafür zu entrichten ist. Sie beträgt 0,75 % des Wertes, der den jeweiligen
Höchsthaftungsbetrag übersteigt.

Beispielrechnung:

	xx,xx € (Lieferwert)
−	19 SZR x Kurs z. B. 1,20 € (Höchsthaftung)
=	Declared Value for Carriage
	darauf 0,75 % Wertzuschlag
=	Valuation Charge

6.9.4.2 Verspätungsschäden

Luftfrachtführer haftet nicht, wenn er nachweisen kann, dass ihn kein Verschulden trifft.

6.9.5   Reklamation

6.9.5.1 Fristen nach HGB

offene Mängel	sofort bei Ablieferung
verdeckte Mängel	unverzüglich nach Entdeckung, spätestens innerhalb von 7 Tagen nach Ablieferung
Lieferfristüberschreitung	innerhalb von 21 Tagen nach Zurverfügungstellung der Sendung

6.9.5.2 Fristen nach IATA/MÜ/WA

Unverzügliche Schadensanzeige, spätestens nach

7 Kalendertagen	bei Beschädigung oder Teilverlust [1]
14 Kalendertagen	bei Verspätungsschäden [2]
120 Kalendertagen	(nach Frachtbriefdatum) bei Totalverlust

Reklamationsfristen nach „Haager Protokoll":

[1] 14 Kalendertage   [2] 21 Kalendertage

6.9.5.3 Klageerhebung

Nur innerhalb von 2 Jahren nach Schadensereignis
nach HGB innerhalb 1 Jahres

6.10 Transportversicherung

– ist eine freiwillige und eigenständige Versicherung des Gutes während des Transportes

– kommt zu Stande durch schriftlichen Auftrag des Versenders und Eintragung der Versicherungssumme in die Spalte „amount of insurance" im AWB

– Bedingungen (Haftungsumfang und Prämie) sind vom Versicherungsträger des Carriers abhängig

– Prämien sind niedrig, weil das Schadensrisiko beim Lufttransport gering ist

– Im Schadensfall übernimmt die Versicherung aufgrund einer Abtretung die Rechte des Versenders aus dem Beförderungsvertrag und die gesamte Schadensabwicklung mit der Luftverkehrsgesellschaft.

6.11 Luftfracht-Chartervertrag

6.11.1 Arten

– Voll-Charter für bestimmten Flug (Reisecharter),
für bestimmte Zeitspanne (Zeitcharter)

Carrier ist verantwortlich, dass alle gesetzlichen Bestimmungen eingehalten werden
→ nach LVG

Risiko der Auslastung des Transportraums liegt beim Charterer

– Split-Charter (Teilcharter)

Nutzungskapazität eines Flugzeuges wird zwischen mehreren Interessenten aufgeteilt

(mindestens 500 kg pro Teilpartie als gesetzliche Auflage)

6.11.2 Grenzüberschreitender Charterverkehr

– gemäß zusätzlichem bilateralem Luftverkehrsabkommen

– sofern Chartervertrag mit einer IATA-Fluggesellschaft, dann IATA-Bedingungen
z. B. durch „Lufthansa Cargo AG"

Ergänzungsluftverkehr für Randgebiete und Marktnischen

– zu frei ausgehandelten Preisen

– keine Betriebspflicht

– hauptsächliches Einsatzgebiet: afrikanischer Kontinent und arabische Halbinsel

6.11.3 Ratenelemente und Ratenstruktur in der Teilcharter (keine Liniencharter)

- Kostengünstige Produktion durch Verzicht auf kostenträchtigen Service

- hohe Auslastung der Kapazität

- Volumenstrategie mit Kostendegressionseffekt über Senkung der Durchschnittskosten, Grenzkostenbetrachtung kann im Einzelfall zu Gunsten des Mengenaspekts vernachlässigt werden

- Informationstechnik als Marketinginstrument (innovativ)

6.12 IATA-Agent

Der Luftfrachtspediteur kann auf Antrag zum IATA-Cargo-Sales-Agenten ernannt werden (sog. IATA-Agenten). Diese vertreten die Interessen der Luftfahrtgesellschaften gegenüber der verladenden Wirtschaft.

6.12.1 Voraussetzungen

- eine mindestens sechsmonatige Tätigkeit im Luftfrachtgeschäft mit verschiedenen Carriern über unterschiedliche Flughäfen

- sach- und fachkundiges Personal

- wirtschaftliche Leistungsfähigkeit

- geeignete Räumlichkeiten

6.12.2 Aufgabenbereich

Vermittlung von Frachtaufträgen zwischen Absender und Carrier (Auswahl und Buchung) oder Abschluss im eigenen Namen auf eigene Rechnung

6.12.3 Einzelaufgaben

- Auswahl des Carriers

- Ausstellen des Luftfrachtbriefes und der Begleitpapiere

- Labeln der Packstücke

- Prüfen der Verpackung

- versandfertige Übergabe der Luftfrachtsendung an den Carrier

- Einzug der Frachten und sonstigen Kosten von den Absendern

- Abrechnung mit den Fluggesellschaften bis zum 30. des Folgemonats i. d. R. über CASS (Cargo Agency Settlement System)

Der IATA-Agent erhält für seine Tätigkeit eine Provision von den Carriern (Agenten-Kommission).

7 Lager

7.1 Wesen und Abgrenzung der gewerblichen Lagerei

– Verkehrsleistungen dienen der **Raumüberwindung**, Lagerleistungen der **Zeitüberwindung** zwischen Produktion und Absatz

– Gewerbliche Lagerei ist von verkehrsbedingter Vor-, Zwischen-, und Nachlagerung in Verbindung mit einem Speditions- oder Frachtvertrag zu unterscheiden (→ gesonderter Lagervertrag)

7.2 Funktionen der Lagerei

beschaffungsbedingte Lagerung	produktionsbedingte Lagerung	absatzbedingte Lagerung

7.3 Gründe für Einlagerungen:

– Überbrückung saisonaler Absatzschwankungen (Düngemittel, Brennstoffe u. Ä.)

– Ausnutzung günstiger Einkaufsmöglichkeiten (Sonderangebote, Mengenrabatte u. Ä.)

– wegen periodisch anfallenden Produktionen (z. B. Getreide)

– produktionsbedingte Zwischenlagerungen (Halbfabrikate)

– produktionsspezifische Lagerungen (z. B. Wein, Käse, Holz)

– Sicherung des Materialnachschubs (Sicherheitsläger: Öl)

7.4 Lagerarten

```
Lagerarten
│
├── Verwendungszweck ──┬── Dauerläger
│                      │
│                      ├── Verteilungsläger/
│                      │   Konsignationsläger
│                      │
│                      └── Umschlagsläger
│
├── Standort ──────────┬── landseitige Läger
│                      │
│                      └── wasserseitige Läger
│
├── Bauart ────────────┬── offene Läger
│                      │
│                      ├── geschlossene Läger
│                      │
│                      └── Spezialläger
│
└── Einrichtungstechnik ┬── mit Lagergestellen/
                        │   Hochregalläger
                        │
                        └── ohne Lagergestelle/
                            Flachläger
```

7.5 Rechtliche Grundlagen

– Nach deutschem Recht können Lagerverträge weitgehend frei gestaltet werden.

– gesetzliche Grundlagen finden sich im

- HGB §§ 467 – 475 – Lagervertrag
- BGB §§ 688 – 700 – Verwahrungsvertrag

– vertragliche Grundlagen in

- ADSp
- Rahmenverträge der Bundesanstalt für Landwirtschaft und Ernährung
- private Lagerbedingungen (z. B. Hamburger Lagerbedingungen)

7.6 Lagervertrag nach HGB/ADSp

7.6.1 Wesentliche Vertragspunkte

- Art und Beschaffung des Gutes
- die angelieferten Mengen in einem bestimmten Zeitraum
- die Dauer der Einlagerung
- die unterschiedlichen Bedingungen der Lagerfähigkeit, wie z. B. stapelbar, Gefahrgut lt. ADR etc.
- der Abschluss einer Lagerversicherung
- das Gewicht pro Palette bzw. Einlagerungsgut
- die Art der Verpackung (Holz, geschrumpft, IBC, Palette: Euro, Gitterbox ...)
- die Öffnungszeiten des Lagers
- die Behandlungvorschriften, wie z. B. Feuchtigkeit oder Wärme, sowie die Staplervorschriften, die die Stapeleigenschaften vorgeben
- die einzelnen Lagerräume

7.6.2 Pflichten des Lagerhalters

- Lagerung und Aufbewahrung (Warenfürsorge) des Gutes
- Kontrolle des einzulagernden und eingelagerten Gutes
- Benachrichtigung, wenn Veränderungen am Gut zu befürchten sind, **die den Verlust oder die Beschädigung des Gutes oder Schäden des Lagerhalters erwarten lassen** (HGB § 471)
- Erlaubnis zur Besichtigung des Gutes, zur Entnahme von Proben und Handlungen zur Erhaltung des Gutes durch den Einlagerer erteilen während der Geschäftsstunden
- Ist der Einlagerer Verbraucher,
  - ist der Lagerhalter verpflichtet, das Gut, soweit erforderlich, zu verpacken und zu kennzeichnen, den Verbraucher über Verwaltungsvorschriften und die Möglichkeit der Versicherung zu unterrichten
  - der Einlagerer lediglich verpflichtet, über die vom Gut ausgehenden Gefahren **allgemein** zu unterrichten – formlos (HGB § 468)
- **jederzeitige** Herausgabe des Gutes (HGB § 473); bei Lagervertrag auf unbestimmte Zeit beträgt die Kündigungsfrist 1 Monat

7.6.3 Rechte des Lagerhalters

- Anspruch auf Lagergeld (vereinbarte Vergütung) (HGB § 467)
- Anspruch auf Mitteilung/Auskunft über gefährliche Güter (HGB § 468)
- vertretbare Sachen mit anderen Sachen gleicher Art und Güte zu vermischen, wenn die beteiligten Einlagerer ausdrücklich einverstanden sind (Sammellagerung; HGB § 469)
- Erstattung von Aufwendungen (HGB § 474)
- **inkonnexes** Pfandrecht am Gut (HGB § 475b)
- Kündigung des Lagervertrages – beiderseitige Kündigungsfrist: 1 Monat

7.6.4 Abwicklung des Lagervertrages

7.6.4.1 Einlagerung

- Einlagerungsavis
- Lieferschein
- Einlieferungsanzeige (Lagerergänzungsanzeige) bei Konsignationslägern (Abrufläger)
- Positionierung
  - Festplatzsystem – feste Lagerplätze für bestimmte Güter
  - Freiplatzsystem – einzulagernde Ware wird auf irgendeinen freien Lagerplatz abgestellt
  - bei Verteillägern/Kommissionierlägern ist i.d.R. Lagerung nach ABC-Analyse vorteilhaft

7.6.4.2 Lagerung

- Anweisungen des Einlagerers beachten
- leicht verderbliche Waren – Fifo-Prinzip (first in, first out)
- Massengüter – Lifo-Prinzip (last in, first out)
- Klimabedingungen
- Stapelhöhe
- fortlaufende elektronische Lagerbestandsführung

7.6.4.3 Auslagerung

- Lieferschein – Abfolgeschein
- anweisungsberechtigt sind
  - der Einlagerer selbst
  - Beauftragte des Einlagerers
  - Kunden des Einlagerers

7.6.4.4 Cross-Docking

- verschiedene Hersteller liefern ihre Produkte an ein zentrales Lager (Cross-Docking-Terminal)
- die Waren werden sofort an die Empfänger/Filialen verteilt
- Kapitalbindungskosten werden reduziert

7.6.4.5 Abrechnung

- keine Tarifbindung
- Abrechnung nach Zeiteinheit und
  - Stückzahl
  - Gewicht (100 kg, t)
  - Fläche (qm)

7.6.5 Abweichende/ergänzende Regelungen der ADSp

- Lagerhalter kann Lagerort wählen
- Besichtigung der Lagerräume nur während der Geschäftszeit in Begleitung des Lagerhalters; für Schäden während der Besichtigung haftet der Einlagerer
- bei Inventurdifferenzen mit gleichzeitigen Fehl- und Mehrbeständen darf der Lagerhalter den Lagerbestand wertmäßig saldieren
- verkürzte Kündigungsfrist oder vorzeitige Kündigung des Lagervertrages bei Zahlungsrisiken

7.7 Dokumente des Lagergeschäftes

7.7.1 Übersicht

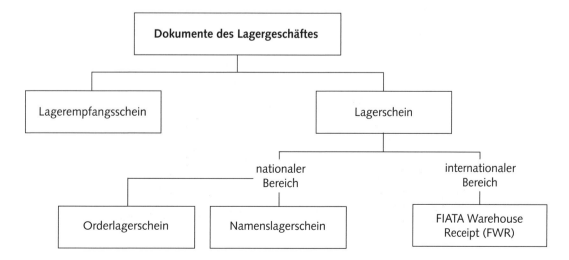

7.7.2 Lagerscheine

	Namenslagerschein	Orderlagerschein

Rechtsvorschriften	– HGB
	– Speditions-
	  Lagerhausbedingungen
		– HGB
		– Speditions-Lagerhaus-
		  bedingungen,
		  handelsfähiger Werttitel

Ausstellung	jeder Lagerhalter	jeder Lagerhalter
Übertragung der Rechte	durch Abtretungserklärung/Zession	durch Indossament

Herausgabeanspruch	* namentlich Genannter
	  (Schein/Zession)
	* auf momentanen Bestand;
	  Teilauslieferungen werden
	  verrechnet
		* namentlich Genannter oder
		  dessen Order
		* auf alle im Orderlagerschein
		  aufgeführten Güter

FIATA Warehouse Receipt (FWR)	* internationaler Lagerschein – standardisierte Geschäftsbedingungen * ist rechtlich dem Orderlagerschein vergleichbar – grundsätzlich nicht begebbar (negotiable) * wird von deutschen Lagerhaltern nur auf Verlangen ausländischer Einlagerer ausgestellt

7.8 Haftung

Abweichungen von den Haftungsbestimmungen des Lagerrechts sind nur in gleichem Umfang wie im Frachtrecht möglich.

	HGB	ADSp
Haftungsgrundsatz	**Verschuldenshaftung mit umgekehrter Beweislast** („es sei denn, dass der Schaden durch die Sorgfalt eines ordentlichen Kaufmanns nicht abgewendet werden konnte")	
Haftungszeitraum	Beginn: körperliche Übernahme des Lagergutes Ende: Rückgabe an den Empfangsberechtigten	
Haftungsumfang	Güterschäden	**Güter-, Güterfolge- und reine Vermögensschäden**
Haftungshöhe	**Güterschäden:** unbegrenzt **Vermögensschäden:** **keine** Haftung	**Güterschäden:** – 5,00 € je kg Rohgewicht (= VBGL) – max. 5.000 € je Schadensfall (VBGL = 25.000 €) – bei Lagerdifferenzen max. 25.000 € **andere als Güterschäden:** – max. 5.000 € **max. je Schadensereignis:** – 2 Mio. € **keine** Haftungsgrenzen bei Vorsatz oder grober Fahrlässigkeit
Rügefrist	äußerlich erkennbare Mängel oder Fehlmengen **sofort** (Tatbestandaufnahme); verdeckte Mängel unverzüglich nach Entdeckung, spätestens innerhalb von **7 Tagen**	
Haftungsausschlüsse	– unabwendbares Ereignis – Verschulden des Berechtigten – mangelhafte Verpackung	
Verjährung	– HGB: 1 Jahr 3 Jahre bei Vorsatz	
Pfandrecht	– inkonnexes	

7.9 Lagerversicherungen

7.9.1 HGB

Der Lagerhalter ist verpflichtet, das Gut auf Verlangen des Einlagerers zu versichern. Ist der Einlagerer ein Verbraucher, so hat ihn der Lagerhalter auf die Möglichkeit hinzuweisen, das Gut zu versichern.

7.9.2 ADSp

– Wegfall des Versicherungsautomatismus – Ziffer 29 ADSp – seit 01. Jan. 2003:

- lediglich **Haftungsversicherung** auf der Grundlage der sog. „DTV-Verkehrshaftungs-versicherungs-Bedingungen für Frachtführer, Spedition und Lagerhalter" (DTV-VHV 2003/2008)

- Ersatz der SpV-Schadenversicherung durch eine herkömmliche Transportversicherung – Lagerrisiken sind im Rahmen einer Transportversicherung nur noch eingeschränkt versicherbar

- im Rahmen einer Lagerversicherung sind i. d. R. nur Elementarschäden versichert:
  - Feuerversicherung
  - Leitungswasserversicherung
  - Einbruchdiebstahlversicherung
  - Sturmschädenversicherung

- das **Beschädigungs- und Verlustrisiko** wie bei einer Transportversicherung mit Allgefahrendeckung ist i. d. R. **nicht versichert**

– Der Spediteur besorgt die Versicherung des Gutes zu **marktüblichen Bedingungen** bei einem Versicherer seiner Wahl, wenn ihn der Auftraggeber vor Übergabe der Güter beauftragt, es sei denn er erhält vom Auftraggeber eine schriftliche Weisung mit **Versicherungssumme** und der **zu deckenden Gefahren.**

– Die Lagerversicherungsprämie ist vom Einlagerer zu entrichten; die Höhe richtet sich nach dem Wert des Gutes zum Zeitpunkt der Einlagerung und gilt für einen Monat und wird durch besondere Vereinbarung zwischen Versicherer und Spediteur bestimmt.

8 Außenwirtschaftliche Grundlagen

8.1 Rechtsgrundlagen und internationale Institutionen

8.1.1 Regelung außenwirtschaftlicher Belange

Regelung durch:

- AWG (Außenwirtschaftsgesetz)
- AWV (Außenwirtschaftsverordnung)
- AHStatGes (Gesetz über die Statistik des grenzüberschreitenden Warenverkehrs)
- ADS (Allgemeine Deutsche Seeversicherungsbedingungen)
- Haager Regeln, in Verbindung mit Visby-Regeln und Hamburger Regeln
- 5. Buch HGB „Seehandel"
- COTIF/CIM, CMR etc.
- Incoterms 2010

8.1.2 Wichtige Institutionen zur Förderung der Außenwirtschaft

- OECD (Organization for Economic Cooperation and Development)
- EWR (Europäischer Wirtschaftsraum) mit freiem Personen-, Dienstleistungs-, Waren-, Kapital und Zahlungsverkehr
  - EU (Europäische Union)
  - EFTA (European Free Trade Association)
- ICC (International Chamber of Commerce – IHK, Paris)
- Internationale Finanzierungsinstitute
  - IWF (Internationaler Währungsfonds)
  - Bank für internationalen Zahlungsausgleich
  - Weltbank
  - EWS (Europäisches Währungssystem)
- WTO (World Trade Organization) seit 1. Januar 95 (vorher GATT)
- UNCTAD (United Nations Conference for Trade and Development)

8.2 Formen des Außenhandels

Intrahandel → Versendung/Eingang
Handel innerhalb der EU

Extrahandel → Export/Import
Handel mit Drittländern

Transit
Durchfuhr

8.3 Spediteurdokumente

Spediteurdokumente mit besonderem Vertrauensbonus:

Fiata **FCR** (Forwarders Certificate of Receipt)

- Spediteurübernahmebescheinigung
- mit Sperrfunktion versehen, kein Traditionspapier
- mit „unwiderruflichem Auftrag"
- bezeichnete Sendung an genannten Empfänger zu überantworten
- Widerruf des Auftrags nur durch Rückgabe des Originals
- besonders sinnvoll, wenn Transportrisiko beim Käufer liegt, z. B. „EXW" zum Nachweis der Vertragserfüllung

Fiata **FCT** (Forwarders Certificate of Transport)

- Transportbescheinigung als Übernahmebestätigung und Verpflichtung, an den Besitzer eines ordnungsgemäß indossierten Papiers auszuliefern
- Verantwortung beim versendenden Spediteur
- handelbares Wertpapier, wenn indossiert
- sinnvoll, wenn Transportrisiko beim Verkäufer liegt

Fiata **FBL** (Fiata Combined Transport Bill of Lading)

- Spediteur als CTO/MTO verantwortlich
  - für die Güter
  - für die Transportabwicklung
- handelbares Wertpapier
- Haftung
  - mit 2 SZR (lt. Börsenhandel/Veröffentl durch die DVZ) je kg brutto (statt ADSp)
  - sofern von einem bestimmten Frachtführer oder Spediteur verschuldet, gilt entsprechendes Landesrecht

Fiata **FWR** (Fiata Warehouse Receipt)

- Standard-Dokument für Lagerung
- mit vergleichbar rechtlichem Standard wie Lagerscheine
- Herausgabeanspruch, Eigentumsübertragung und Legitimation durch genaue Formulierung festgelegt
- nur durch Vermerk „negotiable" begebbar

8.4 Zahlungs- und Lieferbedingungen

8.4.1 Zahlungsbedingungen

Kritische Momente des internationalen Handelsverkehrs

- Schuldner gehören verschiedenen Wirtschaftssystemen oder Wertsystemen an
  Mögliche Probleme: Zahlungsmoral, Handelsbrauch (Usus), behördliche Vorschriften
  → Ausfallrisiko der Forderung

- Entfernungen machen Lieferfristerfüllung vage

- Vertragspartner versuchen über wirtschaftliche Kraft eine Risikominimierung

Mögliche vertragliche Vereinbarungen:

- Vorauszahlung: im Allgemeinen durch Importbestimmungen verhindert
- Anzahlung bei Auftragserteilung
- Zahlung durch Akkreditiv (L/C = „Letter of credit")
- Dokumente gegen Kasse (Dokumenteninkasso, d/p = „documents against payment")
- Dokumente gegen Akzept (Dokumenteninkasso, d/a = „documents against accept")
- Kasse gegen Ware (Zahlung gegen Nachnahme, cod = „cash on delivery")
- offenes Ziel (nach Empfang der Ware) – Sicherung durch Ausfuhr-Kreditversicherung

→ obige Aufzählung berücksichtigt das fallende Interesse für den Verkäufer

Dokumenten-Inkasso (d/p) – (d/a)

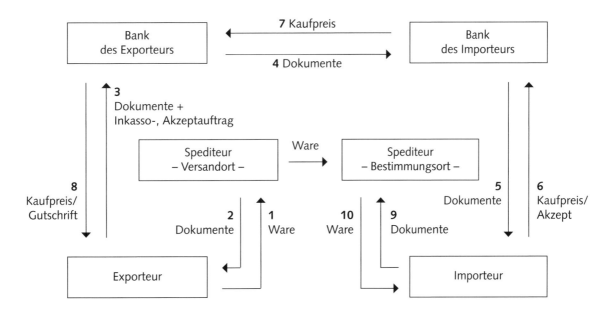

Banken übernehmen lediglich die technische Abwicklung

Dokumenten-Akkreditiv (L/C)

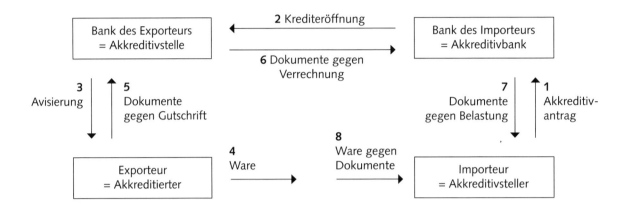

- widerruflich/unwiderruflich
- befristet/unbefristet
- bestätigt/unbestätigt
- revolvierendes Akkreditiv = wiederholte Akkreditivnutzung

Optimale Sicherung:

- unwiderruflich: feste Verpflichtung der Importeur-Bank
- bestätigt: Exporteur-Bank übernimmt zusätzlich eine Verpflichtung
- befristet: Dokumente müssen fristgerecht vorliegen
- reines Bordkonnossement: Auflage der Bank

8.4.2 Lieferbedingungen

Trade Terms (handelsübliche Vertragsklauseln)

- auf der Basis des Handelsbrauchs in unterschiedlichen Wirtschaftsräumen
- unterschiedliche Auslegungen von Risiko- und Kostenabgrenzungen möglich
- gelten, sofern keine besondere Vereinbarung

Incoterms (International Commercial Terms) von 1936/1990/2000/2010 (inkraft zum 01.01.2011)

- durch die ICC (International Chamber of Commerce) als Klauseln mit einheitlicher Auslegung veröffentlicht
- klare Abgrenzung von Gefahren- und Kostenübergängen zwischen Verkäufer und Käufer
  - sind Kosten- und Gefahrenübergang identisch → Einpunktklauseln
  - weichen Kosten- und Gefahrenübergang voneinander ab → Zweipunktklauseln
- müssten vereinbart werden

Incoterm-Codes 2000*

Code	Bedeutung	anzugebender Ort
EXW	ab Werk (engl.: EX Works)	Standort des Werks
FCA	Frei Frachtführer (engl.: Free CArrier)	Frei vereinbarter Frachtführer
FAS	frei längsseits Schiff (engl.: Free Alongside Ship), nur für Schiffstransporte	vereinbarter Verladehafen
FOB	frei an Bord (engl.: Free On Board), nur für Schiffstransporte	vereinbarter Verladehafen
CFR	Kosten und Fracht (engl.: Cost And Freight), nur für Schiffstransporte	vereinbarter Bestimmungs-hafen
CIF	Kosten, Versicherung und Fracht bis zum Bestim-mungshafen/Bestimmungsort (engl.: Cost Insurance Freight)	vereinbarter Bestimmungsha-fen/Bestimmungsort
CPT	Fracht, Porto bezahlt bis (engl.: Carriage Paid To)	vereinbarter Bestimmungsort
CIP	Fracht, Porto und Versicherung bezahlt bis (engl.: Carriage Insurance Paid)	vereinbarter Bestimmungsort
DAF	frei Grenze (engl.: Delivered At Frontier)	vereinbarter Lieferort an der Grenze
DES	frei ab Schiff (engl.: Delivered Ex Ship), nur für Schiffstransporte	vereinbarter Bestimmungs-hafen
DEQ	frei ab Kai (engl.: Delivered Ex Quay), nur für Schiffstransporte	vereinbarter Bestimmungsha-fen inkl. Entladung
DDU	frei unverzollt (engl.: Delivery Duty Unpaid)	vereinbarter Bestimmungsort im Einfuhrland
DDP	frei verzollt (engl.: Delivery Duty Paid)	vereinbarter Lieferort im Ein-fuhrland

Quelle: wikipedia.de

*Die revidierte Fassung Incoterms 2010 war zurzeit der Drucklegung dieses Werkes noch nicht verfügbar.

Zahlungspflichten des Verkäufers

	Verladung auf LKW	Export-Verzollung	Transport zum Exporthafen	Entladen des LKW im Exporthafen	Ladegebühren im Exporthafen	Transport zum Importhafen	Entladegebühren im Importhafen	Verladen auf LKW im Importhafen	Transport zum Zielort	Versicherung	Einfuhr-Verzollung	Einfuhr-Versteuerung
EXW	✗ Nein	✗ Nein	✗ Nein	✗ Nein	✗ Nein	✗ Nein	✗ Nein	✗ Nein	✗ Nein	✗ Nein	✗ Nein	✗ Nein
FCA	✓ Ja	✓ Ja	✓ Ja	✗ Nein	✗ Nein	✗ Nein	✗ Nein	✗ Nein	✗ Nein	✗ Nein	✗ Nein	✗ Nein
FAS	✓ Ja	✓ Ja	✓ Ja	✓ Ja	✗ Nein	✗ Nein	✗ Nein	✗ Nein	✗ Nein	✗ Nein	✗ Nein	✗ Nein
FOB	✓ Ja	✓ Ja	✓ Ja	✓ Ja	✓ Ja	✗ Nein	✗ Nein	✗ Nein	✗ Nein	✗ Nein	✗ Nein	✗ Nein
CFR	✓ Ja	✓ Ja	✓ Ja	✓ Ja	✓ Ja	✓ Ja	✗ Nein	✗ Nein	✗ Nein	✗ Nein	✗ Nein	✗ Nein
CIF	✓ Ja	✓ Ja	✓ Ja	✓ Ja	✓ Ja	✓ Ja	✗ Nein	✗ Nein	✗ Nein	✓ Ja	✗ Nein	✗ Nein
CPT	✓ Ja	✓ Ja	✓ Ja	✓ Ja	✓ Ja	✓ Ja	✓ Ja	✓ Ja	✓ Ja	✗ Nein	✗ Nein	✗ Nein
CIP	✓ Ja	✓ Ja	✓ Ja	✓ Ja	✓ Ja	✓ Ja	✓ Ja	✓ Ja	✓ Ja	✓ Ja	✗ Nein	✗ Nein
DAF	✓ Ja	✓ Ja	✓ Ja	✓ Ja	✓ Ja	✓ Ja	✓ Ja	✗ Nein	✗ Nein	✗ Nein	✗ Nein	✗ Nein
DES	✓ Ja	✓ Ja	✓ Ja	✓ Ja	✓ Ja	✓ Ja	✗ Nein	✗ Nein	✗ Nein	✗ Nein	✗ Nein	✗ Nein
DEQ	✓ Ja	✓ Ja	✓ Ja	✓ Ja	✓ Ja	✓ Ja	✓ Ja	✗ Nein	✗ Nein	✗ Nein	✗ Nein	✗ Nein
DDU	✓ Ja	✓ Ja	✓ Ja	✓ Ja	✓ Ja	✓ Ja	✓ Ja	✓ Ja	✓ Ja	✗ Nein	✗ Nein	✗ Nein
DDP	✓ Ja	✓ Ja	✓ Ja	✓ Ja	✓ Ja	✓ Ja	✓ Ja	✓ Ja	✓ Ja	✗ Nein	✓ Ja	✓ Ja

Für **jede** Transportart einschließlich multimodalen Verkehr geeignet:

FCA / CPT / CIP

– Übergabe zur Beförderung wird **nicht** mit Verladung an Bord gleichgesetzt

– im **seewärtigen** Containertransport können so die Pflichten aus Beförderungs- und Kaufvertrag „synchronisiert" werden

  • „Reling Verschiffungshafen" als Kosten- und Gefahrenübergang (z. B. „FOB", „CIF") ungeeignet, wenn der Verkäufer die Ware an eine Frachtannahmestelle vor Ankunft des Schiffes zu liefern hat,

    – denn er müsste Kosten und Gefahr zu einer Zeit tragen, in der

    → die Ware nicht mehr seiner Kontrolle unterliegt

    → er kein Weisungsrecht mehr hat

– sie ermöglichen lt. ICC-Definition

  • die Forderung eines begebbaren Dokuments

  • oder als Ersatz über elektronische Datenkommunikation (EDI = electronic data interchange) eine entsprechend vereinbarte Mitteilung (EDI message) als Sea-Waybill/Data-freight-receipt (ein im Löschhafen erstelltes Legitimationspapier für den Empfänger)

8.5 Außenhandel und Zoll

8.5.1 Das deutsche Zollwesen

Älteste Formen des Zolls:

- Hafenzoll

- Brückenzoll

- Straßenzoll

- Marktzoll
  etc.

Diese Abgaben entsprachen königlichem Recht:
→ „Regale" (lat. iura regalia = königliche Rechte)
Diese Rechte gingen später auf die erstarkten Landesfürsten über.

Nach dem 30-jährigen Krieg
- Akzentverlagerung vom Finanzzoll zum Schutzzoll → Merkantilismus

Ende des Heiligen Römischen Reiches deutscher Nation 1806
- belebte mit dem Liberalismus den freien Warenaustausch

1834 „Deutscher Zollverein" führt zur wirtschaftlichen Einigung Deutschlands

1871 durch die Reichsgründung einheitliche deutsche Zoll- und Handelsgebiete

1919 mit der Weimarer Verfassung
    → Reichsabgabenordnung (RAO) → bis 1977 gültig (1962 Allg. Zollordnung „AZO")

Dann Abgabenordnung (AO) → Steuergrundgesetz

8.5.2 Das europäische Zollrecht

EWG-Vertrag vom 25. März 1957
- aktive Bestrebungen um eine europäische Wirtschaftseinheit

- einheitliche Europäische Akte vom 28. Februar 1986
  neues Bewußtsein eines europäischen Einigungswerkes

27 Mitgliedstaaten der EU (Stand 2010):

1957: Deutschland, Belgien, Frankreich, Italien, Luxemburg, Niederlande
1973: Dänemark, Großbritannien, Irland
1981: Griechenland
1986: Spanien, Portugal
1995: Finnland, Österreich, Schweden
2004: Estland, Lettland, Litauen, Polen, Tschechien, Slowakei, Ungarn,
        Slowenien, Malta, Zypern
2007: Bulgarien, Rumänien

Ziel (gemeinsamer Binnenmarkt):

– Raum ohne Grenzen: mit freiem Personen-, Dienstleistungs-, Waren-, Kapital- und Zahlungsverkehr

– Annäherung der Wirtschaftspolitik

– harmonisierte Entwicklung des Wirtschaftslebens

– Schaffung eines unmittelbar geltenden europäischen Zollrechts

  • gemeinsamer Zolltarif außerhalb der EU-Staatsgrenze

  • Basis: „Harmonisiertes System" in Deutschland seit 1. Januar 1988 umgesetzt

EU-Vorschlag für den „Zollkodex"

– seit 1. Januar 1994 in Kraft für den Verkehr mit Drittländern

– einheitliches Recht für die Mitgliedstaaten

  • EU-Recht bricht nationales Recht

EWR = Europäischer Wirtschaftsraum: bestehend aus den EU-Mitglieds- und den EFTA-Staaten
mit freiem Verkehr für Waren, Personen, Kapital, Dienstleistungen

8.5.3   Die deutsche Zollverwaltung

8.5.3.1 Rechtsstruktur

- internationales Recht (WTO, HS)
- europäisches Recht (Zollkodex)
- nationales Recht (AWG, AWV, AO, ZVG, AHStG.)

8.5.3.2 Organisation

Oberste Bundesbehörde:
Bundesministerium der Finanzen

Genehmigungsbehörden:

- Bundesamt für Wirtschaft und Ausfuhrkontrollen (BAFA)
- Bundesanstalt für Landwirtschaft und Ernährung (BLE)

8.5.3.3 Aufgaben im Sinne von AWG, AWV, DGebrZT

- mit **Schutz**funktion
  - Schutz der Bevölkerung vor Kriminalität
  - Schutz der Umwelt (Bedrohte Tiere, Pflanzen ...)
  - Schutz der Wirtschaft
  - Überwachung der Hohen See
  - Schutz der internationalen Sicherheit (Embargo)

- mit **Finanz**funktion
  - lückenlose Überwachung des Warenverkehrs auf Verbote und Beschränkungen
  - Hilfe beim Erstellen der Außenhandelsstatistiken
  - Erheben von Eingangsabgaben
    - Verbrauchssteuer
    - EUSt
    - Zoll (EU-Einnahmen)

8.5.4   Das EU-Zollgebiet

Zollgebiet der EU

> gemäß „Zollkodex", Art 3
> ist für die Mitglieder die Zollgrenze
> der EU maßgeblich

26 Mitgliedstaaten: das Gebiet des Königreichs Belgien, das Gebiet des Königreichs Dänemark, Griechenland, Spanien, Franz. Republik, Irland, Ital. Republik, Luxemburg, Niederlande, Österreich, Port. Republik, Republik Finnland, Schweden, Großbritannien, Tschechische Republik, Estland, Lettland, Litauen, Polen, Slowakische Republik, Slowenien, Ungarn, Malta, Zypern, Bulgarien, Rumänien

und

Bundesrepublik Deutschland als Hoheitsgebiet

außer Gebiet von **Büsingen** (lt. dt.-schweiz. Vertrag)

sowie von der Bundesrepublik legitim zu **„Freizonen"** erklärte Gebiete
(gehören zum EU-Zollgebiet, sind jedoch zoll- und umsatzsteuerrechtliches Ausland):

- **Freihäfen** (vom Zollgebiet aus See- und Binnenhäfen ausgeschlossene Gebiete)
  → d. h. in ihnen befindliche Güter unterliegen nicht dem Zoll-Steuerrecht:
  - Bremerhaven
  - Cuxhaven
  - Deggendorf
  - Duisburg
  - Emden
  - Hamburg
  - Kiel

- **Insel Helgoland**

- Gewässer und Watten zwischen der Hoheitsgrenze und der Zollgrenze
  (= **Ebbestrandlinie**) der Küste

- deutsche **Schiffe und Luftfahrzeuge** in Gebieten, die zu keinem Zollgebiet gehören

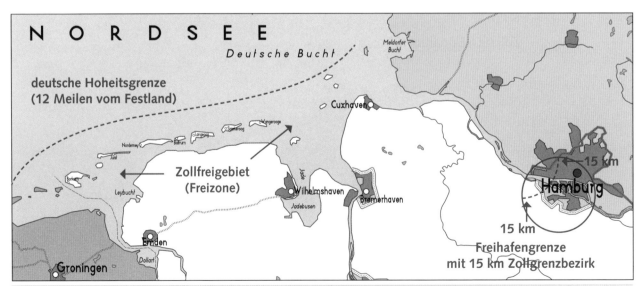

8.5.5 Grundbegriffe des Zollrechts

Freizonen:
(ehemalige Zollfreigebiete)
→ hier gelten die zollrechtlichen Vorschriften nicht, der internationale Warenaustausch
   soll so wenig wie möglich behindert werden

Grenznaher Raum:
→ bis 30 km für Zoll- und Schleierfahndung

Zollgrenzbezirk:
15 km-Zone landeinwärts zur weiteren Sicherung der Zollgrenze (grenzmäßige Kontrollen
jederzeit möglich) bei tatsächlichen Anhaltspunkten von Vorschriftswidrigkeit

Nichtgemeinschaftsware:
In das Zollgebiet eingeführte Waren, die sich noch im Zollverkehr befinden

Gemeinschaftsware:
Waren, die über die Zollstraße in das Zollinland abgefertigt worden sind

Zollstraße:
Vorgeschriebene Übergänge für Ein- und Ausfuhr laut Bundesanzeiger:
Straße, Wasser, Luft

Gestellungszwang:
Nichtgemeinschaftsgut muss gestellt werden
- unverzüglich (ohne schuldhafte Verzögerung)
- unverändert (Nämlichkeit erhalten)
- der zuständigen Zollstelle
- vom Gestellungspflichtigen
  Er wird durch Anmeldung zum Zollschuldner (Hauptverpflichteten).

Ausfuhrzollstelle:
Zollstelle des Versandortes (Abgangszollstelle)

Durchgangszollstelle:
- **Ausgangs**zollstelle der EU zum Drittland im gemeinschaftlichen Versandverfahren
- **Eingangs**zollstelle aus dem Drittland in die EU im gemeinschaftlichen Versandverfahren

Zollunion (z. B. EU):
- einheitliche Richtlinien für alle Mitgliedstaaten
- gemeinsamer Außenzoll mit gleichen Sätzen

Freihandelszone:
- zwischen den Mitgliedstaaten i. d. R. für gewerbliche Waren keine Zölle
- gegenüber Drittländern
  - nationale Zolltarife
  - nationale Abkommen
  - z. B. EFTA (Island, Norwegen, Schweiz, Liechtenstein)

8.5.6   Umsatzsteuer-Recht und EU-Binnenhandel

8.5.6.1 Umsatzsteuer-Recht

- Ausfuhr-Leistungen sind umsatzsteuerfrei!

- Einfuhr-/Eingangs-„Leistungen" und „sonstige Leistungen"

Einfuhr / Eingang

(Einfuhr/Import)   (Eingang)

aus **Drittländern**	aus dem übrigen **Gemeinschaftsgebiet**
- umsatzsteuerpflichtig	- nicht die deutsche Grenze schafft den Steuertatbestand (Steuerpflicht), sondern „Das-in-den-Verkehr-Bringen"
- Besteuerung erfolgt bei der jeweiligen Zollabfertigung mit der jeweiligen nationalen „USt" = „EUSt"	- Beschaffungen in anderen EU-Mitgliedstaaten sind als innergemeinschaftlicher Erwerb umsatzsteuerpflichtig
- „Freizonen" sowie „Zollausschlüsse" Büsingen und Helgoland sind umsatzsteuerrechtlich im Sinne der EU **Ausland**	- Diese Erwerbssteuer (USt) entsteht mit Ausstellung der Rechnung
	- verbrauchssteuerpflichtige Waren unterliegen stets der Besteuerung im Bestimmungsland (gemäß EU-Verordnung: Tabakwaren, Mineralöl, Alkohol)
	- Auskunftspflichtiger ist der Erwerber, der Abnehmer des Gegenstandes der Lieferung
	- innergemeinschaftlicher Erwerb

„Leistungen"
im Sinne des USt-Rechtes
Warenlieferungen lt. Kaufvertrag

„sonstige Leistungen"
z. B. im gewerblichen Güterverkehr
Beförderungsleistungen lt.
Dienst-, Sped.-/Werkvertrag

es entscheidet der **„Ort der Leistung"** über den Tatbestand der zu erfüllenden Steuerpflicht
1.) Abgabe von monatlichen USt.-Voranmeldungen bis 10. Tag des folgenden Kalendermonats,
2.) jährliche USt.-Erklärung für innergemeinschaftlichen Erwerb

jeder vorsteuerabzugsberechtigte Unternehmer (Spediteur/Frachtführer) erhält eine

- Umsatzsteuer-Identifikationsnummer (USt-Id-Nr.)

- wird damit in einem bestimmten Land umsatzsteuerpflichtig

- innergemeinschaftliche Güterbeförderungen sind grundsätzlich (zumindest noch) nach dem „Abgangsortprinzip" zu besteuern. **„Abgangsort"** = Ort, an dem die Beförderung der Güter **tatsächlich** beginnt oder gemäß Id.-Nr. des Leistungsempfängers (Erwerbers) beginnt = **„fiktiver Abgangsort"**

Steuertatbestand

Leistungsempfänger hat **keine** Id.-Nr.	Leistungsempfänger **hat** in einem anderen EU-Land eine Id.-Nr.
→ „Ort der Leistung/sonstigen Leistung" ist der tatsächliche Abgangsort: Steuerrecht/Steuersatz des Abgangslandes gelten	→ „Ort der Leistung/sonstige Leistung" ist der Empfangsort: Es gelten Steuerrecht/Steuersatz des USt-Id.-Nr.-Landes → USt-Id.-Nr. des Leistungsempfängers kann den „Abgangsort" fiktiv verschieben

Erfassung und Deklaration der Umsatzsteuer

Seit dem 01.01.2010 ist der **Leistungsempfänger** grundsätzlich über seine Umsatzsteuer-Identifikationsnummer (USt-IdNr.) Steuerschuldner

Gemeldet werden müssen

– sowohl innergemeinschaftliche Lieferungen

– als auch innergemeinschaftliche Dienstleistungen

als **zusammenfassende Meldung** in elektronischer Form

– bis zum Betrag von 50.000,00 € vierteljährlich

– ansonsten monatlich

an das Bundeszentralamt für Steuern, Saarlouis

Die Unterscheidung von **Abzugsverfahren** und **Nullregelung** entfällt.

8.5.6.2 EU-Binnenhandel

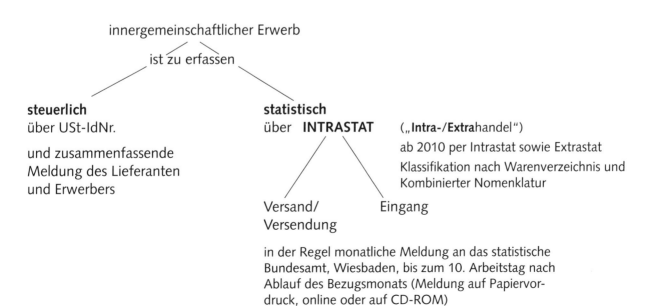

innergemeinschaftlicher Erwerb

ist zu erfassen

steuerlich
über USt-IdNr.

und zusammenfassende Meldung des Lieferanten und Erwerbers

statistisch
über **INTRASTAT** („**Intra-/Extra**handel")

ab 2010 per Intrastat sowie Extrastat
Klassifikation nach Warenverzeichnis und Kombinierter Nomenklatur

Versand/
Versendung   Eingang

in der Regel monatliche Meldung an das statistische Bundesamt, Wiesbaden, bis zum 10. Arbeitstag nach Ablauf des Bezugsmonats (Meldung auf Papiervordruck, online oder auf CD-ROM)

8.5.7 Voraussetzungen und Abwicklung des Zollverkehrs

Zollverfahren gemäß Zollkodex und Zollkodex-Verordnung (ZKDVO) ab 01. Juli 2009 per ATLAS – elektronisch

8.5.7.1 Harmonisiertes System

Das „Harmonisierte System" (HS) wurde mit Wirkung vom 01.01.07 auch von der Europäischen Kommission in der Kombinierten Nomenklatur (KN) umgesetzt , d.h. HS mit 6-stelligem Code als Basis der 8-stelligen EU-Warennummern, und zwar als Gegenüberstellung (2002 – 2007) der alten u. neuen Warennummern im Warenverzeichnis auf der Internetseite der Weltzollorganisation.

Daraus folgten **2 Auskunftsysteme** im Internet:

- der Tarif der Europäischen Union
  (**TARIC** = Tarif Intégré des Communautés Européennes)

- der Elektronische Zolltarif (**EZT-online**)
  Er enthält die Daten des TARIC ergänzt durch nationale Daten
  (z. B. EUSt und Verbrauchssteuer).

  - Einfuhr-Warennummern   bis 11-stelligem Code
  - Ausfuhr-Warennummern   bis 8-stelligem Code

8.5.7.2 ATLAS

Das „Automatisierte Tarif- und lokale Zollabwicklungssystem" (= ATLAS) ist ein internes Informatikverfahren der deutschen Zollverwaltung mit vielen Subsystemen.

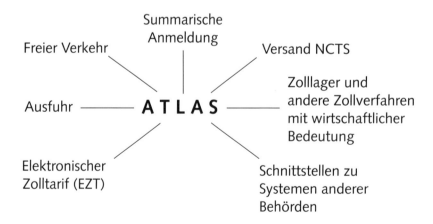

Damit wird auch den lange geforderten Vereinfachungen in der Abwicklung entsprochen durch „Integrated Logistic Provider". Durch Verbindung einer Transportkette auf dem Informationssektor konkretisiert sich fortschrittliche Logistik: EDIFACT (mit internationalen Standardnachrichten in Weltnorm, nicht auf zollspezifische Vorgänge beschränkt) bedeutet eine optimale Nutzung der EDV per „Electronic Data Interchange".

8.5.7.3 Neue Sicherheitsstufen zu IT-Abwicklung

– Unternehmen können sich als **„Zugelassene Wirtschaftsbeteiligte" (ZWB)** registrieren lassen, wenn sie mit weiteren Erleichterungen an vereinfachten Verfahren im Zollverkehr teilnehmen wollen; dabei handelt es sich nicht um eine Grundvoraussetzung.

– ZWBs oder auch auf engl. **AEO (= Authorised Economic Operator)** erhalten Erleichterungen bei der Vorab-Anmeldung, da sie dann sicherheitsrelevante Anforderungen erfüllt haben, wie sie insbesondere im Warenverkehr mit den USA gefordert werden.

– Zollkodex sowie die Zollkodex-Durchführungsverordnung stellen Kernbestandteile der **europäischen Zollsicherheitsinitiative** dar.

– Für die internationale Lieferkette

  Hersteller – Exporteur – Forwarder – Lagerhaus – Zollagent – Carrier – Importeur

  soll es ein **gemeinsames Risikomanagement** geben, das dem internationalen Sicherheitsgedanken Rechnung trägt.

– Die spezifischen Daten sollen zwischen den Mitgliedstaaten und Wirtschaftsbeteiligten ausgetauscht werden, wobei Vorab-Informationen bei Ein- sowie Ausfuhren unabdingbar sind.

– Der Status des „Zugelassenen Wirtschaftsbeteiligten" wird in allen Mitgliedsstaaten anerkannt.

– Gemäß Art. 14a Abs. 1 sind **drei Arten von ZWB/AEO** zu unterscheiden:

  • für Vereinfachungen bei Zollverfahren (AEO „C")

  • für Sicherheit (AEO „S")

  • für eine Kombination der beiden Formen (AEO „F")

– Zielsetzung:

  • eine systematische Ermittlung von Risiken, die im Zusammenhang mit grenzüberschreitenden Warentransporten bestehen

  • die elektronischen Systeme und Verfahren sollen EU-weit vereinheitlicht werden

  • zwischen wirksamen Kontrollen und der Erleichterung des rechtmäßigen Handelns ist ein Gleichgewicht einzuhalten

Gegenüberstellung
neues EG-Recht – ZORA-Profil (Zentralstelle für Risikoanalyse Zoll)

Anforderungen nach der ZKDVO-Änderung:	Aufbau eines ZORA-Risikoprofils:
– Beschreibung des Risikos	– Risikobereich
– Risikofaktoren oder Risikoindikatoren	– Risikoparameter
– Art der zu ergreifenden Maßnahmen	– Sachverhalt
– Dauer der Anwendung dieser Maßnahmen	– Risikobewertung
– Unterrichtung der Kommission über Kontrollergebnisse	– Maßnahme
	– Rückmeldung
– Bewertung, mit welcher Wahrscheinlichkeit und welchen Folgen ein risikorelevantes Ereignis eintritt	– Geltungsdauer (in der monatlichen Mitteilung an die Kontrolleinheit/ATLAS)

Quelle: Harald Jung, OFD Neustadt, März 2007

8.5.8 Zoll-Abfertigung

8.5.8.1 Import/Eingang

8.5.8.1.1 Arten der Einfuhrabgaben

Zölle

- Steuern gemäß § 3 AO
- berechnet nach dem DGebrZT
- in Prozent vom Warenwert: Wertzoll
- nach Gewicht/Maß/Stück oder nach dem Wechselwert auf einer Höchst-/Mindestgrenze: Wert und Gewicht

Zollwert

- für gewerbliche Sendungen > 5.000,00 € per Zollwertanmeldung
- Ermittlung gemäß ZWVO (Zollwertanmeldung D.V.1) nach dem Transaktionswert der eingeführten Waren, i. d. R. gemäß Art. 3 = Rechnungspreis (tatsächlich gezahlt oder zu zahlen)

  → CIF-Wert
  ggf. korrigiert um

  Zuschläge (falls FOB-Wert)

  • Transportkosten „bis zum 1. Ort des Verbringens in das Zollgebiet der EU"

  • Versicherung, Prov. etc.

  Abschläge

  • Beförderungskosten nach Einfuhr

  • Montagekosten etc.

  → Rechnungspreis ist nur Basis, sofern keine wirtschaftliche Abhängigkeit zwischen Verkäufer und Käufer besteht.

Abschöpfungen

- Zölle gemäß DGebrZT für bestimmte landwirtschaftliche Produkte
- Ausgleich eines Preisgefälles
  Der Weltmarktpreis wird an den EU-Preis angeglichen, die Differenz (Gewinn) abgeschöpft.

Verbrauchssteuern

- auf bestimmte eingeführte Waren gemäß Steuergesetz und DGebrZT
- stets erwerbsbezogen, im Bestimmungsland zu erheben
- Arten der Verbrauchsgüter:

  • Tabakwaren
  • Branntweinprodukte } gemäß EU-Verordnung
  • Mineralöle

- → und besondere Verbrauchssteuern (national)
  Sekt, Kaffee

EUSt (Einfuhrumsatzsteuer)

- Verkehrssteuer, die von der Zollbehörde (im Sinne der USt) auf Importe erhoben wird
- Bemessungsgrundlagen:
  Alle Kosten der Ware bis zur EU-Grenze E CIF-Wert
+ Eingangsabgaben (Zoll, Abschöpfung)
+ Kosten für „sonstige Leistungen" (Vermittlung, Beförderung etc.) „bis zum ersten Bestimmungsort im Erhebungsgebiet"

8.5.8.1.2 Die Zollbehandlung

8.5.8.1.2.1 Internet-Zollanmeldung

- Sie ist der schnelle Klick zum Zoll per DFÜ im ATLAS (Automatisiertes Tarif- und lokales Zollabwicklungssystem)
  - als Online-Version, also mit direktem Zugriff auf täglich aktualisierte Daten des EZT (Elektronischer Zolltarif), der als Subsystem von ATLAS den DGebrZT (Deutscher Gebrauchszolltarif) ersetzt
  - Möglichkeit zur Erstellung einer Zollanmeldung zur Überführung der Ware
    - in den **zollrechtlich freien Verkehr**
    - in ein **Versandverfahren**
    - in das **Ausfuhrverfahren im Normalverfahren**
  - zusätzlich bietet „Internet-Statusauskunft" die Möglichkeit, über Benutzernamen und Passwort weitere Infos im Rahmen „Summarischer Anmeldung" zu erhalten.
  - Ablaufsystem

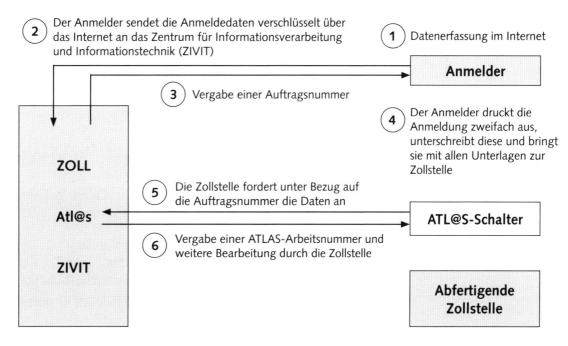

Quelle: www.zoll.de

- **Vorzeitige** Anmeldung bei Ein- und Ausfuhr

  Summarische Zollanmeldung (Sum A)
  - Erfassung von summarischen Anmeldungen insbesondere für die vorübergehende Verwahrung gestellter Waren zur Überwachung der Wiederausfuhr, Beschlagnahme etc.
  - auch vorzeitige Erfassung an Binnen- und Grenzzollstellen, allen See- und Flughafenzollstellen
  - „Zugelassene Empfänger" (ZE) können vor Beendigung eines Versandverfahrens eine „Sum A" über die Daten für den weiteren Verlauf anlegen (z.B. weitere Abfertigungen)
  - Bedingung: ZWB/AEO (Zugelassener Wirtschaftsbeteiligter)

  vorzeitige <u>Einfuhr</u>**anmeldung** (summarisch)
  - ab 01.07.2009 nur noch elektronisch
  - vorzeitig bei der Eingangszollstelle des Empfängers anmelden
  - **Fristen:**

Seeverkehr	– Container: 24 Std. vor Verladung im Abgangshafen
	– Massen-/Stückgut: 4 Std. vor Einlaufen im 1. Hafen der EU
	– Abgang aus Grönland, Färöer, Norwegen, Island, Ceuta, Melilla, Marokko, Ostsee-/Nordsee-/Schwarzmeer-/Mittelmeerhäfen: 2 Std. vor Einlaufen
Luftverkehr	– Kurzstrecken: spätestens beim Abflug
	– Langstrecken: mind. 4 Std. vor Ankunft
Eisenbahn	– 2 Std. vor Ankunft
Straße	– 1 Std. vor Ankunft
Anmeldungen auf Papier	– mind. 4 Std. vorher

  vorzeitige <u>Ausfuhr</u>**anmeldung** (summarisch)
  - **Fristen:**

Seeverkehr	– wie bei der Einfuhr
Luftverkehr	– 30 Min. vor dem Abflug
	– Sonderregelung für bestimmte Waren: Catering, Betriebsstoffe, Ersatzteile für Schiffe o. Flugzeuge: 15 Min.
Eisenbahn	– 2 Std. vor Abfahrt an der **Ausgangs**zollstelle Ausgangszollstelle im Eisenbahnverkehr ist die Zollstelle, in deren Bezirk die Waren an die Eisenbahngesellschaft übergeben werden
	– wenn die Zollstelle auch **Ausfuhr**zollstelle ist, ist dort die Vorlaufzeit einzuhalten
Straße	– 1 Std. vor Abfahrt an der **Ausgangs**zollstelle
Anmeldungen auf Papier	– mind. 4 Std. vorher

- **Einfuhrkontrollmeldung (EKM)**

    - insbesondere für Waren aus dem Ernährungsbereich (dient u.a. der Marktbeobachtung, Freigabe von Kautionen, Abrechnung mit dem Europäischen Ausrichtungs- und Garantiefonds sowie der Überwachung von Einfuhrquoten durch Bundesbehörden)

    - Notwendigkeit ergibt sich ggf. vorab durch die Einfuhrliste bzw. den Zolltarif TARIC

    - ATLAS-Teilnehmer sind von der Pflicht zur Vorlage einer EKM befreit, die erforderlichen Meldungen werden automatisiert von den Zollstellen an die zuständigen behörden weitergeleitet.

Zollanmeldung bedeutet

- Nichtgemeinschaftsgut zu einer bestimmten „Tarifstelle" des EZT – vorher DGebrZT – anzumelden

- über die Felder „1" und „37" ein bestimmtes Zollverfahren beantragen in der **TARIC 2-Datenbank**, dem Kern des EZT mit 11-stelliger Codenummer:

Warenbeschreibung über	1. – 6. Stelle
Statistik etc. der EU	7. – 8. Stelle
TARIC (Integrierter Zolltarif)	9. – 10. Stelle
nationale Zwecke	11. Stelle

    z.B.

    Feld $\boxed{1}$ $\boxed{*}$ $\boxed{+}$ $\boxed{T1}$

    - *   IM = Import (ohne EFTA) in EU
      oder EX = Export (ohne EFTA) aus EU
      oder EU = EU – EFTA
      oder INT = Versendung im Rahmen der Intrastat

    - + z. B. „4" = Abfertigung zum zoll- und steuerrechtlich freien Verkehr
      z. B. „T1" = Versandverfahren für „Nichtgemeinschaftsgut"

    Feld $\boxed{37}$ z. B. $\boxed{4}$ $\boxed{0}$ $\boxed{0}$ $\boxed{0}$ $\boxed{1}$

    → genaue Kennzeichnung des Vorganges „1" mit nationalem Code 5. Stelle

Vollzug der Anmeldung per IZA (Internetzollanmeldung)
(vgl. Schaubild zu 8.5.8.1.2.1)

- zuerst Kopfdaten in der Registerkarte „Internet-Zollanmeldung" ausfüllen, dann die Positionsdaten

- anschließend diese Daten senden

- der IZA-Server bestätigt die erfolgreiche Zwischenspeicherung durch Übermittlung der Auftragsnummer

- jetzt kann die Anmeldung zweifach ausgedruckt werden in der Reihenfolge:
  1. Kopfdaten, 2. Positionsdaten

– danach können Sie sich bei Ihrem Zollamt mit den von Ihnen unterschriebenen IZA sowie der Auftragsnummer identifizieren und die erforderlichen Unterlagen im Original (z.B. auch die D.V. 1 (= Zollwertanmeldung) vorlegen.

Arten der Zollabfertigung

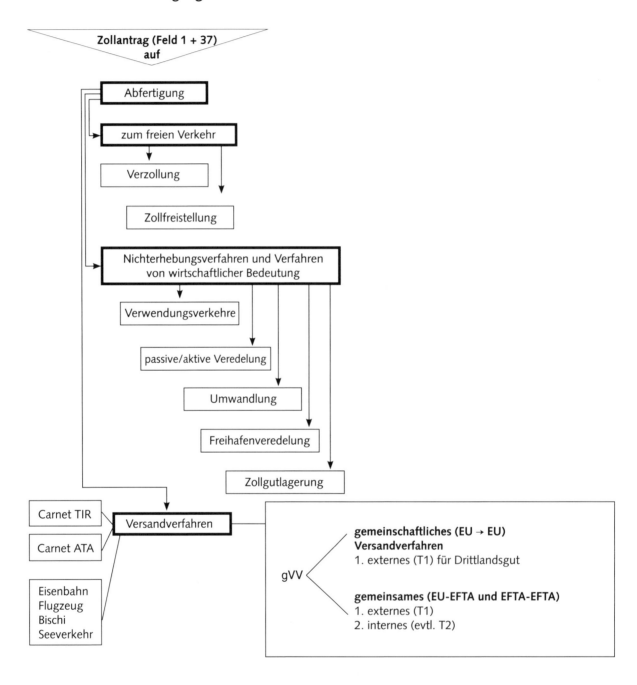

Zollverfahren „ATLAS"

(= Automatisiertes Tarif- und Lokales Zollabwicklungssystem)

– Teilnahmevoraussetzungen:

- Anmeldung bei der koordinierenden Stelle (KoST ATLAS)

- Zollnummer beantragen, Beteiligten-Identifikations-Nummer (BIN) als
  Unterschrift-Ersatz + Zollnummer für Stammdaten,
  (der Aufschubnehmerausweis gilt weiterhin für herkömmliche Verfahren)

- Hard- und Software

- Erklärung zur Kostenübernahme

- Aufschubbewilligung

- Name des Beauftragten übermitteln

  → **Einheitspapier** kann sodann direkt über www.internetzollanmeldung.de ausgefüllt
  und übermittelt werden.

– EDIFACT-Nachrichten u. Belege müssen 10 Jahre aufbewahrt werden

– sämtliche Dienststellen der deutschen Zollverwaltung sind mit den erforderlichen ATLAS-
  Fachverfahren ausgestattet. Die Daten werden zentral archiviert unter Einhaltung der
  Datenschutzrichtlinien sowie den zuständigen Bundesämtern zugeleitet

8.5.8.1.2.2 Abfertigung zum freien Verkehr

durch Verzollung

– Zoll hat Recht auf **Beschau**, evtl. Muster, Proben nehmen.

– Er vermerkt die Einfuhrabfertigung im Zoll**befund**.

– Er trägt ihn in die Zollanmeldung ein und erteilt den Zoll**bescheid**.

– Er weist den Zollbetrag als **Zollschuld** (bzw. Freistellung) aus, sie ist sofort fällig.

– Zollschuldner hat gegen Sicherheitsleistung (z. B. Bürgschaft beim HZA)
  die Möglichkeit zum Aufschub bis zum 16. des folgenden Monats.

- Einrichtung eines Aufschubnehmerkontos

- Ausstellen eines Ausweises mit Höchstbetrag

- fremde Zollschuld auch über Spediteur- Aufschubnehmerkonto
  im Anrechnungsverfahren ausgleichbar

- nach Kontobelastung bzw. Zahlung wird Nichtgemeinschaftsware zu Gemeinschaftsware

durch Zollfreistellung

– Tarifliche Zollfreiheit wird im Zollbefund beurkundet.

Unterlagen für die Einfuhrabfertigung

- Einheitspapier, Zollwertanmeldung (D.V.1)
- Handelsfaktura, Kaufvertrag, Frachtrechnung
- Präferenznachweis/Warenverkehrsbescheinigung
- EG (Einfuhrgenehmigung) für genehmigungspflichtige Einfuhr (bei Kontingenten etc.)
- EM (Einfuhrmeldung) für überwachungspflichtige Einfuhr (liberalisierte Einfuhr)
- EL (Einfuhrlizenz) für lizenzpflichtige Marktordnungswaren
- EKM (Einfuhrkontrollmeldung) für Staatshandelsländer
- Ursprungszeugnis oder Ursprungserklärung (EFTA)
- Veterinärzeugnis etc.
- Konsulatsfaktura (beglaubigt), Zollfaktura (nicht beglaubigt)

8.5.8.1.2.3 Nichterhebungsverfahren und Verfahren von wirtschaftlicher Bedeutung

Aktive Veredelung

z. B. Feld 1 | JM | 5 | |

Feld 37 | 5 | 1 | 0 | 0 | 4 |

51 = aktive Eigenveredelung

00 = ohne vorangegangene Verfahren

4 = nationaler Code = zollamtl. bewilligte aktive Lohnveredelung

- vorübergehende Einfuhr in die EU
- zum Zweck der Produktveredelung im Sinne von Bearbeitung, Verarbeitung oder Ausbesserung
- Grund: Absatzerleichterung auf dem Weltmarkt

Passive Veredelung

- vorübergehende Ausfuhr in ein Drittland
- zum Zweck der Produktveredelung
- bei Wiedereinfuhr wird ein Differenzzoll fällig
  Beispiel: kostengünstigere Fertigung auf Grund niedrigerer Löhne

Freihafenveredelung

- durch den Inhaber eines Freihafenbetriebes
- Veredelte Waren sind bei der Einfuhr zollfrei, sofern die verarbeiteten Produkte aus dem freien Verkehr der EU kommen
- Gemeinschaftsgut wurde im Freihafen („Freizone") veredelt

Umwandlung von Nichtgemeinschaftsgut

- in Produkte minderen Wertes: Reste, Abfall, Denaturierung etc.
- Voraussetzungen:
  - zollamtliche Überwachung
  - Abgabenhöhe wäre wirtschaftlich nicht gerechtfertigt
  - volkswirtschaftliches Interesse/Bedürfnis ist gegeben
  - z. B. Stoffballen in Warenmuster

Verwendungsverkehre

- auf Antrag zollfrei oder zollbegünstigt als Gemeinschaftsgut abgefertigt
- per „Erlaubnisschein" z. B. Diplomaten- und Konsulargut, Übersiedlungsgut, Heiratsgut, Untersuchungs- und Erprobungsgut

Zollgutlagerung

- ohne Erhebung von Eingangsabgaben für die Dauer der Lagerung
- mit Gestellung und (besonderer) Anmeldung
- Zoll**wert** bemessen im Zeitpunkt der **Ein**lagerung
- Zoll**satz** im Zeitpunkt der **Aus**lagerung
- von Eingangsabgaben freizuhalten (Transitfunktion)
  - bis ... auszuführen
  - oder in freien Verkehr zu überführen
  - oder anderen Bestimmungen zuzuführen
- es ist demzufolge sinnvoll, Ware in ein Zolllager zu überführen, wenn im Zeitpunkt der Einfuhr noch nicht feststeht, wie die **endgültige Bestimmung** lautet.

  Somit hat das Lager eine gewisse **Kreditfunktion** (da noch keine Einfuhrabgaben anfallen) sowie eine **Transitfunktion** (die Ware kann auch wiederausgeführt werden).

  Darum sind insgesamt 6 Lagertypen zu unterscheiden, nämlich die öffentlichen (A, B, F) sowie die privaten (C, D, E).

Zolllager

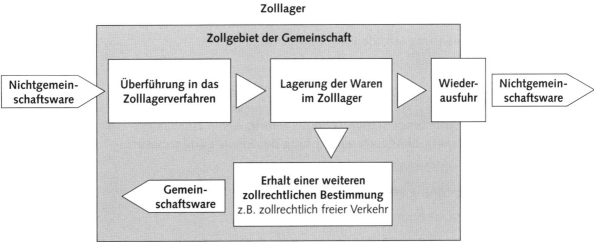

Quelle: www.zoll.de

Lagertypen

Voraussetzungen:

– Bewilligung durch Zollbehörde

– Nachweis eines wirtschaftlichen Bedürfnisses

Unterscheidung in:

Öffentliche Zolllager
können von jedermann zur Lagerung von Waren benutzt werden

Typ **A**
unter der Verantwortung des Lagerhalters (befugte Person); **nicht** verschlossen,
Ware für verschiedene Einlagerer

Typ **B**
unter der Verantwortung des Einlagerers (kann auch ein Spediteur sein), Verschlusslager

Typ **F**
unter der Verwaltung der Zollstelle, Verschlusslager

Private Zolllager

– Lagerung durch den Lagerhalter, der Einlagerer und Inhaber des Zolllagerverfahrens ist

Typ **C**

– unter Zollmitverschluss

– Lagerung von Waren durch den Einlagerer: Lagerhalter und Einlagerer
 sind diesselbe Person (kann auch ein Spediteur sein: nicht nur Eigentümer)

– im Regelfall **nicht** verschlossen

Typ **D**

– entspricht dem ehemaligen „OZL" (Offenen Zolllager), **nicht** verschlossen

– wie Typ C, jedoch mit zwingender Feststellung von

  • Menge

  • Zollwert

  • Beschaffenheit der Ware

– Sicherheitsleistung erforderlich

– besonders interessant für Spediteure

Typ **E**

– grenzüberschreitende **fiktive** Zollgutlagerung, keine zugelassene Lagerstätte
 (mobiles Lager), ohne Lagereinrichtung des Bewilligungsinhabers

– an beliebigen Orten lagerbar

– Sicherheitsleistung erforderlich

– Bestandsaufzeichnung

– Beförderung von Steuerlager zu Steuerlager in verschiedene EU-Mitgliedsstaaten
 per Einheitspapier Expl. 1 → 4 (neuer Vordruck)

8.5.8.1.2.4   Abfertigung zu einem Versandverfahren

8.5.8.1.2.4.1 gVV und gemVV

Das Gut bleibt ggf. Nichtgemeinschaftsware, also im „gebundenen Verkehr"

Gemeinschaftliches Versandverfahren (gVV)

auf „T1" (Versandabmeldung: „Einheitspapier" [1] | JM | x | T1 |)

- **Nicht**gemeinschaftsgut (Drittlandsgut) wird befördert
- EU-Staat → EU-Staat (externes gVV)

Gemeinsames Versandverfahren (gemVV)

auf „T1" (Versandabmeldung: „Einheitspapier" [1] | JM | x | T1 |)

- **Nicht**gemeinschaftsgut wird befördert
- EU-Staat → EFTA-Staat oder Visegradmitglied

auf „T2"/„T2L" (Versandabmeldung: „Einheitspapier" [1] | EU | x | T2L |)

- Gemeinschaftsgut wird befördert
- EU-Staat → EFTA-Staat oder Visegradmitglied

Der Hauptverpflichtete ist

- wer selbst oder durch bevollmächtigten Vertreter anmeldet = Abgabenschuldner
- verantwortlich im Sinne der Nämlichkeit (Nämlichkeitssicherung) sowie der Zollschuld (ggf. Sicherheitsleistung)
- → Abfertigung per Einheitspapier (fraktioniert) mit Exemplar 1, 4, (4), 5, 7; Exemplar 1 wird handschriftlich gezeichnet

Neue Verfahrensabsicherungen zur Risikominimierung

- ab 01.07.2009 sind gemäß Zollkodex-Durchführungsverordnung für alle Versandverfahren Pflicht:
  - **elektronische summarische Anmeldung** mit Vorab-Information (Prädeklaration) an die Zollbehörden für alle Waren, die in das oder aus dem Zollgebiet der Gemeinschaft verbracht werden.
  - das computerisierte Zollverfahren **NCTS** (= New computerized Transport System) dient zur Sicherung und Beschleunigung
    - Vorab-Info (eine Stunde vor Ein- bzw. Ausfahrt) der Daten elektronisch an die Bestimmungszollstelle
    - Vorab-Durchgangsanzeige an die angegebene Durchgangszollstelle
    - Grenzübergangsanzeige des Zolls
    - Eingangsbestätigung sofort an die Abgangszollstelle
    - Kontrollergebnis nach Warenprüfung an die Abgangszollstelle

- auf der Basis **praktischer Erfahrungen**:
  - der Spediteur lässt sich aus Sicherheitsgründen vom Frachtführer bzw. Fahrer eine **Verpflichtungserklärung** unterschreiben
  - der Spediteur lässt sich vor der Eröffnung des Versandverfahrens vom Empfänger bestätigen, dass er diese Sendung erwartet

Vereinfachungen im gVV

- Antrag für **Gesamtbürgschaft** mit „Referenzbetrag" (Höhe, Zeitraum fixiert) – evtl. in bestimmten Fällen von Leistung einer Sicherheit befreibar
- besondere Verschlüsse und Ladelisten
- kann von der strikten Einhaltung der Beförderungsstrecke für sensible Waren befreit werden
- für „ZV" und „ZE" ist **NCTS** zwingend

Vereinfachungsverfahren

- bedürfen der Zulassung durch das zuständige HZA

- vereinfachte Förmlichkeiten an der Abgangs(zoll)stelle durch den
  ZV (= Zugelassener Versender)

  Er darf selbst zum gVV abfertigen:
  - keine Gestellung der Ware
  - vorabgefertigte Versandscheine (oder Sonderstempel), VAB-Nr. wird selbst vergeben
  - Nämlichkeitssicherung durch „Mini-Break-Away-Seals"oder „Tyden-Seals"

- vereinfachte Förmlichkeiten an der Bestimmungs(zoll)stelle durch den
  ZE (= Zugelassener Empfänger)

  - Er darf selbst im gVV das eingetroffene Versandgut abfertigen
  - Plomben entfernen
  - Formular und Plombe i. d. R. wöchentlich an die Zollstelle übergeben
  - Wiedergestellungsfrist selbst prüfen, ebenso die Nämlichkeit der Ware
  - Gut muss bis zur Zollfreigabe gelagert werden (Verwahrungsfrist 20 Tage einzuhalten für Anschlussverfahren)

ZV (nach Abfertigung) → Exemplar 1 an **Abgangs**zollstelle →
ZE (nach Abfertigung) → Exemplar 4, 5, 7 an **Bestimmungs**zollstelle

---

Nämlichkeitssicherung

- im gVV grundsätzlich durch Raumverschluss bei vorliegendem Verschlussanerkenntnis (ZVA) oder Packstückverschluss
- unter bestimmten Voraussetzungen mögliche Sicherung durch: Beschreibung, Muster, buchmäßige Überwachung, zollamtliche Begleitung

Sicherheitsleistung

- beim Hauptzollamt (HZA) i. d. R. durch selbstschuldnerische Bürgschaft eines Dritten. Er muss als Steuerbürge im betreffenden Mitgliedstaat zugelassen sein.
- Arten der Bürgschaft

   Einzelbürgschaft
   Absicherung eines Einfuhrvorganges

   Gesamtbürgschaft
   Sie berechtigt den Hauptverpflichteten (sowie die Ermächtigten)

   - für max. 2 Jahre
   - im Rahmen einer fixierten Bürgschaftssumme
   - gleichzeitig oder nacheinander
   - mehrere gVV von jeder beliebigen Abgangszollstelle durchzuführen
   - seit 01.01.2001 wieder erlaubt bei Rindfleischprodukten, Bananen, Weizen, Roggen, Spirituosen, Zigaretten
      → jedoch auf Bürgerschaftsbescheinigung mit **neuem** Vordruck

   Pauschalbürgschaft

   Sie berechtigt durch den Bundesfinanzminister z. B. Berufsverbände der Verkehrsbetriebe (BGL = Bundesverband Güterverkehr und Logistik), Banken (DTB), Versicherungen (Hermes), Sicherheitstitel (im Einzelwert von 7.000 € je gVV) an Zollbeteiligte auszugeben → kaufbare Titel.

Versandverfahren

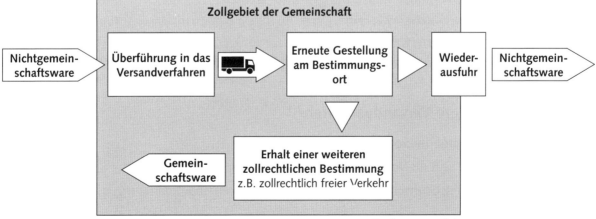

Quelle: www.zoll.de

Ein Versandverfahren bietet also die Möglichkeit, die Abfertigung von der Außengrenze in das Binnenland zu verlagern: u.a. eine Chance für den Empfänger, die Ware genauer begutachten zu können.

8.5.8.1.2.4.2 Carnet-TIR-Versandverfahren

Voraussetzungen

- Transport im Straßengüterverkehr (analog „TIF" im internat. Eisenbahngüterverkehr)
- Beförderung wird außerhalb der EU begonnen oder soll dort enden
- Beförderung von Waren, die in der EU oder im Drittland abgeladen werden sollen
- Beförderung läuft zwischen zwei innerhalb der EU liegenden Orten über das Gebiet eines Drittlandes
- im Kombinierten Verkehr nutzbar, wenn eine Teilstrecke Straßengüterverkehr ist
- endgültige Ein-/Ausfuhr, also über die EU hinaus
- für ZVA-gesicherte Fahrzeuge mit vorgeschriebener Kennzeichnung
- für den Transport von Nicht- und Gemeinschaftsgut, wobei keine warenbezogene Grenzabfertigung stattfindet
- Transport in max. zwei Bestimmungsländer und max. vier Abgangs- und Bestimmungszollstellen

Sicherheitsaspekt

- Der BGL (Bundesverband Güterkraftverkehr, Logistik und Entsorgung) sichert den Transport per Pauschalbürgschaft bis zu 60.000 € je Carnet TIR
- seit dem 01.01.2010 ist die elektronische Übermittlung der Daten des TIR-Verfahrens an eine Zollstelle im Zollgebiet der Gemeinschaft verpflichtend, und zwar im ATLAS-Versand/ deutsche NCTS-Anwendung
- seit 01.07.2009 gilt gemäß Weltzollorganisation (WCO) die Kodex-Durchführungsverordnung
- Vorab-Informationen bei Ein- und Ausfuhr: Daten müssen mittels Software elektronisch eine Stunde vorher über das NCTS gemeldet werden
- die Summarische Anmeldung (Prädeklaration) gilt für alle Versandverfahren mit Kennnummer, auch der CMR-Frachtbrief muss nummeriert sein
- unter „Safe TIR" sollen alle Beendigungsdaten des TIR-Verfahrens durch den Zoll an die bürgenden Verbände (z.B. BGL) gesendet werden
- über das Programm „Ask TIR" soll lt. IRU die Carnet-TIR-Ware auf dem Weg komplett begleitet und überwacht werden („Life Cycle"). Es enthält auch ein komplexes Modul für das Schadensfallmanagement. Das Programm wird seit Juli 2008 operativ angewandt.

8.5.8.1.2.4.3 Weitere Versandverfahren

Versandverfahren im Seeverkehr

- „Manifest" gilt als Versandanmeldung und Versandschein
- evtl. Gemeinschaftscharakter mit der Warenverkehrsbescheinigung, z. B. T2L nachweisen

Versandverfahren im Luftverkehr

- „Manifest" gilt als Anmeldung zum gVV
- Hauptverpflichteter ist die Luftverkehrsgesellschaft

Versandverfahren im Bahnverkehr

- CIM-Frachtbrief gilt als Zoll-Versandschein T1 (T1-Stempel) mit Eisenbahnübernahmebestätigung für den Zoll

- Zollanmeldung TIF (Zollinhaltserklärung) als Analogie zu TIR

- Hauptverpflichteter ist die Bahn (Sicherheitsleistungen für Absender entfällt)

- also Verzicht auf zollrechtliche Förmlichkeiten an der Grenze

- Aussetzung sonstiger internationaler Verfahren mit Carnets ATA oder TIR
  Bedingung: durchgehende Verwendung des CIM-Frachtbriefes als Zolldokument

Versandverfahren in der Binnenschifffahrt

Als Versandschein gilt das „Rheinmanifest", ohne Sicherheitsschutzleistung

8.5.8.2   Export/Ausfuhr

8.5.8.2.1 Allgemeine Bedingungen

- seit 1. Januar 1994 Handel zwischen EU-Mitgliedstaaten und Drittländern gemäß „Zollkodex"

  Handel im Binnenmarkt (EU) seit 1. Januar 1993 „innergemeinschaftlicher Warenverkehr" ohne Zollformalitäten

  → Extrastat (zum 01.01.2010 mit neuer elektronischer Grund- und Durchführungs- verordnung in ATLAS)

- Ausfuhranmeldung (durch Ausführer) für jede Ausfuhr über 800,00 € Warenwert per EP (Einheitspapier) Exemplar 1, 2, 3

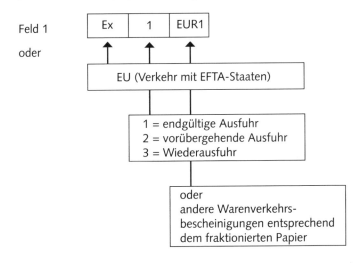

- grundsätzlich liberalisierte Ausfuhr, d. h. der Vorgang ist für die Außenhandelsstatistik nur zu erklären und anzumelden (AM = Ausfuhrmeldung)

- Ausnahme:

  Bestimmte Güter laut Ausfuhrliste zum DGebrZT/EZT, wie z. B. Rüstungsmaterial, kontingentierte Waren müssen genehmigt werden (AG)

- Die Präferenzberechtigung bzw. die Erbringung eines Nachweises über den Warenursprung (Ursprungszeugnis EU) ist zu prüfen. Für Vertragsstaaten der EU „Warenverkehrbescheinigung" (WB) erbringen

  - i. d. R. EUR 1
  - Im Verkehr mit EFTA reicht „Ursprungserklärung" (UE) auf der Rechnung

8.5.8.2.2 Verfahrensablauf

- Im Subsystem von ATLAS/EZT/TARIC ist das ATLAS-Modul **„Automatisiertes Export-System" (AES) seit 01.07.09** für alle Teilnehmer am IT-Verfahren **verbindlich** vorgeschrieben

- Zwei Verfahren der elektronischen Ausfuhranmeldung:

  - 2-stufiges Normalverfahren für Waren im Wert ab 3.001,- €
  - 1-stufige Vereinfachung für Waren zwischen 1.001,- € und 3.000,- € bei der **Ausgangs**zollstelle

- die Funktion des Exemplares 3 aus dem Einheitspapier wird übernommen vom **Ausfuhrbegleitdokument (ABD)**, das aufgebaut ist wie das Versandbegleitdokument (VBD) im Versandverfahren

  - mit 18-stelliger **Movement Reference Number (MRN)** sowie einem Barcode
  - das ABD muss vor Ausgang der Ware aus dem EU-Zollgebiet der vorher festgelegten **Ausgangs**zollstelle vorgelegt werden

- der Ausfuhrnachweis wird im 2-stufigen Normalverfahren von der **Ausfuhr**zollstelle im Binnenland erbracht, sofern der Ausgang der Ware über eine deutsche Zollstelle stattgefunden hat

- ein einheitlicher elektronischer Ausfuhrnachweis ist erst möglich, wenn alle 27 Mitgliedstaaten an das „Automated Export System" (AES) angeschlossen sind

- im **Anschreibeverfahren** des „Zugelassenen Ausführers" (ZA) ist zusätzlich eine Anschreibemitteilung an die Ausfuhrzollstelle erforderlich

  - der ZA muss für jede Ausfuhrsendung auf die Mitteilung der Registriernummer und des Ausfuhr-Begleitdokuments als PDF-Datei einige Minuten warten
  - der ZA benötigt für die Teilnahme am ATLAS-Ausfuhr-Verfahren eine zusätzliche Bewilligung vom HZA

- Vor dem Verbringen von Waren erhalten die europäischen Zollverwaltungen i.d.R. 2 bis 4 Stunden vorweg eine Vorabmeldung per elektronischer **Summarischer Anmeldung**

- vor der Ausfuhr wird stets eine **automatisierte Risikoanalyse (ECS)** = „Export Control System" vollzogen, ggf. wird eine **Beschau** angeordnet

technischer Ablauf

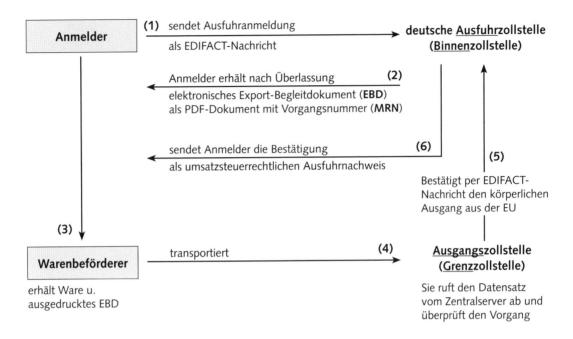

Vereinfachte Verfahren (analog Einfuhr)

Summarische Anmeldung (Sum A)

- als elektronische Vorabanmeldung seit 01.07.2009 für alle ATLAS-Teilnehmer unter den genannten Bedingungen verbindlich

Anschreibeverfahren (ASV)

- durch den „zugelassenen Ausführer" (analog „ZV" im Versandverfahren)

Ausfuhrkontrollmeldung (AKM)

- wenn ständig zahlreiche Sendungen abzufertigen sind
- Ausfuhr von Marktordnungswaren mit besonderen Überwachungsmaßnahmen i. S. des Marktordnungsrechts, wenn z. B. Erstattungsansprüche gegeben sind
- Überwachung wegen: Ausfuhrverboten, -beschränkungen, -genehmigungen i. S. der Ausfuhrliste/Warenliste
- nur wenn die deutsche Grenze zugleich EU-Grenze ist
- Abwicklung ausschließlich nach deutschem Recht

9

Kooperation der Verkehrsträger

9.1 Übersicht

9.1.1 Möglichkeiten zum Aufbau einer Transportkette/ eines „integrierten Verkehrssystems"

Transportkette

(technische und organisatorische Verknüpfung von Transportvorgängen:

Güter werden zu Ladeeinheiten zusammengefasst und ggf. unter
Wechsel der Verkehrsträger – Wasser, Straße, Schiene, Luft –
vom Lieferpunkt zum Empfangspunkt bewegt)

eingliedrig
– ungebrochener Verkehr (Direktverkehr)
– ohne Wechsel des Transportmittels

mehrgliedrig/-stufig
– gebrochener Verkehr
– kombinierter Verkehr
  (mit Wechsel des Transportmittels)

konventionell kombiniert
(mehr im Sinne einer Summierung
einzelner Funktionen)

kombinierter Verkehr im engeren Sinne
(ohne Wechsel des Transportgefäßes)

zukunftsorientierte Optimierung

intermodaler/multimodaler Verkehr
– totale, optimale Verknüpfung aller
  Verkehrsträger mit einem System-
  ansatz (mittels CTO/MTO) als „Cat"
  (= Computer aided Transport)

– ökonomisch und ökologisch orientiert

– TEN-Projekt (= Transeuropäische
  Verkehrsnetze der EU-Kommission)

– „Emolite" mit Standortoptimierung,
  Intermodal Terminals

– „Impulse" mit technischer
  Verbesserung von Terminals

– gemeinsame Gebührenerhebungs-
  und Preisbildungsgrundsätze

– intermodales Haftungskonzept

– Überwachung und Ahndung des
  Missbrauchs marktbeherrschender
  Positionen

„Huckepackverkehr"
(Verladung von kom-
pletten Transportmitteln)
– „Kombiverkehr"
– Ro-Ro-Verkehr
– swim-on-swim-
  off-Verkehr
  (z. B. Lash)

Behälterverkehr
(Verladung von
Transportgefäßen)
– Großbehälterverkehr
  – ISO-Container
  – Binnencontainer
– Kleinbehälterverkehr

9.1.2 Besondere Merkmale der kombinierten/multimodalen/integrierten Verkehre

9.1.2.1 Vorteile

konventionelle Verkehre

- über durchgehende Transportkette werden mehrere Verkehrsträger miteinander kombiniert – in der Regel im Sinne einer Summierung
  - z. B. Container-Transport Hannover – Tokio:
    Versender → Lkw → Container-Umschlagplatz (Hauptgüterbahnhof) → Transfracht/DB AG per Wagon zum Seehafen → Container-Umschlagplatz, z. B. Bremerhaven-Nordhafen → per Seeschiff nach Tokio → per Lkw zum Empfänger
- i. d. R. ohne „Umladung" einzelner Packstücke im „Unit-Load-System", wobei die Ladung bereits vom Hersteller als Ladungseinheit zu 1 – 3 t gebündelt wird und lediglich eine „Umsetzung" des Lade- oder Verkehrsmittels (Trailer) stattfindet
- Bündelung auf Palette, Flat etc. mit Stroppen, Schlingen, in Plastikhüllen verschweißt oder vernetzt, je nach Güterart und Sicherheitsanspruch

integrierte/multimodale Verkehre

- Transport nach einheitlicher Grundkonzeption geordnet
- Abwicklung in einer Hand beim Combined transport operator (CTO) oder Multimodal transport operator (MTO)
- Erhöhung der Transportqualität und Reduzierung der Schadensquote
- Minderung der Verteilungskosten, z. B. durch eingesparte Verpackung, durch optimale Systemnutzung
- Beschleunigung der Transportabläufe, vor allem über den rationalisierten Umschlag auf Grund technisch ausgereifter, standardisierter Transportbehälter und Umschlagsanlagen
- Abläufe/Koordination/Organisation in einer Hand sowie in einer Verantwortung

9.1.3 Haftungsumfang und -höhe im KLV

9.1.3.1 Grundsatz
→ „Multimodaler Transport" als offizieller Terminus
(Synonym für kombinierte Transporte)

AUFTRAGGEBER
  | macht
  ↓
SPEDITEUR zum
– Gesamtorganisator
– Gesamtausführer
– zu einem Gesamt-
  preis
– zu Gesamthaftung

Übersee-Schiff

Bi-Schiff

Lkw

Bahn

Flugzeug

1. Jeder ist grundsätzlich für sich verantwortlich

   – also weder der „LKW" für einen Seeschaden noch das „Seeschiff" für einen Bahnschaden!

2. Der Gesamttransport besteht aus Einzelstücken.

3. Es gibt eine Vertragseinheit, in der verschiedene Transportmittel verkehrsvertraglich zusammengefasst (integriert) sind.

4. Einer ist für die Leistung als Ganzes verantwortlich in Zusammenarbeit mit Erfüllungsgehilfen: der MTO.

9.1.3.2 Anspruchsnorm und Entschädigungsgrenze

es gibt **keine gesetzliche** Regelung für KLV

Ausnahme: nationales Recht **(HGB) § 452**

– im **multimodalen Transport** haftet der dt. Spediteur als Fixkosten- oder Sammelladungssped.
oder im Selbsteintritt nach **„Frachtrecht" HGB**
unter den Voraussetzungen:

  • 2 technisch **verschiedenartige** Verkehrsmittel (LKW, Bahn..)

  • 2 verschiedenartige Haftungsbedingungen

  • HGB hat aber für **alle** nationalenVerkehrsträger **gleiche** Haftung

  • 1 einheitlicher Vertrag

dennoch:
Spediteure haften international auf Basis FBL (Fiata combined Transport B/L), von der ICC (= Internationale Handelskammer, Paris) als Rechtsordnung für den multimodalen Verkehr anerkannt (Klausel Nr. 6.6, 7.2)

Haftungsregelung nach 2 Prinzipien:

1. **Uniform Liability** (einheitl. Haftpflicht)

  • aus einem **einheitlichen** Vertrag muss einheitlich gehaftet werden

  • folglich Haus-Haus-Grundhaftung (unabhängig von der Lokalisierbarkeit des Schadens) als einheitliche **Verschuldenshaftung** mit umgekehrter Beweislast bis 2 SZR je kg brutto des geschädigten Gutes

2. **Network System** (Sonderhaftung)
- sofern der Schadensort lokalisierbar ist, gilt das Recht der jeweiligen Strecke, wenn also Ort und Zeitpunkt des Schadens feststellbar und **zwingendes Recht** greift
- sofern (zusätzlich) mehrere Rechtsordnungen greifen, gilt für den Anspruchsteller im konkreten Fall die **günstigere** (auch Entscheidung des BGH)

maßgeblich:
- Wert der Ware am Bestimmungsort (erzielbarer Wert im Handel), ansonsten
- gegenwärtiger Marktpreis, ansonsten
- im Wert der Güter derselben Art und gleicher Qualität
- bei **Vorsatz** keine Haftungsbegrenzung
- **Verjährung** der Ansprüche: 9 Monate nach möglicher Anlieferung

9.2 Kombination Schiene – Straße mit technisch-ökonomischen Ansätzen

9.2.1 Entscheidungskriterien für einen bestimmten Verkehrsträger

Beförderungsmerkmale
- Stückgut/Massengut (Ladung)
- Inlands-/Auslandsbeförderung
- Verkehrsstrecke/Flächenverteilung

Ökonomische Merkmale /ggf. ökologische
- Kosten
- Zeitbedarf/Termin
- Sorgfalt/Schadensanfälligkeit

Gutsmerkmale
- eilbedürftig
- hochwertig

9.2.2 Kombinieren heißt optimieren

- Prioritätenliste
  mit Vor- und Nachteilen der einzelnen Verkehrsträger

- Wertigkeiten ermitteln für optimale Auftragserfüllung unter Berücksichtigung obiger Entscheidungskriterien
  - abhängig von Auftragsgestaltung und Anforderungsprofil

9.2.3 Angebote und Verladetechniken der Verkehrsträger zur Kombination

9.2.3.1 Schiene/Straße

- LKW und Sattelzüge („Rollende Landstraßen")
- Sattelauflieger (ohne Motorfahrzeug)
- Wechselbehälter/Wechselpritschen
- Container
- Güterwagen
- Anhänger für Wechselaufbauten
- Kühl- u. Kofferauflieger
- Chassis
- Plattform-Rungenauflieger
- u.v.a. Maßanfertigungen

Verladetechniken

- ACTS (Abroll-Container-Transportsystem)
  - Güterwagen mit Drehrahmen
  - spezielle Straßenfahrzeuge mit Ketten- oder Hakengerät
  - Umschlag ohne Hilfsmittel

- BTS (Behälter-Transport-Systeme)
  - Schiene – Straße
  - für Mittelcontainer

- Vertikale Schnellumschlaganlagen
  - als verbesserte Konzeption für Schnittstellen

- spezielle Zugtypen für den KLV mit folgenden Zuggattungsbezeichnungen
  - InterKombi-Expresszüge (IKE)
    Direktzüge ohne Zwischenstopp (15 IKE) oder Gruppenzüge mit
    Absetz-/Beistellhalt (45 IKE) ggf. mit Flügelzügen
  - InterKombi-Züge (IK)
    Drehscheibenzüge: Die Wagen/Wagengruppen werden in den
    „Drehscheiben" Elze und Hagen Gbf umgestellt
  - InterKombi-Postzüge (IKP)
    Zugsysteme für die Deutsche Post AG zwischen 12 Ubf mit der
    „Drehscheibe" Bebra (am Wochenende Kassel) zwischen
    44 deutschen Ubf mit 120 – 140 km/h
  - InterKombi-Logistikzüge (IKL)
  - InterKombi-Sonderzüge (IKS)

9.2.4 Struktur des Kombinierten Ladungsverkehrs (KLV) der Deutschen Bahn AG

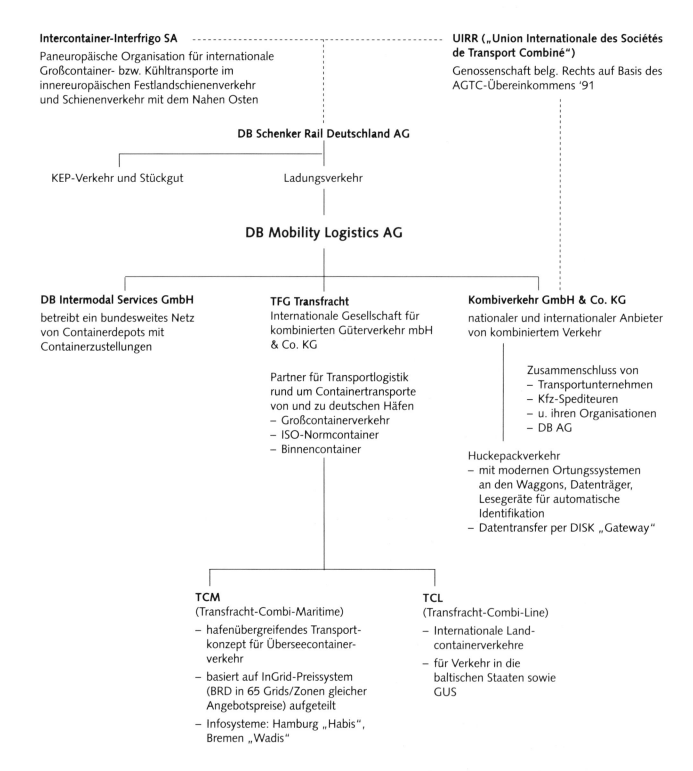

Intercontainer-Interfrigo SA

Paneuropäische Organisation für internationale Großcontainer- bzw. Kühltransporte im innereuropäischen Festlandschienenverkehr und Schienenverkehr mit dem Nahen Osten

UIRR („Union Internationale des Sociétés de Transport Combiné")

Genossenschaft belg. Rechts auf Basis des AGTC-Übereinkommens '91

DB Schenker Rail Deutschland AG

KEP-Verkehr und Stückgut   Ladungsverkehr

DB Mobility Logistics AG

DB Intermodal Services GmbH

betreibt ein bundesweites Netz von Containerdepots mit Containerzustellungen

TFG Transfracht
Internationale Gesellschaft für kombinierten Güterverkehr mbH & Co. KG

Partner für Transportlogistik rund um Containertransporte von und zu deutschen Häfen
– Großcontainerverkehr
– ISO-Normcontainer
– Binnencontainer

Kombiverkehr GmbH & Co. KG

nationaler und internationaler Anbieter von kombiniertem Verkehr

Zusammenschluss von
– Transportunternehmen
– Kfz-Spediteuren
– u. ihren Organisationen
– DB AG

Huckepackverkehr
– mit modernen Ortungssystemen an den Waggons, Datenträger, Lesegeräte für automatische Identifikation
– Datentransfer per DISK „Gateway"

TCM
(Transfracht-Combi-Maritime)

– hafenübergreifendes Transport-konzept für Überseecontainer-verkehr
– basiert auf InGrid-Preissystem (BRD in 65 Grids/Zonen gleicher Angebotspreise) aufgeteilt
– Infosysteme: Hamburg „Habis", Bremen „Wadis"

TCL
(Transfracht-Combi-Line)

– Internationale Land-containerverkehre
– für Verkehr in die baltischen Staaten sowie GUS

9.2.5 Vertrags- und tarifrechtliche Struktur der „Kombiverkehr GmbH & Co KG"

Struktur

Zusammenschluss von DB AG; Transportunternehmen und Kfz-Speditionen sowie ihren Organisationen als Beirat

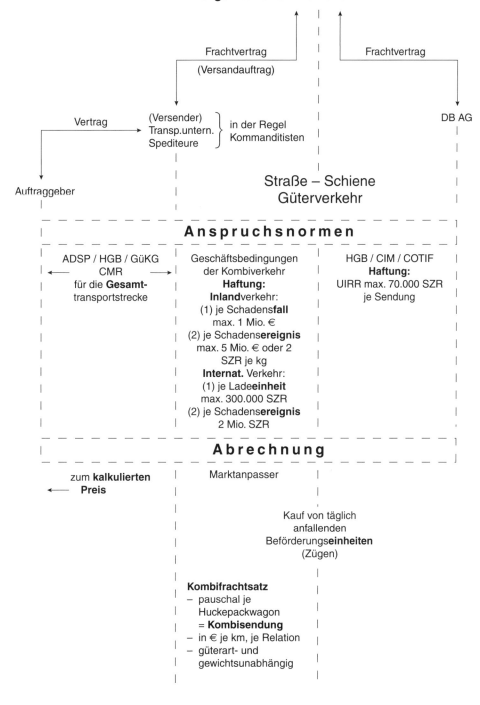

Zahlungsabwicklung

- Fracht ist fällig bei Auflieferung
- Abwicklung über Kombifracht-Kreditverfahren
- Mitgliedschaft und Einzugsermächtigung für die DVB (= Deutsche Verkehrsbank)

Vorteile

für Kombiteilnehmer

- Organisation durch „Kombiverkehr KG" (u. a. Grenzzollabfertigung)
- Fahrzeuge ganz oder teilweise von Kfz-Steuer befreit
- Stunden des Fahrpersonals einsparbar
- Lenkzeitbedingungen weniger problematisch (vom Sonntagsfahrverbot ausgenommen)
- **Straße/Schiene:**   Straßenfahrzeuge bis 44 t Gesamtgewicht zwischen Be- und Entladestelle und nächstgelegenem geeigneten Bahnhof

         sowie: begleitender Kombiverkehr („Rollende Landstraße")

- **Straße/Bi'schi**

    Straße/Seeschiff: Entfernung zwischen Be- und Entladestelle und Bahnhof oder Binnen- bzw. Seehafen max. 150 km Luftlinie entfernt sowie Seestrecke > 100 km → dann genehmigungsfrei

für Versender

- schnelle und sichere Beförderung
- Transportzeiten, vor allem auch im grenzüberschreitenden Verkehr kalkulierbar

für DB AG

- wirtschaftliche Ganzzüge sind möglich
- bessere Auslastung des Schienennetzes

für die „Kombiverkehr"

- Frachtvorteile

für die Volkswirtschaft

- geringere Umweltbelastung
- Entlastung des Straßennetzes

9.3 Kombinierter Überseeverkehr

9.3.1 Organisationsform des gemischten Durchfrachtverkehrs (Combined Transport)

Organisation einer Transportkette (See)

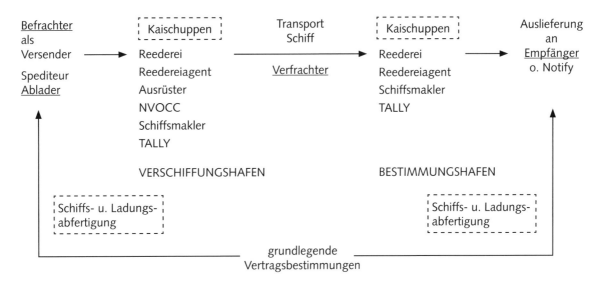

Ungleichartiges Stückgut wird durch Container-Ladung als geschlossene Einheit in einer integrierten Transportkette vom Versender zum Empfänger befördert.

z. B. Express Container Service **(ECS)**

Haus-Haus-Container-Service mit einer Flotte von 10 Container-Schiffen mit je 1400 TEU; Direktverkehre zwischen Hongkong u. Triest in 14 Tagen, somit Zustellung von Importsendungen innerhalb von 16-17 Tagen durch direkte Blockzüge zu Wirtschaftszentren in Süddeutschland, Schweiz u. Österreich. In östl. Richtung sind Container max. 24 Tage unterwegs.

9.3.2 Frachtführer

- i. d. R. der Erst-Verfrachter

- zeichnet als MTO = Multimodal Transport-Operator

- verantwortlich für die Ausführung des Gesamttransportes

- schließt mit subcontractors auf eigene Rechnung und im eigenen Namen Unterfrachtverträge

- Gesamttransport ist für den Befrachter eine rechtliche und wirtschaftliche Einheit

- MTO haftet i. S. der Obhutshaftung für „vermutetes Verschulden" auf der Seestrecke

- haftbar, sofern Exkulpation auf der Basis der Sorgfaltspflicht unmöglich

Ablauf

- MTO zeichnet das CTD = „combined transport document" als Übernahmekonnossement

  „received the goods in apparent good order and condition and, as far as ascertained by reasonable means of checking, as specified above"

- und gibt sein Auslieferungsversprechen mit

  „one of the B'sL must be surrended duly endorsed in exchange for the goods"

- und sichert die Bankfähigkeit durch Nachstempeln des effektiven Verschiffungsdatums

Anmerkung

Die fahrtgebietsspezifischen CT-Dokumente der Reedereien sind **erstellt** auf der Rechtsbasis der ICC-Regeln (= International Chamber of Commerce) in Verbindung mit BIMCO in „Combidoc-Fassung" und „Hamburg-Regeln" von 1978/1994 sowie von der UNCTAD 1980 und **verabschiedet** im „Übereinkommen über den internationalen multimodalen Gütertransport".

9.3.3 Spediteur

9.3.3.1 Ablauf

- gilt als MTO im Sinne eines „Superfrachtführers"

- in einem FBL (= Fiata Combined Transport B/L) als Warenwertpapier sein Beförderungs- und Auslieferungsversprechen

- und übernimmt die Haftung für die Gesamtstrecke für

  • Verlust und Beschädigung

  • Transportdurchführung

  • evtl. Ablieferungsverzögerung am Bestimmungsort (sofern Exkulpation unmöglich) Verlustannahme: 90 Tage nach vereinbartem Ankunftstermin!

9.3.3.2 Haftungsbasis

Minimumregeln (seit 1992) der ICC, Unctad, Fiata, . . . Bimco, Cenca etc., den „ICC/Unctad-Rules" auf der Grundlage der Hague-Visby-Rules

Ein Dokument für die Gesamtstrecke
→ EDI- (= electronic data interchange) gesteuert

9.3.3.3 Haftungsumfang

9.3.3.3.1 Entschädigungsgrenze

- Wert der Ware am Bestimmungsort (erzielbarer Wert im Handel)
  ansonsten

- gegenwärtiger Marktpreis
  ansonsten

- im Wert von Gütern derselben Art und gleicher Qualität

- bei nicht fixierbarem Schadensort: Regelhaftungssumme 8,33 SZR/kg
  Sie kann **bei Güterschäden** mittels „Allgemeiner Geschäftsbedingungen" in einem „Korridor" von 2 bis 40 SZR/kg unter- oder überschritten werden.

- sofern Schadensort bekannt
  - nach den Bestimmungen der betreffenden internationalen Konvention (CMR, CIM, Hague-Visby-Rules) oder
  - nach dem auf die Teilstrecke anzuwendenden nationalen Recht

- bei Einschluss eines See- und/oder Binnenschiffstransportes
  haftet der MTO-Spediteur mit max. 2 SZR per kg brutto

- wenn kein Transport auf dem Wasser eingeschlossen ist:
  Haftung mit 8,33 SZR je kg brutto, gilt auch, wenn Transport nur auf „Sea Way-Bill" erfolgt

- Wertdeklaration auf dem FBL möglich

- bei Vorsatz keine Haftungsbegrenzung

- Verjährung der Ansprüche:
  9 Monate nach möglicher Auslieferung

9.3.3.3.2 verbleibende Problemstellungen

- dennoch uneinheitl. Frachtrecht u. ungeklärte Fragen der Haftung

- verschiedene gesetzl. Grundlagen:
  ADSp, HGB, GüKG, CMR, COTIF,
  verschiedene Schifffahrtsakten, BGB, Haager-, Visby-Regeln,
  Warschauer Abkommen, Haager Protokoll, IATA-Bedingungen...

- Harmonisierung des Gefahrgutrechts erforderlich

- Rechtssicherheit für elektronische Frachtpapiere

9.4 See-/Luftfrachtverkehr – Air-Sea/Sea-Air-Dienst

9.4.1 Internationale Transportdrehscheiben

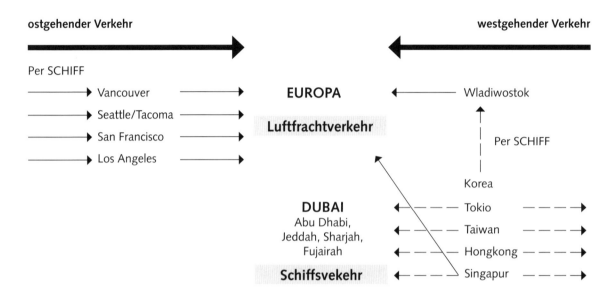

9.4.2 Verteilung des Gesamtfrachtaufkommens

Ostgehender Verkehr
Fernost → Westküste USA → Europa   ca. 50 %

Westgehender Verkehr
Fernost → Vereinigte Arabische Emirate → Europa   ca. 33 1/3 %

Sonstige
Los Angeles, San Francisco, Singapur, Russland   Rest

Σ weit über 100.000 t jährlich

9.4.3 Zeit-/Kosten-Vorteile

- Taiwan   →   Hamburg: Luftfrachtverkehr   2 Tage
                                modernes Containerschiff   30 Tage
                                Sea-Air-Verkehr über Dubai   12 Tage

- Fernost/Japan → Seattle/Tacoma → Europa   15/16 Tage
           Schiff   Flugzeug

   Fernost/Japan → Dubai → Europa   18/19 Tage
           Schiff   Flugzeug

- Korea   →   Wladiwostok → Europa   6 Tage
           Schiff   Flugzeug über Moskau

- →   in Maastricht (Verteiler)

Sea-Air/Air-Sea-Dienste

— als kombinierte Luftfrachtdienste mit zuverlässigen Linienverkehren der Containerschiff-fahrt

  • feste Laufzeiten

  • i. d. R. bei Überschreitung:
    Differenzbetrag zur reinen Seefracht erstattet

  • oft halbe Laufzeiten zum halben Preis

— Kosten sind im Gesamtvergleich zwischen reinem See- und Lufttransport i. d. R. gleich hoch

— Differenziert betrachtet, überwiegt der Zeitvorteil des Lufttransports erheblich.
  Die höheren Luftfrachtkosten werden kompensiert durch:

  • geringere Kapitalbindung

  • erhebliche Zinsvorteile infolge eines schnelleren Inkassos des verzinsten Warenwertes

  • besonders durchschlagend bei hochwertigen Gütern

— Reine Frachtkostenvergleiche begünstigen eine Entscheidung für den Seetransport.

— Logistische Entscheidungen im Sinne einer Gesamtkostenoptimierung sind stets auf den konkreten Einzelfall zu beziehen!

9.5 Binnenschiffsverkehr – „Schwimmende Straße"

9.5.1 Daten, Fakten

— Binnenschiffsverkehr bewältigt über 50 % des gesamten grenzüberschreitenden Güterverkehrs in der EU

— 70 % der in Rotterdam umgeschlagenen Container werden im Hinterlandverkehr per LKW befördert. (Container per Binnenschiff bedeutet zwangsläufig kombinierten Verkehr)

— Zwei Drittel der Großstädte über 100.000 Einwohner haben einen Anschluss an Binnenwasserstraßen

Vorteile:

— preiswerte Alternative zum LKW
— JIT-geeignet, da besonders zuverlässig und pünktlich
— umweltfreundlich
  Luftverschmutzung, Unfälle, Lärm, Boden- und Wasserverschmutzung – insgesamt bewertet – kennzeichnen einen vorteilhaften Verkehrsträger „schwimmender Sauber-mann"
— energiesparend

Nachteile:

— längere Transportzeiten
— witterungsabhängig (Wasserstand, Winter, ...)
— weniger dichtes Verkehrsnetz

9.5.2 Projekt 2008
Schwimmende Landstraße Passau – Orsova

- Liniendienst für Sattelauflieger zwischen Passau – Orsova
  (Betreiber ist DLO Danube Operator GmbH)
- Start Sept. 2008
- Nach Anlaufphase 3 bis 4 Abfahrten pro Woche
- Verlässlichkeit bei den Transportzeiten
- Sicherer und umweltfreundlicher Schiffstransport
- Niedriger Energieverbrauch
- Umschlag in den Häfen mit Ro-Ro-Traktoren
- Zollkontrolle in den Häfen
- Fahrer und Zugmaschine anderweitig einsetzbar

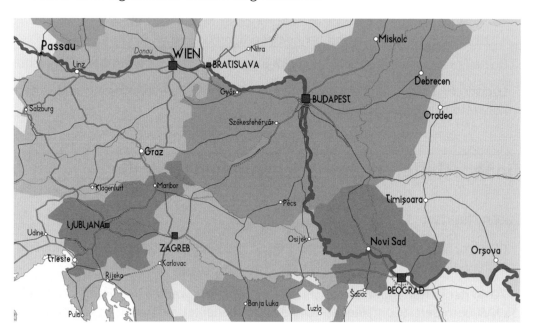

9.5.3 Problemlösung durch KLV

- logistische Ketten über Seehäfen bis zu Bestimmungsadressen

- Kostenreduktion für See-Einfuhr- und Ausfuhrgüter über die Transportkette Seeschiff/
  Binnenschiff/Eisenbahn

- InGrid I und II als „Transfracht"-Angebot mit dem InGrid-Preissystem

9.5.4 Systeme

Kooperation zwischen

FG Niederrhein
transportiert Container per Binnenschiff zwischen Häfen Rotterdam/Antwerpen und Duisburg

Transfracht
befördert zwischen Duisburg und Ursprungs- und Bestimmungsorten im Hinterland einschließlich Verkehr ins angrenzende Ausland

„Wasserstraßenkombi Projekt GmbH"
erarbeitet logistische Konzepte für bessere Kooperation zwischen Unternehmen der Binnenschifffahrt und des Straßengüterverkehrs
Ziel: Realisierung eines effizienten kombinierten Verkehrs

9.6 Short Sea Shipping „contra" Landverkehre

– Kurzstrecken-Seeverkehr = alle Beförderungen auf See, die keine Ozean-Überquerung erfordern

- Seeverkehr entlang der Küste

- zwischen Festland und den Inseln der europäischen Union

- innerstaatlicher Verkehr

- grenzüberschreitender Verkehr

- See- und Flussverkehr mit Küstenschiffen von und nach Häfen im Hinterland

- Seeverkehr zwischen EU-Mitgliedstaaten und Norwegen, Island sowie anderen an die Ostsee, das Schwarze Meer und Mittelmeer angrenzenden Staaten

– Schiff als „saubere Alternative" zum LKW:
Warum per LKW von Skandinavien nach Portugal, Griechenland, Türkei oder Italien?

- max. 25 t Ladung (LKW) im Wettbewerb mit einem 500- bis 800-TEU-Schiff, das je Container 10 bis 15 t befördert

– Vorteile durch Schifftransport:

- geringere Transportkosten pro t

- weniger Umweltverschmutzung (potenzielle)

- geringere Kosten für Infrastruktur → jedoch längere Transitzeit

– Konsequenzen

- Innovationsprogramm der EU für den multimodalen Verkehr „Marco Polo"/„Pact II" zur Förderung des küstennahen Seeverkehrs

- **Länderverkehrsministerkonferenz** fordert Transportverlagerung auf das Küstenschiff

technische und organisatorische Lösungsansätze:

- mit neuen Schiffstypen
- EDI-gesteuerte Transportketten nass/trocken mit den Häfen als multimodale Drehscheiben
- schnellere Frachtschiffe
- selbstlöschende Massengutfrachter
- automatisierte Unit-Load-Schiffe
- see- und flussfähige Schiffe
- verbessertes Preis-Leistungsverhältnis
- Einbindung in den kombinierten Verkehr
- Herunterfahren des Aufwandes für Hafenabfertigungen
- Vereinfachung der Zoll-Abfertigungsmodalitäten
- Schritthalten mit den JIT-Anforderungen der verladenden Wirtschaft
- verstärkte Kooperation mit dem klassischen Kurzstrecken-Seeverkehrsgebiet Skandinavien

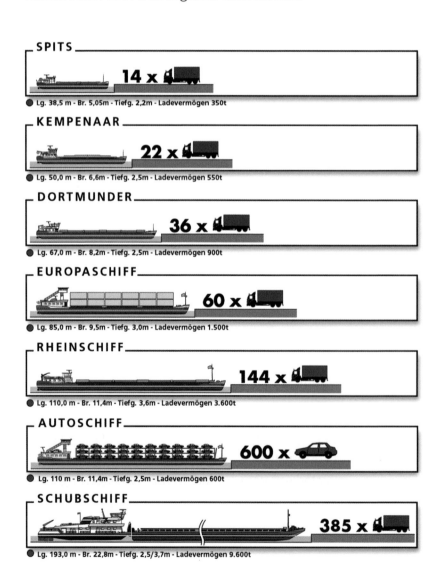

SPITS
14 x
● Lg. 38,5 m - Br. 5,05m - Tiefg. 2,2m - Ladevermögen 350t

KEMPENAAR
22 x
● Lg. 50,0 m - Br. 6,6m - Tiefg. 2,5m - Ladevermögen 550t

DORTMUNDER
36 x
● Lg. 67,0 m - Br. 8,2m - Tiefg. 2,5m - Ladevermögen 900t

EUROPASCHIFF
60 x
● Lg. 85,0 m - Br. 9,5m - Tiefg. 3,0m - Ladevermögen 1.500t

RHEINSCHIFF
144 x
● Lg. 110,0 m - Br. 11,4m - Tiefg. 3,6m - Ladevermögen 3.600t

AUTOSCHIFF
600 x
● Lg. 110 m - Br. 11,4m - Tiefg. 2,5m - Ladevermögen 600t

SCHUBSCHIFF
385 x
● Lg. 193,0 m - Br. 22,8m - Tiefg. 2,5/3,7m - Ladevermögen 9.600t

9.7 GVZ = Güterverkehrszentrum

Standort mit infrastrukturellen Voraussetzungen für ein Logistikzentrum
→ primär in Ballungszentren

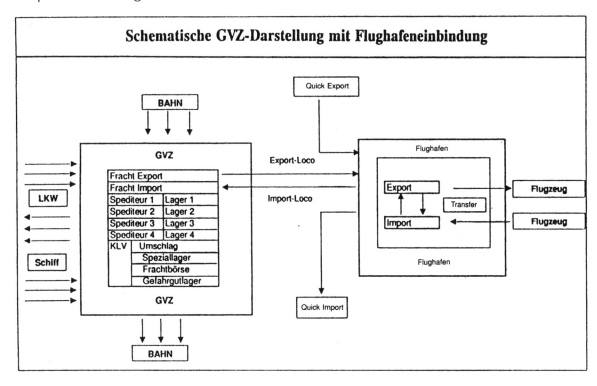

Schematische GVZ-Darstellung mit Flughafeneinbindung

9.7.1 Definition: Güterverkehrszentrum = Verkehrsgewerbefläche,

auf der verschiedene Verkehrsbetriebe mit unterschiedlichen Funktionen als selbstständige Unternehmen kooperieren

9.7.2 Voraussetzungen für eine effizientere zukunftsorientierte Kooperation

– zusammenhängendes Transportgewerbegebiet mit integriertem Terminal für den kombinierten Ladungsverkehr
  → multimodale Verkehrsträgerschnittstelle

– überlastetes Verkehrsnetz neu gestalten über optimale Verbesserungen der Infrastruktur

– vernetztes ganzheitliches logistisches Systemdenken unter ökonomischer sowie verstärkt ökologischer Perspektive

– Aufbau einer Logistikkette über optimale Verkehrsanbindungen:
  Wasser, Schiene, Straße, Luft und City logistisch vernetzt und funktional eingebaut:
  Service-Partner, Lagerung, Kunden über optimal organisierten Laderaumausgleich mittels logistischer Dateninformation

– moderne Informationstechniken für eine ablauforganisatorisch orientierte Antwort auf eine Lean-Management-Herausforderung

– optimal integrierte Verkehrssysteme durch Koordination von Verkehrsabläufen ohne Reibungsverluste an Schnittstellen über sinnvolle Arbeitsteilung zur zeitgerechten (JIT) gebündelten Anlieferung und Verteilung

9.7.3 GVZ-Standorte

Stand: 04/2010

9.7.4 Verkehrsperspektive für Europa

9.7.4.1 Transeuropäisches Verkehrsnetz

Durch den Vertrag von Maastricht erhielt die europäische Verkehrspolitik neue Impulse: Die Entwicklung **transeuropäischer Netze** wurde in den gemeinsamen Zielkatalog der EU aufgenommen. Für den Verkehrssektor stellte sich damit die Aufgabe, die nationalen Netze enger miteinander zu verknüpfen und bestehende Lücken oder Engpässe zu beseitigen, sei es durch neue Eisenbahnstrecken und Autobahnen, durch Korridore und Terminals für den kombinierten Güterverkehr (Straße/Schiene), durch Flughäfen, Binnenwasserstraßen oder Seehäfen.

1996 wurden in der EU erstmals **Leitlinien** für ein transeuropäisches Verkehrsnetz beschlossen. Zu diesem Netz gehörten auch die 14 **vorrangigen Verkehrsprojekte**, auf die sich die Staats- und Regierungschefs bereits 1994 in Essen verständigt hatten. Drei dieser Projekte sind inzwischen abgeschlossen (Öresund-Brücke, Flughafen Mailand-Malpensa, Nord-Süd-Bahnverbindung in Irland).

Rechtzeitig zur EU-Erweiterung im Jahr 2004 wurden neue Leitlinien angenommen, die auch die ost- und südeuropäischen Mitgliedstaaten in das transeuropäische Verkehrsnetz einbinden und die Liste der vorrangigen europäischen Verkehrsprojekte auf 30 Vorhaben erweitern. Bis 2020 sollen schätzungsweise 225 Mrd Euro in die Fertigstellung dieser Projekte fließen.

Zu den neu aufgenommenen Vorhaben gehören durchgehende Straßen- und Eisenbahnkorridore vom Baltikum bis nach Österreich, West-Ost-Bahnverbindungen durch Oberitalien und Süddeutschland, Brücken über den Fehmarn-Belt und die Meerenge von Messina, „Meeresautobahnen" zur Förderung des Seetransports, der Ausbau der Binnenschifffahrtswege von der Nordsee zum Schwarzen Meer und das europäische Satellitennavigationssystem Galileo.

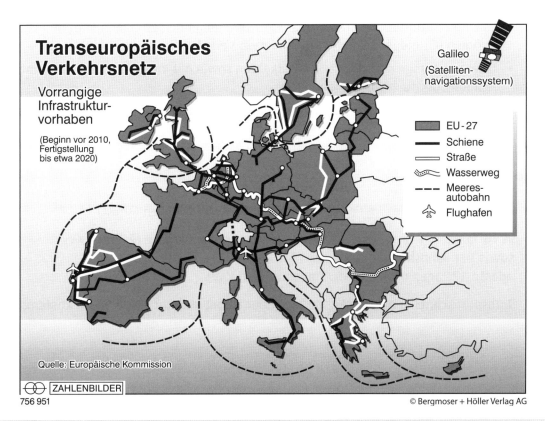

9.7.4.2 Seehäfen als multimodale Drehscheiben in Transeuropäischen Netzen

intermodale Verkehrssysteme im Hinterland, über 300 Seehäfen sowie 35 Binnenhäfen mit Schlüsselrolle (Gateways)

– für den Abtransport von Containern auf der Schiene statt der Straße

– umschlagtechnische Umrüstung der Häfen

– Freeway-Bahnen mit Vorfahrt

- **Hafenumschlagsbetriebe** als Schnittstelle zwischen See- und Hinterlandverkehren

  – Bedeutung nicht ausschließlich über ihre technischen Einrichtungen

  – im Verbund mit der Hafenwirtschaft als „Gateway" zu den Märkten, als „Turntable" für länderübergreifende Großregionen oder als „Logistikzentren" mit weitreichenden Distributionsfunktionen

– Gateway-Funktion eines Hafens impliziert

- ein Netz von Verbindungen zu den wichtigsten Wirtschaftszentren im Hinterland

- **Ganzzüge**, die unterwegs nicht gebrochen werden – zur Überwindung längerer Strecken

- **Teilzüge**, die in Drehscheiben miteinander verbunden werden – Zuführung zu Inland-terminals, in denen neue Zugsysteme zusammengestellt werden können

– Seehafen-Hinterlandverkehre

- mit garantierter täglicher Abfahrtfrequenz

- sie sichern die Effizienz im Schienenverkehr

- führen zu marktgerechten Preisen

Voraussetzungen:

- es wird standortübergreifend organisiert und gebündelt zu schienenaffinen Ladungs-strömen (Grundgedanke der kombinierten Verkehre Schiene/Straße)

- Überseekontainer mit Short-Sea-Verkehren sowie mit lokaler Ladung fürs Hinterland relationsspezifisch zusammenfassen

- Spediteur als klassischer Gestalter der Logistikkette sucht für Verlader den optimalen Weg vom Versand- oder Empfangsort zum Schiff

9.7.4.3 SEA-Street-Dienste

– neue Transportketten im Fernost-Containerdienst über Italien (Triest)

– in 16 Tagen (14 Tage Seereise) von Hongkong nach Salzburg (2 Tage LKW) **sowie** per Bahnshuttle nach Basel **oder** in 17 Tagen nach Lübeck/Travemünde (LKW)

– Transport **schneller** als Sea/Air-Verkehr über Dubai **und** um 50 bis 75 % **kostengünstiger**

9.8 Kurier-, Express-, Paketdienste (KEP-Dienste)

Integrators = Integrated Operators

9.8.1 Versuch einer Abgrenzung

Kurier-, Express-, Paketdienste, Eil- und Kleintransporte

Wettbewerber am KEP-Markt

Ziel: Focussierung auf die integrierten Logistiksysteme der Verlader über

– „One-stop-shopping"

– Datenintegration

– Übernahme von Serviceleistungen

– Standardisierung der Schnittstellen

– Kooperationsstrategien zur regionalen und funktionalen Ergänzung

– permanente Ausrichtung auf Kundennutzen mit Management- und Systemkompetenz

Handlungsparameter:

nach Relevanz der Leistungen

1. Termintreue/Zuverlässigkeit

2. Schnelle Beförderung, Flexibilität, Sicherheit, Qualität,
   kostenorientiertes transparentes Preissystem
   → Laufzeit zwischen 72 Stunden (in Europa) und Next-Day-Delivery

3. Sendungsverfolgung

4. Zusatzleistungen

   • Know-how für hochwertige Added Values

   • aktive Reklamationsbearbeitung mit Geld-Zurück-Garantie

   • Beratungskompetenz

   • Abwicklung der Zollformalitäten

   • Kundendienstübernahme mit starken subjektiven Merkmalen:
     Freundlichkeit, Aufmerksamkeit, Geduld, Kompetenz

Organisationsprinzip (mit individuell akzentuierbaren Schwerpunkten)

dispositive Ebene
Umsetzung einer Strategie: Optimierung von Kundenwünschen mit dem
Ziel: Verbraucherzufriedenheit **und** Kostenreduktion

– Planung von Touren (verbrauchersynchron)
– Fuhrparkoptimierung
– Lageroptimierung
– Umsetzung von Gesetzen und Verordnungen

operative Ebene
Gestaltung/Realisierung von

– Verpackung (mögl. standardisierte Ladungseinheiten
  "**E**fficient **U**nit **L**oad" **EUL**)
– Kommissionierung
– Umschlag
– Beförderung
– Kontrolle

(1) **gesteuert** in einem Prozess vom Verbraucher aus (Beschaffung-Produktion-Absatz)

„**E**fficient **R**eplenishment" (**ER**)
Kaufvollzug – <u>Kassenbeleg</u> – Lagerabforderung – Lagerbestandsauffüllung/Aktualisierung
über Nachschuborganisation

(2) **organisiert** über **„Hub-and-Spoke-Systeme"** (Nabe-Speiche)

mit einem Zentral-Hub-Netz

• in <u>Kooperation</u> statt Konkurrenz zur Kundennähe (vgl. Stadt- u. City-Logistik)

• mit ökon.-ökologischen Vorteilen

• mit administrativen Vorteilen

• über „**C**ross-**D**ocking-**P**oints" (**CDP**)
  zur Kundenversorgung <u>ohne</u> klassisches Versandlager

(3) mit kundenfreundlichem **„tracking and tracing"**

• per IT (Informationstechnologie) das Gut während des Transports lokalisieren/auffin-
  den (tracking) und den gesamten Transportablauf nach Durchführung nachvollziehen
  können (tracing), z. B. zur Lokalisierung eines Schadensortes unter Rückgriff auf die
  Datenbank des Dienstleisters

• im leistungsstarken Informations- und Kommunikationssystem **EDI** = **E**lectronic **D**ata
  Interchange

  – vorauseilende Daten (z. B. auftragsbezogene Infos ...)

  – begleitende Daten (z. B. ladungsbezogene Papiere ...)

  – nachfolgende Daten (z. B. Rechnung ...)

  ggf. als Schnittstelle zum **EDIFACT** (**E**lectronic-**D**ata-**I**nterchange **f**or **A**dministration,
  Commerce and **T**ransport) mit weltweiten Standards

(4) **aufgebaut** über eine Versorgungskette/Wertschöpfungskette **SCM**
(= **S**upply **C**hain **M**anagement)

- zur optimalen Kundenzufriedenheit

- mit elektronischer Erfassung aller kommerziellen Aktivitäten

- auch als „Electronic Commerce" mit **virtuellen Einkaufserlebnissen**
  im Sinne eines neu gestalteten SCM auf **Internet-Basis** als

  - „Business-to-Consumer" (B2C)

  - „Business-to-Business-Handel" (B2B)

9.8.2 Besondere Marktfunktion der Integrators

Bündler von Haus-Haus-Verkehren
national/international

- Vorlauf, Nachlauf, Lagerung, Umschlag, Verzollung → Abläufe in einer Hand

- keine gebrochenen Luftfrachtdienste, d. h. keine zeitraubenden „bottlenecks"
  mit durchschnittlich 80 % der Transportzeit für Steh- und Wartezeiten auf Flugplätzen

keine zu vertretenden Nachteile durch Unübersichtlichkeit der Handlungs-Verantwortlichen
auf manchen Flugplätzen – wie im allgemeinen Luftfrachtgeschäft, wie z. B.

- Luftfrachtspediteur als Partner des Verladers

- LUG als Umschlagsverantwortlicher

- Flughafengesellschaft als tatsächlicher Belader und Betreiber des Vorfeldes

- Kapitän des Carriers, der letztendlich die Entscheidung trifft

→ also weitaus bereinigte Situation beim Integrator

10
Logistische Dienstleistungen

10.1 Begriffliche Erläuterungen

„Logistik"

– ursprünglich auf Fragen der Nachschub**organisation** und Truppen**bewegung** im Militärwesen bezogen und durch sie geprägt

– ähnlich ausgerichtet ist das französische Verb „loger", das die **Einquartierung** von Gästen und Soldaten beschreibt und sich über die Form „logieren" im Sinne von „beherbergen", vorübergehend „wohnen" dem Deutschen angelehnt hat

– des Weiteren ist etwas eingeflossen aus dem griechischen Wort „logos" = dt. „Logik", was folgerichtiges **Denken** bedeutet und aus dem sich das Verb „logizomai" ableitet und soviel wie **„berechnen"** und **„überlegen"** bedeutet

– diese zusätzliche Bedeutung des Begriffes konkretisiert sich im wirtschaftswissenschaftlichen Ansatz primär auf Güterbewegungen bezogen und damit in der Tatsache, dass seit dem Altertum „logistisches" Denken und Dienstleisten im Handel **die** Erfolgsfaktoren gewesen sind; denn wie wäre ein intensiver Warenaustausch sowie ein sich angepasst verändertes Informationsnetz trotz kriegerischer Bedrohungen, unzulänglicher Beförderungsmittel und sich ständig verändernden Umweltbedingungen sonst erklärbar? Sie stellten die Weichen für Transport, Lagerung, Umschlag der Handelsgüter und schafften die Voraussetzungen für Überleben und wirtschaftlichen Erfolg!

Die so am wirtschaftlichen Erfolg orientierte Definition der „Logistik" knüpft folglich inhaltlich mehr an den **Bewegungsablauf** des Waren- und Informationsflusses sowie -austausches an. Das Logistik-Synonym „physical distribution management" im amerikanischen Sprachraum ist ebenso zu verstehen.

Für einen solchen „Ablauf" sind Endpunkte der Wegstrecken **effizient** sowie den **Kundenanforderungen** entsprechend zu überbrücken.

Mit	dem gewünschten, mangelfreien Gut
in	bestimmter (bedingter) Zeit
zu	minimalen Kosten (verursachungsgerecht angelasteten Kosten)
und zwar	über Ablauf und Schnittstellen **geplant, gesteuert, kontrolliert**
sowie	technologisch, ökonomisch/ökologisch, sozial **orientiert**

10.2 Wie sehen die logistischen Aufgaben und Anforderungsprofile des umworbenen Kunden aus?

Wer logistische Konzeptionen erstellen und entfalten will, muss vor Ort die kundenspezifischen Gegebenheiten erkunden und berücksichtigen!

10.2.1 Sind Qualitätsfähigkeit im Sinne QS-DIN ISO 9002 für Management und Unternehmen insgesamt über ein Zertifikat bescheinigt?

10.2.2 Wie sind Umschlag sowie Lager des Unternehmens materialwirtschaftlich und informationstechnisch organisiert?

1. Welche Warenart soll bewegt/betreut werden?

   Massengüter u./o. Stückgüter in verschiedenen Strukturen mit entsprechenden Verpackungsanforderungen

2. Ist das Unternehmen über verschiedene verkehrstechnische Bereiche (Straße, Schiene, Binnenschiff ...) erreichbar mit unterschiedlichen Aufgabenstellungen für

   - Einlagerung
   - Lagerhaltung
     - derzeitiges Warenvolumen
     - Lagerkapazität
     - Umschlagshäufigkeit, -dauer
     - Lieferbereitschaft, -modalitäten
     - EDV-gesteuerter I-Punkt (= zentrale Umschlagssteuerung)
   - Auslagerung

3. Handelt es sich um regelmäßige, ganzjährig laufende oder saisonal bedingte Transportleistungen?

4. Wie arbeitet der Bereich „kaufmännische Lagerverwaltung"?

   - Auftragsabwicklungsmodus
   - Behebung von Differenzen (Reklamation, Versicherung)
   - Abrechnungsmodus, -zeitraum

10.2.3 Welche unternehmens- sowie verkehrsspezifischen Besonderheiten weisen die Vertragspartner (Empfänger, Versender) des Unternehmens ihrerseits auf?

Anspruchsprofile und Möglichkeiten/Voraussetzungen für neue Strukturen um ggf. eine gesamtlogistische Konzeption zu erstellen

10.2.4 Werden einfache logistische Konzepte erwartet/gewünscht (und sind sie hinreichend)? *oder*
Ist ein kundensicheres Gesamtlogistik-Programm für Material- sowie Informationsfluss zu erstellen, weil gewünscht, optimaler sowie Kosten sparender und/oder effektiver?

10.2.5 Auswertung, Bewertung der Konzeption auf

- Realisierbarkeit
- Termintreue
  - sichere Verfügbarkeit
  - Zuverlässigkeit
- Kosten
- Leistungsqualität
  - Sendungsabwicklung (mit Zeitfaktor)
  - Sendungsverfolgung
  - Rundum-Service
- mögliche Kundenbindung

10.3 Herausforderungen an den Spediteur/Frachtführer

Der Spediteur steht eigeninitiativ und herausgefordert im Gesamtprozess der verkehrstechnischen, rechtlichen, informationstechnischen und ökonomisch/ökologischen Entwicklung.

Folgerichtig ist seine Angebotspalette an Serviceleistungen zu **überdenken** und mit der Anspruchsnorm der Kunden **abzustimmen** und entsprechend **nachzubessern.**

→ **Kundenorientierung**

Das Nachdenken und Erklären – bezogen auf Einzelfunktionen, **einzelne Elemente** – reicht nicht aus, wenn man ein **Ganzes** erläutern will, sondern die **Beziehungen** zwischen den einzelnen Elementen müssen deutlich werden.

Modell einer Unternehmenslogistik

Aus Gründen der Anschaulichkeit sind Materialfluss sowie Informationsfluss (begleitender sowie vorauseilender) in gedankliche und organisatorische Teileinheiten zerlegt, um außerdem Anschlussstellen als zusätzliche Reizpunkte für eine JIT-Steuerung offen zu legen.

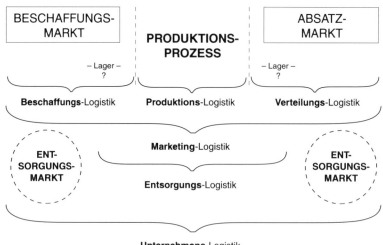

Vom Beschaffungs- über den Produktionsprozess zur Absatzsteuerung müssen im Sinne eines optimalen JIT-Programms mögliche/notwendige Lagerkapazitäten überdacht und zugeordnet werden. Beschaffungs- und Absatzbereiche müssen über die Marketing-Logistik zu einem betriebsoptimalen System organisatorisch „zusammenfließen".

Zunehmend notwendige und darum auch geforderte ökologisch/ökonomische Auflagen sind im Rahmen der Entsorgungslogistik in die Unternehmenseinheit möglichst **ohne Reibungsverluste** einzubringen und einzubetten im Sinne einer ganzheitlich optimal funktionierenden **logistischen Einheit**.

Hier kann das transportorganisierende und transportierende Gewerbe unmittelbar **hinein**greifen und innerbetriebliche Steuerungsaufgaben **übernehmen**, sich **ein**passen oder **an**passen oder nur ggf. optimale logische **Anschlüsse** herstellen.

Frachtführer und Spediteur wollen und müssen bei unabwendbar wachsendem – und gewiss auch gewünschtem Wettbewerb ihre Wertschöpfung in den klassischen Handlungsfeldern **sichern** und **steigern** sowie diese darüber hinaus **erweitern**.

Die Anforderungen ans Management haben sich längst um **vor- und nach**gelagerte Aktivitäten im Sinne physischer sowie kommunikativer Integration erweitert in komplexe überbetriebliche **logistische Ketten.**

Gefordert sind darum spezielle Managementkonzepte, will man Handel und Industrie als Partner halten oder gewinnen. Wer optimale **Gesamt**lösungen statt suboptimaler Insellösungen zu finden und anzubieten sucht, muss Synergie- und Engpasseffekte einbeziehen und **aktiv** sowie **effizient** am qualitätsorientierten und kostenbezogenen Outsourcing-Prozess teilnehmen.

Der Spediteur als **Consulter** und **Logistikdienstleister** für horizontale Integration muss seinen Funktionsbereich in diesem Sinne ausfüllen!

Dazu ist er im gesetzlichen Rahmen des § 452 HGB legitimiert, der als „**Spediteur**" definiert:

„. . . verpflichtet, die Versendung des Gutes zu besorgen"

„Logistik"

„. . . Aufgabe . . . räumlich/zeitliche Gütertransformationen . . . zu planen, zu steuern,
zu kontrollieren und zu realisieren"

Diese große begriffslogische Deckungsgleichheit auf Grund vielfältiger Gemeinsamkeiten und Überschneidungen schließt die Möglichkeit nicht aus, die **ADSp** auch für logistische Dienstleistungen zugrunde zu legen.

Zudem wurden die Rechte und Pflichten des Spediteurs über das **TRG** (Transportrechtsreformgesetz vom 1. Juli 1998) in ein einheitliches Transportrecht für Straße, Schiene, Binnenschiff, Luft eingebunden.

„Logistik" aber geht über den traditionellen Speditionsbereich hinaus, denn nicht jede speditionell erbrachte Dienstleistung ist logistischer Art, ebenso umgekehrt – trotz deckungsgleicher Bereiche.

Der Speditionsvertrag mit einem deutschen Spediteur wird rechtskräftig kraft stillschweigender Unterwerfung, wenn der Partner **wusste oder wissen musste**, dass der Spediteur ausschließlich nach den ADSp arbeitet. Dies gilt auch für Ausländer, sofern Kaufleute in ständiger Geschäftsbeziehung stehen. Es ist ein Grundverständnis von **Allgemeinen Geschäftsbedingungen**.

Die sich unaufhaltsam vollziehende Globalisierung des Handels fordert den Aufbau lückenloser Versorgungsketten. Das ist zwar das Zeitalter des **Logistikspediteurs/-dienstleisters**, dessen Anspruchsnorm über die des CTO/MTO weit hinausgeht, **anzustreben** ist jedoch für den Spediteur eine enge vertragliche Bindung an den Verlader, um sich an **dessen** Gesamtstrategie und „Total-Supply-Chain" (= vollständigem Distributionssystem) zu beteiligen. Erforderlich ist dafür ein „Supply-Chain-Management" (SCM), das **alle** Aktivitäten **sämtlicher** Glieder innerhalb einer Logistikkette zu einem Integral/einer Prozesskette **effizient** bündelt, also Material-, Informations- und Finanzfluss vernetzt – über XMI, EDI oder Internet.

Ein wesentliches Moment in der Wertschöpfungskette muss für den Spediteur/Frachtführer der Aspekt **Kapitalbindung** sein, die **„Dritte Dimension der Logistik"**, wie sie Dr. Th. Steinmüller kennzeichnet und vom **Supply Chain Finance** spricht.

Neben Waren- und Informationsfluss dürfen die Geldströme nicht vernachlässigt werden, denn die Kette <u>bindet</u> immense Kosten für Transport, Lagerung, Investition, DV-Technologie, Zahlungsverkehr, die möglichst schnell wieder freigesetzt werden sollten.

Es geht um **Financial Engeneering** und seine Absicherung durch

- vorzeitigen Verkauf von Forderungen (**Factoring**) an Factoringgesellschaften
- Versicherung eines Ausfallrisikos
  - Betriebsunterbrechungsversicherung
  - Mehrkostenversicherung
  - Transportversicherung etc.
- Outsourcing
- Leasing statt Eigeninvestition
- verbesserte Planungs- und Controllingsysteme

Es geht darum, Kosten flexibel und variabel zu machen und möglichst zu halten, z.B. wie den Dispositions-Spielraum des Disponenten bei marktkonformen Einkaufsentscheidungen.

Die Kosten sollen zu <u>Prozesskosten</u> werden, damit das Risiko bei Entscheidungen besser abzuschätzen und zu berücksichtigen ist:

Betriebskosten	über	*Outsourcing*	zu	**Operations**kosten
Investionskosten	über	*Miete, Leasing*	zu	**Nutzungs**kosten
Kapitalbindungskosten	über	*Factoring*	zu	**Liquiditäts**kosten

(Quelle: DVZ, Nr. 59 vom 17.05.03)

10.4 Logistische Dienstleistungen/ Leistungsaspekte des Spediteurs

10.4.1 Unternehmensspezifische Optimierungsaspekte am Beispiel eines Industriebetriebes

BESCHAFFUNGS- MARKT		ABSATZ- MARKT
	UNTERNEHMUNG	

"macro buying" aber produktions- synchrone (JIT) Anlieferung	– "lean production" – "lean management" – Qualitätsfähigkeit im Sinne QS DIN ISO 9002 – qualitäts- und kosten- orientierter Outsourcing-Prozess	"micro selling" und kundenorientierte Auslieferung sowie vom Kunden geforderte Leistungs- qualität anbieten

konsequente prozessorientierte Ausrichtung
des Unternehmens auf kundenrelevante
Aktivitäten in der Wertschöpfung

JIT-Philosophie

des Spediteurs als Logistikdienstleister

Beschaffungs- logistik	+	Produktions- logistik	+	Absatz-/Entsorgungs- logistik

integriert
zu einer Güter- und Informationsflusskette
nach einheitlichem Logistikkonzept
→ unter Kenntnis der Prozessschritte
→ mit transportvorauseilender Datenfernübertragung (DFÜ)

JIS (Just-in-sequence-Prinzip)

Zwischen Urprodukten und dem Verkauf muss in **jeder** Phase von **jedem** für Qualität und Kostenbegrenzung gesorgt werden.

Hierfür sind Logistikkosten möglichst gering zu halten durch

- **verbesserten** Lieferservice (z. B. Termintreue)
- **gesenkte** Durchlaufzeiten, auch bei innerbetrieblichen Abläufen
- **reduzierte** Bestände (geringere Kapitalbindung)

Dabei sind unabdingbar auftretende logistische Zielkonflikte zu optimieren.

Auch wenn die klassischen logistischen Dienstleistungen immer noch einen Schwerpunkt darstellen, treten weitere logistische Leistungen an den Logistik-Spediteur heran, z. B.:

- logistische Beratung
- Distribution
- innerbetrieblicher Transport
- Etikettierung/Preisauszeichnung
- Kommissionierung
- Entsorgungsorganisation
- Lagerhaltung

Der Logistiker wird zum Euro-Manager, **TOP-Logistik-Manager**, der Informations- und Materialflüsse weltweit zur Gestaltung eines Gesamtprozesses verknüpft, z.B.:

- Identifizierung von Ladehilfsmitteln und Waren durch leistungsfähige Identifikations-systeme (Barcoding)

  Effekt: Transparenz der Prozesse (Engpässe besser zu erkennen und zu beseitigen)

- im Handel greift das Konzept „ECR" (= Efficient Consumer Response)

  - nach dem „PULL-Prinzip", bei dem die Warenproduktion durch Kunden gesteuert wird (Kunden-Handel-Produktion)

Der **Logistik**dienstleister ist als Haus-Haus-Organisator über **einen** Vertrag tätig, nicht auf der Basis gesonderter Verträge für verschiedene Aufgaben/Dienste.

Als professioneller Transportspezialist ist er stets

- **bedacht auf** schnellste und günstigste Dienste
- **orientiert an** Kundenwünschen/-forderungen
- **zeitkritisch bereit** zu einer totalen Wettbewerbskultur
  sowie mit und von anderen-Branchen-Besten zu lernen (= Benchmarking)
- **informiert** über Verkehrsangebote (kennt sie, wählt aus, bietet an)
- **mit guten Kenntnissen** im Zollwesen, Rechtswissen, in Finanz- und Versicherungs-fragen, Controlling/Kostenrechnung

Dabei ist der „Financial Engineering-Aspekt" für die Logistik und damit für den Logistik-dienstleister eine unabdingbare Dimension: Die Ebenen der Geld- und Finanzmittel sowie der Information, Ware, Dienstleistung müssen ganzheitlich **betrachtet**, **ausgewertet**, fixierte Größen **nachgebessert** werden.

Ziel: Kostenstrukturen transparent machen für eine Optimierung

10.4.2 Transport-/verkehrstechnische Optimierungsaspekte

Aufgabe:

Logistische Einheiten (Paletten, Packgut, Container etc.) über interorganisatorische Logistiksysteme transporttechnisch optimal über Straße, Bahn, Luftfahrt, Seeschiff, Binnenschiff integrieren.

10.4.2.1 Hafenspezifische Optimierungsaspekte

Häfen als verkehrstechnische „Drehschreiben"

Intermodaler Container-Verkehr z. B., der neben dem Seeschiff und LKW aus **ökologischen** Gründen stärker Bahn sowie Binnenschiff einbezieht, wird die **traditionellen** Vor- und Hinterlandbeziehungen der Häfen im grenzenlosen Europa nachhaltig beeinflussen!

Dazu folgende grafische Verdeutlichung:

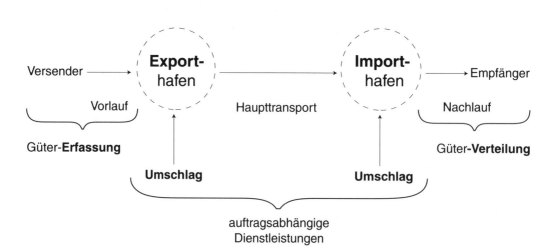

Ausbau der physischen Infrastruktur der Häfen, um

– die **quantitativen Zuwächse** am Güteraufkommen im Seeverkehr bewältigen zu können

– dem Wettbewerb der Häfen sowie den Kunden**anforderungen** zu genügen

Gefordert sind darum integrative Systeme zur optimalen Steuerung des gesamten Transportgeschehens!

Dazu eine schematische Darstellung der Funktionen eines Hafens mit „**Drehscheiben**"-Bedeutung:

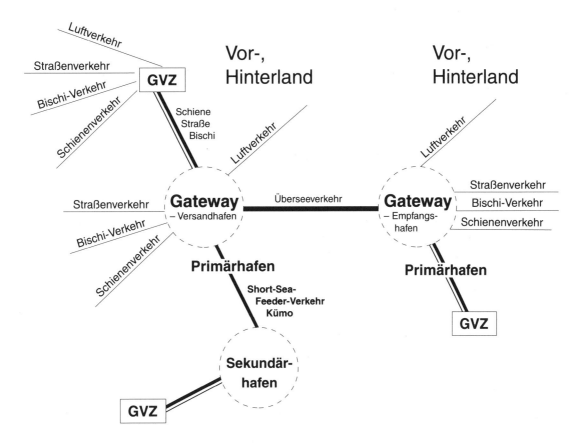

Häfen entwickeln immer mehr ihre Gateway-Funktion im Sinne einer verkehrstechnischen Drehscheibe für

– regionale Zubringer

– nationale Zubringer

– internationale Abnehmer

Verkehrsübergreifende Güterverteilzentren sind in dieser Kette ebenso unabdingbar wie die entsprechend transport**begleitende** sowie **vorauseilende** DFÜ-Unterstützung.

– z. B. **FOKUS** (= Fracht-Online Informationssystem für den Container- und Truck-Straßentransport)

→ eine optimierte Logistik-Kette: Straße – Hochsee

Güterverkehrszentren/-verteilzentren verdichten das Netz im Sinne einer übergeordneten Logistik zur Realisierung eines Euro-Link-Korridors.

Hafen-Drehscheibe mit optimalem Informationstransfer

Einen Quantensprung in der Transportabwicklung bedeutet die **BHT** = Bremer Hafen**telematik** (**Tele**kommunikation + Infor**matik**). Sie ist die Informationsplattform zum Austausch aller relevanten Daten für Im- und Export, entwickelt und betrieben von dbh Logistics IT AG.

Beteiligte:

- Spedition
- Umschlag
- Stauer
- Packbetriebe
- Reeder/Agenten
- Hafenbehörde
- Zoll

Leistungen/Produkte der dbh Logistics IT AG

COMPASS

Die Software ermöglicht die logistische Abwicklung aller Prozesse in den Verkehrsbereichen See, Land, Luft

Advantage Customs

ATLAS-Anwendungssoftware der dbh zur Anbindung an das Zollsystem ATLAS

WADIS

Wagendispositions- und Informationssystem ermöglicht die elektronische Erstellung/Bearbeitung von Frachtbriefen für den Schienenverkehr und die Nutzung eines umfangreichen Bestandes an Daten zur effizienten Durchführung von Schienentransporten

Advantage Truck – MAQS

Mit dem Mobilen Auftrags- und Quittungs-System können im Büro erfasste LKW-Dispositionen oder aus Inhouse Systemen erzeugte Daten europaweit online ins Fahrzeug geschickt und dort ausgedruckt werden.

CATI

Cargomodales Terminalsystem unterstützt Umschlagunternehmen bei der Abwicklung des Terminalbetriebes im kaufmännischen und operationellen Bereich.

DACOM

Dangerous Cargo Online Management: internetbasiertes Auskunfts- und Erfassungssystem für den Gefahrgutumschlag in Häfen.

SIS

Schiffsinformationssystem: Schiffsabfahrten Export/Import > Deklaration Hafenamt, EDI-Schnittstelle - IFTSAI, Bereitstellung der Daten per CD, Auskunft via Internet

Quelle: dbh Logistics IT AG, Stand 1/2009

Damit wird eine optimale Sendungsverfolgung im Sinne von „tracking and tracing" über das Internet gewährleistet.

Weitere Systeme für verschiedene Verladegruppen sind angeschlossen:

Wie z. B. CAR (= **C**ontrolled **A**utomobile **R**eporting) für Optimierung der Absatzsteuerung von Fahrzeugen (von der Produktion bis zum Absatz)

DAVIS (= **D**atenfernverarbeitungsorientierte **A**bwicklung **v**on **I**ndustrieanlagengeschäften im **S**eetransport) zur Steuerung und Überwachung der gesamten Transportkette von der Produktion bis zum Empfang.

CCL (= **C**ontainer **C**ontrolled **L**ogistics) für Container-Umlauf-Steuerung und Überwachung (mit der DB AG in Kooperation)

STORE (= **Sto**ck **Re**port) als EDV-gestützte Lager- und Distributionsabwicklung im In- und Export

Es handelt sich um ein Informations- und Kommunikationssystem, das seit über 25 Jahren ausgebaut wird und heute einen logistischen Stellenwert besitzt, der weit in die „Logistik des 2. Jahrtausends" weist und über

ISETEC (= Innovative Seaport Technology) in enger Kooperationsgemeinschaft steht mit

„BLG Logistics Group AG & Co. KG"
„EUROKAI KGaA"
„DAKOSY AG"
„HHLA"

10.4.2.2 Logistikzug als spezifisches Schienenangebot

→ im Sinne einer fahrenden Lagerhaltung im JIT-System, z. B. „**Opel**" seit 1992

Das Unternehmen bedient sein Motorenwerk

- täglich im Ganzzugverkehr anforderungsgerecht
  - bandgerechtes Eintreffen ohne große Lagerhaltung
  - optimale Just-in-time-Versorgung über 1.300 km Entfernung
- Zugfahrpläne und Automobilproduktion folgen einem präzisen logistischen Konzept
- DB AG, Österreichische Bundesbahn sowie die Ungarische Staatsbahn überwachen den Transport
- Datenaustausch über Gateway der DB AG

10.4.2.3 City-Logistik

Ziele:

- Reduzierung des Ver- und Entsorgungsverkehrs aus übergeordneten Gründen/Perspektiven (administrativ-städtischen)
  - Einrichtung von verkehrsberuhigten Bereichen/Fußgängerzonen
  - Schaffung von Parkraum
  - Verkehrsbeschränkungen und -verbote für Großfahrzeuge etc.
- ganzheitliche Systemansätze
- sinnvolle strategische Kooperation als Garant der städtischen Entwicklung
- stadtverträgliche JIT-Abwicklung
- Bewahrung des Lebensraums „Stadt" in seiner Multifunktionalität

Strategien:

- Bündelung von Transporten
- Berücksichtigung der Standortpolitik im Hinblick auf: Gewährleistung, Flächennutzungsplan, gegebene und geplante Infrastruktur
- wissenschaftliche Begleitung der Vorhaben
- besondere Einbeziehung von kleinen und mittelständischen Unternehmen und ihren Interessenvertretern (IHK, SVG) sowie der Verkehrsbetriebe
- mit Hilfe von Entscheidungsmodellen verschiedene Entwicklungsstufen (Szenarien) darstellen, in denen Realisierungsgrenzen deutlich werden
- logistische Teilkonzepte und Versuch eines integralen Logistiksystems unter Berücksichtigung sensibler Ver- und Entsorgungszonen
- Maßnahmen für Stadtlogistikkonzepte sind/sollten als **Public-Private-Partnership** angelegt werden, da nur so zwischen privat-wirtschaftlichen Interessen und den Zielen der Stadt-, Regional- und Landesplanung ein möglichst breites Einverständnis erzielt werden kann.
- erforderlich ist ein permanenter Interessenaustausch

10.4.2.4 Stadt-Logistik

Ziele:

- **„Public-Private-Partnership"**
- Anknüpfung an die City-Logistik mit neuem Schwerpunkt
- Akteure: Kommune, Transportwirtschaft, Wirtschaftsunternehmen als Verlader und Empfänger, Wirtschaftsverbände streben einen möglichst breiten Konsens an zwischen privatwirtschaftlichen Interessen und den Zielen der Stadt-, Regional- und Landesplanung
- anzustreben ist ein räumlich, sachlich konzeptionell erweiterter Handlungsrahmen
- letztendlich geht es um **Zusammenführung von City- und Stadt-Logistik** im Sinne einer optimalen Stadt- und Wirtschaftsentwicklung **mit Image-Vorteil für alle**

Strategien:

– Entwicklung von klaren Angebotsprofilen für typische und traditionelle Dienstleistungsbereiche:

- Gesundheitswesen (Krankenhäuser, Ärzte, Apotheken)
- Kreditinstitute
- Verwaltung
- Versicherungen
- Buchhandlungen

– Optimierung der

- Tourenabläufe
- <u>Ver</u>sorgungsfahrten
- <u>Ent</u>sorgungsfahrten

– sukzessive Einbindung von Fremdunternehmen

– Vergabe von Fahraufträgen an Fremdunternehmen

– Konzentration von Lieferströmen

– Einrichtung von Umschlags- und Lagerplätzen

– Nutzung von Kommunikationsnetzen

– Komplettangebote aus einer Hand

– Einbeziehung von KEP-Diensten

– Einbindung des E-Commerce
(Auslieferung von Waren, die im Internet bestellt wurden)

Entsorgungspartner des Grünen Punktes

10.5 E-Commerce / ein virtuelles Netz wird real

- Der „klassische" Logistikdienstleister musste zum „Supply-Chain-Manager" (SCM) heranwachsen und schließlich zum „Electronic-Chain-Manager" (ECM) „mutieren".

- Er organisiert Material-, Informations- sowie Finanzfluss über die „Integrationsplattform Logistik" (IPL).

- Im Netz bestellte Produkte werden im „Rendezvousverfahren" (im vereinbarten Zeitraum) ausgeliefert und ggf. bei Bedarf installiert.

- Virtuelle Einkaufserlebnisse für den Endverbraucher, ggf. unter Einschaltung von Call-Centern, um Kundenprofile zu erstellen

- Kunden erwarten Service und Information im 24-Stunden-Takt als Komplettangebot, das oft weit über das normale Leistungsspektrum hinausgeht, z. B. ein Management der Debitoren oder den Aufbau eines Service-Centers für Internet-Shop-Kunden.

- LKW werden konsequent mit Bord-Computern oder Telematiksystemen ausgerüstet, damit man flexibler und für Kundenanforderungen transparenter wird

- Ziel ist die kostengünstige Feindistribution

- Experten erwarten, dass künftig ca. die Hälfte der heute im Einzelhandel umgesetzten Waren **online** (im digitalen Kaufhaus) gekauft und in die Haushalte zu liefern ist, wobei der Kunde durch ein integriertes Tracking-and-Tracing-Tool ständig den Liefertermin abfragen kann, z. B. über ein Wap-fähiges Handy (Kommunikation auf kleinstem gemeinsamen Nenner) des Fahrzeugführers

- gesucht wird eine gemeinsame Basis für Hersteller, Online-Shops, Logistiker und Online-Kunden über ein Electronic-Chain-Management

10.6 Kontraktlogistik

Ein noch nicht gehobener Schatz: eine besondere Herausforderung für den Mittelstand, denn Industriebetriebe geben ihren Lieferanten zunehmend mehr Eigenverantwortung in der Logistikkette. Es werden keine bis ins Detail geregelte Abläufe diktiert, sondern die Vorgabe lautet: „Sicherung der Warenverfügbarkeit in den Regalen zu 98 %". Darüber entscheiden heute Logistikdienstleister selbst aufgrund ihrer Kenntnisse vor Ort!

11 Marketing

11.1 Grundsatz und Zielsetzung

- kundenorientiertes Führungsprinzip
- optimale Befriedigung der Kundenwünsche
- Marketing dient dem Ausgleich zwischen Unternehmens- und Kundeninteressen

11.1.1 Marketing als Führungsprinzip

- Unternehmenszielsetzung entwickeln
- Unternehmensstrategie ableiten
- Marketing-Konzeptionen erstellen

11.1.1.1 Entwicklung eines Marketing-Konzeptes (3 Stufen)

Bestimmung des künftigen Marktes
(unternehmensspezifisches Absatzpotenzial)

Ergebnis: Konsens über die gegenwärtigen Marktverhältnisse und zukünftigen Chancen des Unternehmens im Markt

Zielsetzung
(Stärken-/Schwächen-Analyse, Entwicklungspotenziale, Ableitung von strategischen, taktischen und operativen Zielen)

Ergebnis: Die im Konsens erarbeiteten und festgeschriebenen Ziele für die nächsten Jahre

Maßnahmen- und Projektplanung
(Erarbeitung von Maßnahmen-Paketen für jedes Ziel, Arbeitsprogramm, Projekt-Management für die Umsetzung)

Ergebnis: Festlegung aller Maßnahmen, die in die Umsetzung kommen

> Marketing ist ein Planungs- und Orientierungsmodell, das den vorherrschenden wirtschaftlichen Problemen und Gegebenheiten entspricht und in der Lage ist, die Erfolgschancen eines Unternehmens zu optimieren.

<u>Modernes Marketing ist innovatives Marketing, das fünf Voraussetzungen hat:</u>

1. Wille zum Marketing

- Marketing ist eine essenzielle Führungsaufgabe
- über Marketing-Zielsetzungen entscheidet die Geschäftsleitung
- der Wille zum Marketing muss fest in der Unternehmensphilosophie verankert sein
- muss durch Denken und Handeln der Geschäftsleitung demonstriert werden
- erfordert konsequentes und marktorientiertes Handeln auf allen Ebenen/in allen Bereichen
- entsprechendes Klima im Unternehmen muss geschaffen werden

2. Marketing organisieren

- Marketing ist kein zeitlich begrenzter Aktionismus, sondern eine kontinuierliche, permanente Aufgabe

- muss fest in die Organisationsstruktur des Unternehmens etabliert werden

- es ist eine Stabsstelle zu entwickeln, die Einfluss auf alle Bereiche des Unternehmens hat; sie untersteht direkt der Geschäftsleitung

- verantwortlich für: Konzeption, Planung, Durchführung und Kontrolle

3. Schonungslose Wahrheit

- Marketing als Planungsmodell basiert auf der Einsicht, dass Planung das Unternehmensrisiko minimieren kann

- unvermeidlich für den <u>langfristigen Erfolg</u>*: schonungslose Analyse der Situation (kostet Kraft, Zeit und Geld)

4. Marketingziele festlegen

- **alle** Unternehmensziele müssen einer marktorientierten Betrachtungsweise untergeordnet werden

- **konventionelle** Unternehmensziele wie
  - Erhöhung des Umsatzes
  - Erhöhung der Rendite
  - Erhöhung des Cash flows

  werden von **strategischen Marketingzielen** überlagert, wie
  - Marktsicherung
  - Marktdurchdringung
  - Marktausschöpfung
  - Markterweiterung
  - Angebotsoptimierung
  - Diversifikation

Basis für die Festlegung der Ziele ist das Ergebnis der Marktanalyse und ihre kreative Auswertung.

5. Motivation der Mitarbeiter

Ein Marketingkonzept kann zwar in der Chef-Etage entwickelt werden, realisiert wird es jedoch nur, wenn **alle Mitarbeiter** eingebunden sind und ihren Teil dazu beitragen können.

Hierfür lassen sich die folgenden fünf wesentlichen Voraussetzungen ableiten:

1. Entschluss der Geschäftsleitung zum Marketing aus Einsicht, Überzeugung und Engagement.

2. Schaffung einer Organisationsstruktur, die Marketing im Unternehmen integriert und dauerhaft entwickelt, plant, durchsetzt, kontrolliert.

3. Ungeschminkte Analyse der Einflussfaktoren und die Bereitschaft, radikale Schlüsse zu ziehen.

4. Entwicklung einer Marketingzielsetzung, Konzeption und Planung, die innovativ, zukunftsweisend gestaltet und beharrlich verfolgt wird.

5. Motivation aller Mitarbeiter und Einbindung in die Unternehmenszielsetzung.

11.1.1.2 Für den *langfristigen Erfolg gibt es 3 Einflussgrößen

Das Unternehmen

Das Unternehmensumfeld

Die wirtschaftlichen Rahmenbedingungen

Das Unternehmen

- Bisherige Entwicklung
- Leistungsangebot
- Technische Ausrüstung
- Stärken und Schwächen der Geschäftsleitung
- Stärken und Schwächen der Belegschaft
- Betriebsklima
- Organisationsstruktur
- Informationswesen
- DV
- Finanz- und Investitionskraft
- Image
- Bekanntheitsgrad und Marktposition

Das Unternehmensumfeld

- Wettbewerber: Anzahl, Größe, Marktbedeutung, Absatzpolitik und Image
- Verlader/Empfänger: Bedarfssituation, Einkaufsverhalten, Zusammenarbeit, Entwicklung und Kundenbetreuung
- Markt: Strukturanalyse, Potenzial und Volumen sowie Segmentierung

Die Rahmenbedingungen

- Arbeitsmarkt
- Wirtschaftsentwicklung/Verkehrspolitik, vor allem in der EU
- Gesetzgebung

Quellen zur Analyse:

- Befragungen durch Marktforschungs-Institute
- statistisches Datenmaterial
- Gespräch im eigenen Hause, eigene Marktbeobachtungen u. v. m.

11.1.2 Realisierung der Zielsetzung durch

- Marktuntersuchung

- marktpolitische Instrumente

- unter Beachtung betriebswirtschaftlicher Grundsätze (Kosten-/Nutzen-Abwägung)

11.1.2.1 Kunden

- Tatsächliche und potenzielle Verlader

11.1.2.2 Marktuntersuchungen

- systematische Feststellung der Kundenwünsche

- Ermittlung der Beschaffungs- und Absatzstrukturen der Verlader (Exporteure/Importeure)

als Grundlage für Vertrieb und Angebot eigener Leistungen

Unternehmensinterne Quellen:	- Informations- und Rechnungswesen (Umsätze, Mengen, Produkte, Märkte) - Kundenanalyse nach ABC-Modell
Externe Quellen:	- Branchenorientierte Publikationen (Unternehmensverbände, Banken) - Wirtschaftsberichte und -nachrichten - Marktforschungsberichte

11.1.2.3 Produkt- und Sortimentspolitik

Entscheidung der Spedition zur Erhaltung, Vergrößerung oder Verminderung der Sortimentsbreite und/oder -tiefe

- Sortimentsbreite → Art und Anzahl der Leistungsbereiche

- Sortimentstiefe → das differenzierte Angebot der einzelnen Leistungsbereiche

Produktpolitische Maßnahmen zur Veränderung der Sortimentsbreite und/oder -tiefe:

- Produktelimination → Leistungsbereich wird nicht mehr angeboten

- Produktvariation → ein bereits angebotener Leistungsbereich wird verändert

- Produkterweiterung → ein zusätzlicher Leistungsbereich wird aufgenommen

Produkt- und Sortimentspolitik wird von den Kundenwünschen und Rentabilitätsüberlegungen gesteuert

- rentable Leistungsbereiche → erhalten oder einrichten

- unrentable Leistungsbereiche → aussondern (eliminieren)

- Leistungsbereiche in Komplementärfunktionen → bei Kompensation werden auch defizitäre Leistungsbereiche angeboten

Produktinnovation

– Einrichtung und Ausbau logistischer Konzepte

– traditionelle Leistungsbereiche werden im Rahmen der Verkehrsorganisation vernetzt und durch zusätzliche Leistungskomponenten ergänzt (logistische Dienstleistungen)

– Austauschbarkeit wird erschwert

– Marktposition gesichert oder gestärkt

Aufbau von Markenartikeln erfordert strategisches Denken

– gleichbleibend hohe Qualität (durch systematisches Controlling)

– immer und überall verfügbar

– zu angemessenen Preisen

Bei garantierter Qualität der Dienstleistungen steht das Preisgespräch mit den Verladern nicht mehr im Vordergrund.

Spediteur – Qualitätsdienstleister für Logistik – **Qualitätsmanagement**

11.1.2.4 Preispolitik

– Prinzip der freien Preisbildung

– Durchsetzung der auf eigener Kalkulation basierenden Preisbildung hängt von Marktstruktur und Verhalten der Marktteilnehmer ab

– eigene Preise bei Standardleistung kaum möglich

– zahlreiche Anbieter

– problemlose Austauschbarkeit

– Marktmacht der Verlader durch Transparenz des verfügbaren Transportraumes/ der Preisentwicklung/des Konkurrenzverhaltens

Marktmacht der Verlader kennzeichnet den typischen Käufermarkt

Preisempfehlungen (Richtpreise) werden wirkungslos – sind in der Praxis Höchstpreise z. B. BSL-Sammelladungstarif

Unterschreitung der Richtpreise durch Nachlässe, Rabatte bzw. Margen

Schlussfolgerung: Der Markt bestimmt den Preis. Spediteur muss auf diesem Preisniveau anbieten/arbeiten oder auf das Geschäft verzichten.

Gewinnmaximierung nur über Verbesserung der Kostenstrukturen durch Produktivitätssteigerung, Rationalisierung/Synergieeffekte beim Personaleinsatz/Straffung logistischer Systeme unter Einsatz moderner Kommunikationstechniken

Weitere Maßnahmen der Gewinnmaximierung sind verschiedene Preisdifferenzierungs-methoden

– personelle Preisdifferenzierung:	Unterschiedliche Preise für verschiedene Kundengruppen (Stammkunden/Laufkunden)
– zeitliche Preisdifferenzierung:	Unterschiedliche Preise nach Zustellungszeitpunkt (Regelzustellung/Sonderzustellung)
– räumliche Preisdifferenzierung:	Unterschiedliche Preise für kombinierte Transporte/ Extratouren (Rückfracht/Einzeltransport)
– quantitative Preisdifferenzierung:	Preisstaffel nach Gewichtseinheiten (bei steigendem Gewicht pro Einheit günstigerer Preis)
– qualitative Preisdifferenzierung:	Unterschiedliche Preise auf Grund der Beschaffenheit der Güter (Normalgut/Güter, die Sonderbehandlung erfordern)

Preispolitik ist nur bei starker Marktposition möglich.

Voraussetzung hierfür ist ein/eine Qualitätsmanagement/ausgeprägte Kundennähe.

Weitere Marktvorteile schaffen Kundennähe, „Logistik-Dienstleister"

11.2 Kommunikationspolitik

11.2.1 Public Relations (PR)

Unternehmensbezogene, nicht produktbezogene Öffentlichkeitsarbeit.
Ziel ist ein eigenständiges unverwechselbares Unternehmensimage.

Wird erreicht durch:

– Teilnahme an Kongressen und Messen
– Teilnahme an Symposien
– Veranstaltungen mit öffentlichen Repräsentanten
– Pressearbeit regional und überregional

11.2.1.1 Werbung

Werbung soll Interesse zur Aufnahme von Geschäftsbeziehungen wecken.

Geeignete Mittel sind:

– Werbeanzeigen
– Prospekte
– Kundenbriefe
– Plakatierungen
– Aufschriften auf Verkehrsträgern

Platzierungen sind so zu wählen, dass die Zielgruppen (Verlader/Spediteure) erreicht werden.
Bei der Darstellung sind die Grundsätze der Gestaltungslehre zu berücksichtigen.

11.2.1.2 persönlicher Verkauf

11.2.1.3 formelle Verkaufsebene

- Unterschiedliche Organisationsformen des Verkaufs speditioneller Dienstleistungen sind möglich.

- Bildung einer Stelle mit hauptberuflichem Verkäufer wird bevorzugt. Stellenanbindung direkt an die Geschäftsleitung.

- Kunden werden festen Ansprechpartnern zugeordnet, die die Gesamtleistung des Unternehmens präsentieren.

- Alternativ wird in der Praxis der Verkauf von der Abteilungsleiterebene als Zusatzaufgabe abgedeckt. Hierdurch soll der Praxisbezug zur Vermeidung negativer Auswirkungen sichergestellt werden.

Unabhängig von der Organisationsform gewinnen Kundenbetreuung und Erweiterung des Kundenkreises ständig an Bedeutung. Qualitätsvorsprünge werden durch Maßnahmen anderer Mitbewerber in immer kürzeren Zeitabständen ausgeglichen. Von besonderer Bedeutung ist daher, tatsächliche und potenzielle Kunden zu überzeugen, dass zukunftsorientiert und stets „direkt am Puls der Zeit" gearbeitet wird. Erforderlich hierfür sind:

- Fachkompetenz
- Kenntnisse der eigenen Dienstleistungen
- Kenntnisse über das Sortiment und Geschäftsumfeld des Kunden
- Kenntnisse der eigenen Konkurrenzsituation
- Kenntnisse der aktuellen verkehrs-, volks- und weltwirtschaftlichen Situation

11.2.2   Kommunikative Kompetenz

- gute Umgangsformen
- Kontaktfähigkeit und Teamgeist
- Identifikation mit der eigenen Produktpalette und dem Unternehmen
- hohes Engagement/Begeisterungsfähigkeit
- Verhandlungsgeschick, Überzeugungs- und Durchsetzungskraft
- Abschlusssicherheit/Vertragsrechtkenntnisse

fachliche und kommunikative Kompetenz müssen in eine wirkungsvolle Verkaufsstrategie einfließen

- Planung des Kundenbesuches
- Gestaltung des Verkaufgespräches
- Aufbereitung des Kundenbesuches

<u>zur Vorbereitung gehören:</u>

- Festlegung realisierbarer Ziele
- Orientierung in der Kundenkartei und Durchsicht des letzten Besuchsberichtes
- Preparierung mit ausreichendem Präsentationsmaterial

<u>informelle Verkaufsebene</u>

- Neben der formellen Verkaufsebene (Geschäftsleitung und organisierter Verkauf) gilt für alle Mitarbeiter des Unternehmens der Grundsatz der Kundenorientierung in der täglichen Arbeit.
- Kunde erwartet Freundlichkeit, Fachkompetenz und Hilfsbereitschaft in allen Situationen.
- Kunde darf nicht den Eindruck erhalten, sein Anliegen sei unerwünscht.
- Anrufe sind sofort anzunehmen. Kunde auf keinen Fall um erneuten Anruf bitten (notfalls selbst zurückrufen). Auf keinen Fall mehrmals verbinden.
- Den Kunden als den tatsächlichen „Arbeitgeber" = Financier der Löhne und Gehälter erkennen.

> **Merke:** Jeder Kundenkontakt ist Verkaufskontakt.

11.3 Kundengespräche systematisch vorbereiten und führen

11.3.1 Es werden fünf Arbeitsschritte unterschieden:

1. Die mentale Einstellung vorab
2. Die strukturierte Aufbereitung von Informationen
3. Die Festlegung der Gesprächsziele
4. Die Gesprächsmethodik
5. Die Überwindung von besonderen Schwierigkeiten

Besondere Aspekte:

Ein Kundengespräch entscheidet sich in den ersten 30 Sekunden, weil

– zunächst eine Kommunikationssituation hergestellt werden muss

– die persönliche Voreinstellung durchdringt und die Reaktion des Kunden prägt

11.3.1.1 Mentale Einstellung vorab

– zum eigenen Angebot (Sinn und Nutzen)

– zum Kunden (als Partner)

– zu sich selbst (als Spezialist für die Problemlösung)

Checkliste zur Gesprächsvorbereitung:

1. Was ist mein optimales Ziel?
2. Wen habe ich zu überzeugen?
3. Welchen Nutzen hat für meinen Gesprächspartner ein Gespräch mit mir?
4. Welche Bedenken/Nachteile würde ich an seiner Stelle spontan sehen?
5. Welchen „Türöffner" kann ich nutzen, um Interesse zu wecken?
6. Welche Spielräume bestehen?
   Inwieweit kann mein Gesprächspartner mitarbeiten und zu einer
   eigenen Entscheidung beitragen?

11.3.1.2 Die strukturierte Aufbereitung von Informationen

1. Bei Neukunden Informationen einholen

– über den Kunden und sein Produkt

– den Ansprechpartner (Zuständigkeit, Funktion, Verantwortlichkeit)

– Wareneigenschaften und Anforderungen

– Aktionsgebiete

– Struktur (Standorte u. s. w.)

– persönliche und sachliche Bedürfnisse

2. Die eigene Unternehmung und sämtliche Bereiche/Abteilungen

- die Leistungspalette des eigenen Unternehmens
- Wettbewerbssituation
- evtl. Geschäftsbeziehungen in der Vergangenheit

11.3.1.3 Festlegung der Gesprächsziele

1. kurzfristige Teilziele

- Sympathie erzeugen
- Informationen über das Unternehmen, den Gesprächspartner einholen
- Ziele des Unternehmens in Erfahrung bringen
- Bedarfssituation analysieren
- Kontaktaufnahme mit bestimmten Personen unterschiedlicher Abteilungen

2. langfristige Teilziele

- Verbesserung des Kontaktes mit den Kunden in den unterschiedlichen Verantwortungsbereichen
- Kennenlernen der Kundenphilosophie und der Kundeneinstellung sowohl nach außen als auch nach innen

3. kurzfristige Hauptziele

- Abschluss des Geschäfts
- Information beim Verkaufsgespräch über Angebote von Mitbewerbern
- Durchsetzen einer Preiserhöhung
- Veränderung der Zahlungsbedingungen

4. langfristige Hauptziele

- Aufbau weiterer Geschäfte
- Image als Problemlöser mit den von Ihnen angebotenen Transport- und Logistikdienstleistungen
- Verbesserung der Gefühle der Sicherheit, Zuverlässigkeit und Kompetenz, besonders bei Neukunden
- zum Hausspediteur zu werden

11.3.1.4 Die Gesprächsmethodik

– Präsentation

– Analyse der Kundensituation

– Angebotsentwicklung

– Ergebnis – Vertragsabschluss

Präsentation:

Vorstellung einer Idee oder eines Produktes/Dienstleistung

Präsentation **ist** ein interaktiver Vorgang – „Zweibahnverkehr"

Präsentation basiert auf den Interessen, Bedürfnissen, Wünschen der Zuhörer

Präsentation **ist nicht** Vortrag, Rede oder Vorlesung

Überzeugend Präsentieren

Ziel	Warum will ich präsentieren? Welches Ziel will ich erreichen?
Zuhörer	Wer ist da? Wer hört/sieht mir zu?
Inhalt	Was sage ich? Zahlen, Fakten, Beispiele, Grafiken
Methode	Wie bringe ich alles rüber? Ausgestaltung, Verpackung, Dramaturgie, Optische Medien, Medien-Mix, Konzeption
Argumentation – Überzeugung –	Welche Argumente, wann? Rhetorik/Dialektik Auflösen von Widersprüchen Abbau von Redehemmungen Wirkungsvoller Umgang mit Einwänden
Persönlichkeit	Wie wirke ich richtig? Körpersprache, Befindlichkeit, Selbstoffenbarung, Sicherheit, Mein Stil

Kommunikation

– Türöffner	→ Aufbau Sympathiefeld	→ Feedback geben
– Aktives Zuhören	→ Gefühle ansprechen	→ Feedback nehmen
– Kontrolle Dialog	→ Ich-Botschaften	→ Distanz abbauen
– Einfühlungsvermögen	→ Meine Stimme	→ Oberflächlichkeiten
– Verständigungsbereitschaft	→ Interesse zeigen	→ Blickkontakt
– Keine Gewinner-/ Verlierer-Denkweise	→ Vorurteilsfreiheit	→ Atmosphäre schaffen

---

Phasen einer Verhandlung

1. Eröffnung
sich (wieder) kennen lernen, persönliche Beziehungen herstellen

2. Rahmenphase
Festlegen des äußeren Rahmens der Verhandlung (Verhandlungsort, Kompetenzen der Verhandler, Zeitrahmen)

3. Themenphase
Festlegen des Verhandlungsthemas (Präzisieren)

4. Informationsphase
Die sachlichen Grundlagen für die anschließende Auseinandersetzung herstellen

5. Argumentationsphase
Austauschen von Argumenten und Diskussion, wobei versucht werden sollte, Teileinigungen zu erzielen

→ **wichtigste Phase der Verhandlung; alle bisherigen Phasen dienten nur dazu, diese 5. Phase vorzubereiten**

6. Entscheidungsphase
Wenn es gut geht, wird aus den Zwischenergebnissen eine Gesamteinigung abgeleitet

11.3.1.5 Die Überwindung von besonderen Schwierigkeiten

Umgehen mit Skepsis und Einwänden

Grundsätze:
- Einwände sind Selbstoffenbarungen
- Einwände sind eine Voraussetzung zur Überzeugung
- Einwände sind willkommen

Jeder Einwand, ob ehrlich gemeint oder zunächst vorgeschoben, ist ernst zu nehmen. Der Berater soll nicht einen Streit gewinnen, sondern den Gesprächspartner langfristig zufrieden stellen. Er hilft dem Gesprächspartner, sich selbst zu überzeugen!

Abfolge der Einwandbehandlung

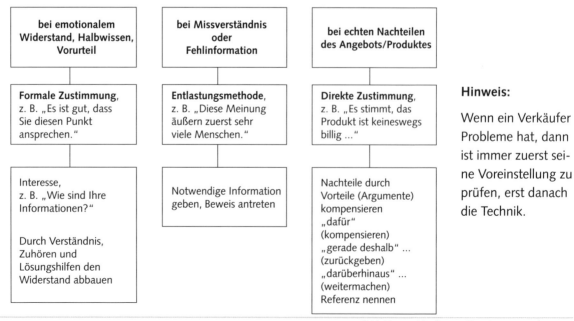

bei emotionalem Widerstand, Halbwissen, Vorurteil	bei Missverständnis oder Fehlinformation	bei echten Nachteilen des Angebots/Produktes
Formale Zustimmung, z. B. „Es ist gut, dass Sie diesen Punkt ansprechen."	Entlastungsmethode, z. B. „Diese Meinung äußern zuerst sehr viele Menschen."	Direkte Zustimmung, z. B. „Es stimmt, das Produkt ist keineswegs billig ..."
Interesse, z. B. „Wie sind Ihre Informationen?" Durch Verständnis, Zuhören und Lösungshilfen den Widerstand abbauen	Notwendige Information geben, Beweis antreten	Nachteile durch Vorteile (Argumente) kompensieren „dafür" (kompensieren) „gerade deshalb" ... (zurückgeben) „darüberhinaus" ... (weitermachen) Referenz nennen

Hinweis:

Wenn ein Verkäufer Probleme hat, dann ist immer zuerst seine Voreinstellung zu prüfen, erst danach die Technik.

- Fachbegriffe
  aus dem Speditionswesen
- Abkürzungsverzeichnis
- Stichwortverzeichnis

Abandon	→ Verzicht auf ein Recht
Akquisition	→ persönliche Kundenwerbung
Arbitrage	→ Schiedsrichterliches Gremium für Rechtsfälle im Seetransport, z. B. „Hamburger Freundschaftliches Arbitrage und Schiedsgericht"
ATA-Carnet	→ Zollheft für Berufsausrüstung, Ausstellungsgut, vorübergehende Ein-, Ausfuhr im Versandverfahren (IHK)
Barge	→ Schute, Leichter
Beach – Hafen	→ Löschen und Laden werden auf offener Seereede vollzogen
Beitragswert	→ Wert (Große Haverei), Wert, mit dem die Ladung etc. an der Entschädigung teilnimmt
Bulk Carrier	→ Massengutfrachter
Cargo-Versicherung	→ Versicherung der Ladung
Clearing house	→ Liquidationskasse
Collection fees	→ Nachnahmegebühren der Reedereien für Seefrachten („to collect")
Conference terms	→ Konferenzbedingungen
Damage	→ Schaden
Deadfreight	→ Fehlfracht
Demurrage	→ Über-Liegegeld für längere Lade- oder Löschzeit
Dispacheur	→ Havarie-Kommissar, Schadens-Sachverständiger
Douane	→ Einfuhrabwicklung per Datenfernübertragung (Zoll)
Dumping	→ Unterbietung auf dem Auslandsmarkt durch Angebote unter den eigenen Inlandspreisen
Embargo	→ Beschlagnahme von Schiff und Ladung, Verbot der Ausfuhr
Feeder-Dienste	→ Zubringerschiffe als Anschlussverkehre
Havarie Bond	→ Havarie-grosse – Verpflichtungsschein (General average bond)
Hermes Kreditversicherung	→ Absicherung von Auslandsgeschäften per staatlicher „Versicherung"
In bond	→ unverzollte Ware unter Zollverschluss
Integrator	→ Integrated operator (Haus-Haus-Verkehr-Organisator)
Kofferzug	→ Lastzug mit geschlossenen Aufbauten
Kommerzielles Verschulden	→ fehlerhafte Behandlung der Ladung, falsche Auslieferung etc.
Konferenz, Schifffahrts-	→ freiwilliger Zusammenschluss von Linienreedereien

Fachbegriffe aus dem Speditionswesen

Laschen	→ Ladung mit Stroppen seefest zurren
Letter of Credit	→ Kreditbrief, Akkreditiv
Liner terms	→ gross terms = Reederei übernimmt die Kosten für Ein- und Ausladen
Logbuch	→ Schiffstagebuch
Logistik	→ Ablauf-Organisation mit möglichst geringen Reibungsverlusten
Longton	→ engl. Tonne = 1.016 kg
Lumpsumfracht	→ Pauschalfracht („in full" für eine Gesamtpartie)
Manifest	→ Ladungsverzeichnis für Konnossementspartien
Mate's Receipt	→ Steuermannsquittung
Nasse Grenze	→ Wassergrenze (trockene Grenze = grüne Grenze, Landesgrenze)
negotiabel	→ handelsfähig
Outports	→ Außen-, Nebengeschäfte
Parcel-Receipt	→ Paketschein für kleine Einzelsendungen im Überseeverkehr
Pegel	→ Wasserstandsanzeiger
Quotierung	→ unverbindliches Frachtangebot
Range	→ eine Reihe von Häfen, für die z. B. gleiche Reederei-Raten gelten
Schadensereignis	→ ein von außen einwirkendes Ereignis, das den Schaden verursacht
Schadensfall	→ wenn ein und dasselbe Handeln u./o. Unterlassen den Schaden ein und desselben Auftraggebers u./o. Empfängers verursacht (auftragsbezogen)
Schnittstelle	→ Übergang der Paketstücke von einer Rechtsperson auf eine andere
Sonderziehungsrecht (SZR/SDR)	→ künstliche Währungseinheit des IWF (s. zu 1.2.7)
Spriegel	→ Aufbau für LKW
Tallymann	→ Ladungskontrolleur
Total Supply Chain	→ vollständiges Distributionssystem
Trailer	→ Spezial-Zugmaschine
Triptyk	→ Grenzübertrittsschein für Kfz zum vorübergehenden Aufenthalt
Versicherungssumme	→ Wert, zu dem die Versicherung eingedeckt wird
Versicherungswert	→ Verkaufswert des Gutes
Zollfaktura	→ Customs Invoice = detaillierte Preisaufstellung mit verbindlichen Angaben der Lieferanten über Inlandspreise für die Eingangsverzollung
Zwingendes Recht	→ Haftungsvorschriften können nicht umgangen werden, auch nicht per Vertrag

ACTL	→ Air Cargo and Logistics GmbH
ADNR	→ Europäisches Übereinkommen über internationale Beförderung gefährlicher Güter auf dem Rhein, gleichzeitig als Verordnung
ADR	→ Europäisches Übereinkommen über die internationale Beförderung gefährlicher Güter auf der Straße
ADS	→ Allgemeine Deutsche Seeversicherungs-Bedingungen
AEO	→ Authorised Economic Operator (vgl. ZWB)
AES	→ Automatisiertes Exportsystem (IT-Verfahren ATLAS)
AETR	→ Europäisches Übereinkommen über die Arbeit des im internationalen Straßenverkehr beschäftigten Fahrpersonals, als Gesetz gültig
AKA	→ Ausfuhr-Kreditgesellschaft mbH, Frankfurt/M.
AKM	→ Ausfuhr-Kontrollmeldung
AKP	→ Länder in Afrika, im karibischen Raum, im Indischen u. Pazifischen Ozean
ASV	→ Anschreibeverfahren
ATLAS	→ Autorisiertes Tarif- und Lokales Zollabwicklungssystem
AWB	→ Air Waybill
AZO	→ Allgemeine Zollordnung
BGL	→ Bundesverband Güterkraftverkehr, Logistik und Entsorgung e. V.
BHT	→ Bremer Hafentelematik
CIM	→ Convention Internationale (pour) Marchandises = Übereinkommen für internationale Eisenbahnverkehre
CMR	→ Convention relative au contract de transport internationale de marchandises par route = Übereinkommen für internationale Straßengüterverkehre
CTD	→ Combined transport document
CTO	→ Combined transport operator
dbh	→ Datenbank Bremische Häfen
DGR	→ IATA Dangerous Goods Regulations
DIHT	→ Deutscher Industrie- und Handelskammertag
DGbrZT	→ Deutscher Gebrauchs-Zolltarif
EBD	→ Export-Begleitdokument
ECR	→ Efficient Consume Response
EDI	→ Electronic Data Interchange
EDIFACT	→ Electronic Data Interchange for Administration, Commerce and Transport
EE	→ Einfuhrerklärung
EFTA	→ European Free Trade Association, „Europäische Freihandelszone"
EG/EU	→ Europäische Gemeinschaft/Europäische Union

Abkürzungsverzeichnis

EKM	→	Einfuhr-Kontrollmeldung
ER	→	Efficient Replenishment
EUR 1	→	Präferenznachweis
EURO (€)	→	Europäische Währungseinheit
EWF	→	Europäischer Währungsfond
EZT-online	→	Elektronischer Zolltarif
f.p.a.	→	free from particular average
GATT	→	General agreement on tariffs and trade = Allgemeines Zoll- und Handelsabkommen (WTO)
GCR	→	General Cargo Rates
GGVBinsch	→	Verordnung über die Beförderung gefährlicher Güter auf Binnengewässern
GGVSEB	→	Verordnung über die innerstaatliche und grenzüberschreitende Beförderung gefährlicher Güter auf der Straße, mit Eisenbahnen und auf Binnengewässern
GGVSee	→	Verordnung über die Beförderung gefährlicher Güter mit Schiffen
GVZ	→	Güterverkehrs-, Güterverteilungszentrum
IATA	→	International Air Transport Association
ICAO	→	International Civil Aviation Organization
ICC	→	International Chamber of Commerce (IHK, CCI) in Paris
IMDG-Code	→	International maritime dangerous goods code
IMO	→	International maritime organization (Reg. für gefährliche Güter)
INTRASTAT	→	Innereuropäische Handelsstatistik
IPL	→	Integration Plattform Logistik
IRU	→	Union internationale des transport routiers
ISO	→	International standardization organisation
IWF	→	Internationaler Währungsfond, engl. IMF
JIT-Lieferung	→	Just in time (rechtzeitige Lieferung)
JOT-Lieferung	→	Just on time (zeitpunktbezogene Lieferung)
KEP-Dienst	→	Kurier-, Express-, Paket-Dienst
KOBRA	→	Ausfuhrüberwachung durch den Zoll (Kontrolle und Durchsetzung von Ausfuhrverboten per EDV)
LNGV	→	Luftfracht-Nebengebühren-Verzeichnis
MRN	→	Vorgangsnummer im Zollverkehr
MTO	→	Multimodal transport operator
NCTS	→	New Computerized Transport System

OECD	→	Organization for Economic Cooperation and Development = Organisation für wirtschaftliche Zusammenarbeit und Entwicklung in Paris
QS-System	→	Qualitäts-Sicherungs-System (QS DIN 9002 für Management und Unternehmung)
RID	→	Règlement internationale concernant le transport des marchandises dangereuses par chemin de fer (internationaler Schienenverkehr)
RIV	→	Regolamento internazionale veicoli (Abkommen zwischen europäischen Bahnverwaltungen und Austauschverfahren)
SCR	→	Specific Commodity Rates
SMC	→	Supply Chain Management
SumA	→	Summerische Zollanmeldung
SZR	→	Sonderziehungsrecht (engl. SDR „Special drawing right"), s. zu 1.2.7
TACT	→	The Air Cargo Tarif
TARIC	→	Europäischer Zolltarif
TFGI	→	Transfracht International
THC	→	Terminal handling charge (Umschlaggebühr)
TIF	→	Internationale Zollanmeldung im Eisenbahnverkehr (TIR)
TIR	→	Transport internationale routier = Zollverfahren für den internationalen Straßengüterverkehr (Versandscheinverfahren CARNET-TIR)
ÜLG	→	Überseeische Länder und Gebiete der EU
UIC	→	Internationaler Eisenbahnverband
UNCTAD	→	United Nations Conference for Trade and Development = UN-Welt-Handelskonferenz in Genf
UZA	→	Unvollständige Zollanmeldung
VAV	→	Vereinfachtes Abfertigungsverfahren
VBGL	→	Vertragsbedingungen für den Güterkraftverkehrs-, Speditions- und Logistikunternehmer
WPA-Klausel	→	„with particular average" = Seeversicherung, die Teilschäden einschließt
WTO	→	World Trade Organization (GATT-Nachfolger)
ZADAT	→	Zollanmeldung auf Datenträgern
ZE	→	zugelassener Empfänger
ZORA	→	Zentralstelle Risikoanalyse (Zoll)
ZV	→	zugelassener Versender
ZVA	→	Zollverschlussanerkenntnis
ZWB	→	Zugelassener Wirtschaftsbeteiligter (vgl. AEO)
ZWVO	→	Zollwert-Verordnung

Stichwortverzeichnis

Kapitel 1 – Rechtliche Grundlagen

Kapitel 2 – Güterkraftverkehr

Stichwortverzeichnis

Kapitel 3 – Eisenbahngüterverkehr

Kapitel 4 – Seeschifffahrt

Stichwortverzeichnis

Kapitel 5 – Binnenschifffahrt

Stichwortverzeichnis

Kapitel 7 – Lager

Kapitel 8 – Außenwirtschaftl. Grundlagen

Kapitel 9 – Kooperation der Verkehrsträger

Bildquellen

Bildquellen	Seite
BLG LOGISTICS	167
BMVBS	67, 68
Duales System Deutschland AG	249
GRAPHI-OGRE	186, 224
Kombiverkehr Deutsche Gesellschaft für kombinierten Güterverkehr GmbH & Co KG	70
MAN Nutzfahrzeuge AG	48
MEV Verlag GmbH	172, 260
NK-LOGISTIC GmbH	226
pixelio.de	129, 130, 133
wikipedia.de	182

Titelbild

© Sapsiwai – Fotolia.com